중소기업 사장이 꼭 알아야 할

기업 경영 길라잡이

중소기업 사장께 꼭 갖다방
기업 경영
길라잡이

개정증보2판 1쇄 발행 2025. 2. 21.

지은이 서동석
펴낸이 김병호
펴낸곳 주식회사 바른북스

편집진행 황금주
디자인 김민지

등록 2019년 4월 3일 제2019-000040호
주소 서울시 성동구 연무장5길 9-16, 301호 (성수동2가, 블루스톤타워)
대표전화 070-7857-9719 | **경영지원** 02-3409-9719 | **팩스** 070-7610-9820

•바른북스는 여러분의 다양한 아이디어와 원고 투고를 설레는 마음으로 기다리고 있습니다.

이메일 barunbooks21@naver.com | **원고투고** barunbooks21@naver.com
홈페이지 www.barunbooks.com | **공식 블로그** blog.naver.com/barunbooks7
공식 포스트 post.naver.com/barunbooks7 | **페이스북** facebook.com/barunbooks7

ⓒ 서동석, 2025
ISBN 979-11-7263-969-3 03320

•파본이나 잘못된 책은 구입하신 곳에서 교환해드립니다.
•이 책은 저작권법에 따라 보호를 받는 저작물이므로 무단전재 및 복제를 금지하며,
 이 책 내용의 전부 및 일부를 이용하려면 반드시 저작권자와 도서출판 바른북스의 서면동의를 받아야 합니다.

중소기업 사장이 꼭 알아야 할

기업 경영 길라잡이

서 동 석 지음

바른북스

머리글

존경하는 사장님들께.

지금 이 순간에도 더 좋은 회사를 만들기 위해 불철주야 애쓰고 계시는 우리나라의 모든 사장님들께 존경과 사랑을 바칩니다.

사업은 아무나 할 수 없다는 말이 맞는 것 같습니다. 또한 사장은 단순히 어느 한 분야만 잘 안다고 해서 할 수 있는 것도 아닌 것 같습니다.

복잡한 상황들이 닥쳤을 때 제대로 해결하기 위하여 사장이 알아야 할 사항이 너무 많아 많은 사장님들이 힘들어하고 계십니다.

기본적인 내용들까지 전문가들에게 일일이 물어볼 수가 없어 답답하고, 주먹구구식으로 사업을 진행하다 보면 어쩔 수 없이 실수를 하게 됩니다.

시중에 일반적인 경영전략, 경영이론에 관련된 책은 무수히 많으나 중소기업 사장님들께 꼭 필요하고 중요한 실무 관련 내용을 모아 놓은 책은 부족한 것 같습니다.

제가 그동안 사업을 하면서 잘 몰라서 실수했던 것들, 주변 사장님들께서 고생하신 내용들에 대한 해결 방안을 찾다 보니 책 한 권 분량이 되었습니다.

중소기업을 경영하고 있는 제 입장에서 정리하다 보니 대기업이나 중견기업이 아닌 신생기업, 중소기업의 사장 및 임원이 알아야 될 내용 위주로 정리되었습니다.

이 책에서는 중소기업 사장님들이 꼭 알아야 될 내용을 일반적인 상식보다는 약간 깊고, 전문가적인 지식보다는 약간 낮은 수준으로 정리하였습니다.

　보다 깊이 있고 전문적인 내용은 각 분야의 전문가(공인노무사, 변리사, 공인회계사, 세무사, 변호사 등)에게 조언을 구하시기 바랍니다.

　저는 학자나 전문가가 아닙니다.

　부족한 제가 보고 듣고 경험하고 아는 범위에서만 글을 쓰다 보니 한계를 많이 느꼈고, 좀 더 충실했으면 하는 아쉬움이 많습니다.

　본문 내용을 작성함에 있어 관련 법규 및 판례들을 참조하여 최대한 객관적으로 작성하고자 노력하였는데, 그러다 보니 내용이 조금 딱딱해졌습니다. 처음 책을 출판한 이후 사장님들께 필요한 내용을 지속적으로 보완을 하다 보니 일부 내용이 중복되기도 합니다. 양해해 주시기 바랍니다.

　재미있는 글이 아니기 때문에 사장님들께서 처음부터 끝까지 순서대로 읽기는 어려우실 것 같습니다. 옆에 비치해 두시고 틈틈이 필요하실 때 봐주신다면 영광이겠습니다.

　현재 사업을 하시고 계시는 분들, 앞으로 사업을 하실 분들께 이 책이 조금이라도 도움이 되었으면 합니다.

　제가 사업을 처음 시작할 때부터 지금까지 많은 어려움 속에서도 변함없이 아낌없는 성원을 보내준 사랑하는 가족들과 그동안 사업을 하면서 만났던 모든 분들께 깊이 감사드립니다.

2025년　2월　21일
서　동　석

머리글 ··· 5

제1장

01. 중소기업의 정의 ·· 14
02. 기업 형태의 결정(개인사업자와 법인회사) ·· 21
03. 자본금 총액 10억 원 미만 주식회사의 상법 적용 ······························· 28
04. 주식회사 정관 ·· 34
05. 특허의 출원 ··· 36
06. 해외 특허 출원 ·· 42
07. 중소기업의 기술유출 문제 ·· 45
08. 영업비밀 ··· 49
09. 바람직한 고정자산 비율 ··· 54
10. 주주가 투자자금 반환을 요청하는 경우 ·· 58
11. 주금의 가장납입 ··· 61
12. 분식회계 ··· 63
13. 절세와 탈세 ··· 68
14. 가지급금 ··· 72
15. 가수금 ·· 78
16. 부외부채 ··· 83
17. 가공세금계산서와 위장세금계산서 ··· 85
18. 휴업 ··· 90
19. 회사의 폐업 ··· 93

20. 회사 폐업 후 신규 회사 설립 ·· 98
21. 기업 경영 시 알아야 할 법률 ·· 104
22. 기업수명주기 ··· 112

제2장 사장

23. 대표이사 ··· 120
24. 공동대표이사와 각자대표이사 ·· 126
25. 대표이사가 부담하는 책임 ·· 128
26. 공동창업자 간 분쟁방지 ··· 132
27. 사장의 자기계발 ·· 137
28. 기업주의 사적경비 사용 ··· 139
29. 경영권 방어수단 ·· 145
30. 명의상 대표이사로 취임 시 주의할 점 ···································· 150
31. 횡령, 배임 ··· 155
32. 대표이사 해임 ··· 161
33. 가업승계 ··· 165
34. 상속세 필수 Check 사항 ·· 171
35. 비상장주식 증여 ·· 180
36. 사장의 신용관리와 기업의 신용관리 ·· 183
37. 알면 도움 되는 공제 제도 ·· 185
38. 채권의 소멸시효 ·· 189
39. 중소기업 사업주 산재보험 특례신청 ·· 196

제3장 이사

40. 이사회 구성원 및 권한 ··· 202
41. 이사회 소집절차 및 결의방법 ··· 205
42. 특별한 이해관계가 있는 이사의 의결권 제한 ······················ 209
43. 이사의 임기 ··· 212
44. 감사 ··· 217
45. 명함상 이사와 법률상 이사 ·· 221
46. 등기이사의 경업금지(競業禁止) ··· 223
47. 임원의 보수 ··· 226
48. 임원에 대한 퇴직금 지급 ··· 231
49. 이사에서 퇴임하는 방법 ··· 235
50. 퇴임한 임원이 재임 중 체결한 보증계약의 효력 ················ 239

제4장 주주

51. 주주총회 ··· 246
52. 정기주주총회의 과정 ··· 256
53. 주주총회 의결권행사방법 ··· 260
54. 임시주주총회 ··· 263
55. 집중투표제도 ··· 267

56. 주권의 발행 ··· 270
57. 주식의 양도제한 ·· 275
58. 주식 지분비율에 따른 권한 ······························ 278
59. 신주발행 ··· 283
60. 자기주식취득 ··· 289
61. 주주제안권 ·· 295
62. 과점주주의 의무 ·· 298
63. 회사 설립·증자 시 지분율에 관한 유의사항 ······ 301
64. 주주 배당 ·· 303
65. 비상장주식의 매매 및 세금 ······························ 307
66. 비상장주식의 가치 평가 ·································· 310
67. 주주 간 협약 ·· 314
68. 중소기업 사장과 주주관계 ······························ 320
69. 투자 유치 ·· 323
70. 외부투자자금 유치 시 유의사항 ······················· 328
71. 투자계약 체결 ·· 336

제5장

직원

72. 중소기업 성과공유제 ······································· 344
73. 핵심인력 관리 ·· 348
74. 주식매수선택권 부여 ······································ 351
75. 창업 초기 회사의 직원 관리 ···························· 357

76. 직원 채용 시 주의사항 ··· 362
77. 부당 인사발령 ··· 365
78. 근로자 퇴직급여제도 ··· 370
79. 인사·노무관리 공통 법정의무사항 ··································· 375
80. 임직원의 자금횡령 ··· 378
81. 임직원의 겸직금지 ··· 383
82. 임직원 퇴사 시 분쟁방지 ··· 386
83. 산업재해 ··· 390
84. 임금체불 ··· 395
85. 해고 ··· 398
86. 노사협의회 ··· 405
87. 부당노동행위 ··· 414

자료 참조 ·· 424

제 1 장

회 사

01.
중소기업의 정의

중소기업자의 범위

중소기업을 육성하기 위한 시책의 대상이 되는 중소기업자는 업종별로 매출액 또는 자산총액 등이 대통령령으로 정하는 기준에 맞고, 지분 소유나 출자 관계 등 소유와 경영의 실질적인 독립성이 대통령령으로 정하는 기준에 맞는 자로 한다(중소기업기본법 제2조 제1항).

과거에는 상시근로자 수가 중소기업자를 정하는 중요한 기준이었으나 중소기업으로 남기 위해 인위적으로 고용을 줄이는 부작용을 방지하기 위해 2016년 1월부터 매출액 기준으로 바뀌었다.

중소기업의 범위

중소기업기본법 제2조 제1항 제1호의 규정에 의한 중소기업은 다음 각호의 기준을 모두 갖춘 기업으로 한다(중소기업기본법시행령 제3조).

1. 다음 각 목의 요건을 모두 갖춘 기업일 것
1) 해당 기업이 영위하는 주된 업종과 해당 기업의 평균매출액 또는 연간매출액(이하 '평균매출액등'이라 한다)이 별표 1의 기준에 맞을 것
2) 자산총액이 5천억 원 미만일 것

2. 소유와 경영의 실질적인 독립성이 다음 각 목의 어느 하나에 해당하지 아니하는 기업일 것

1) 자산총액이 5천억 원 이상인 법인(외국법인을 포함하되, 비영리법인 및 제3조의 2 제3항 각 호의 어느 하나에 해당하는 자는 제외한다)이 주식 등의 100분의 30 이상을 직접적 또는 간접적으로 소유한 경우로서 최다출자자인 기업. 이 경우 최다출자자는 해당 기업의 주식 등을 소유한 법인 또는 개인으로서 단독으로 또는 다음의 어느 하나에 해당하는 자와 합산하여 해당 기업의 주식 등을 가장 많이 소유한 자를 말하며, 주식 등의 간접소유 비율에 관하여는 국제조세조정에 관한 법률 시행령 제2조 제2항을 준용한다.

① 주식 등을 소유한 자가 법인인 경우: 그 법인의 임원

② 주식 등을 소유한 자가 ①에 해당하지 아니하는 개인인 경우: 그 개인의 친족

2) 관계기업에 속하는 기업의 경우에는 제7조의 4에 따라 산정한 평균매출액 등이 별표 1의 기준에 맞지 아니하는 기업

■ 중소기업기본법 시행령[별표1]
주된 업종별 평균매출액 등의 중소기업 규모 기준(제3조 제1항 제1호 가목 관련)

해당 기업의 주된 업종	분류기호	규모 기준
1. 의복, 의복액세서리 및 모피제품 제조업	C14	평균매출액 등 1천5백억 원 이하
2. 가죽, 가방 및 신발 제조업	C15	
3. 펄프, 종이 및 종이제품 제조업	C17	
4. 1차 금속 제조업	C24	
5. 전기장비 제조업	C28	
6. 가구 제조업	C32	
7. 농업, 임업 및 어업	A	평균매출액 등 1천억 원 이하
8. 광업	B	
9. 식료품 제조업	C10	
10. 담배 제조업	C12	
11. 섬유제품 제조업(의복 제조업은 제외한다)	C13	
12. 목재 및 나무제품 제조업(가구 제조업은 제외한다)	C16	
13. 코크스, 연탄 및 석유정제품 제조업	C19	
14. 화학물질 및 화학제품 제조업(의약품 제조업은 제외한다)	C20	
15. 고무제품 및 플라스틱제품 제조업	C22	
16. 금속가공제품 제조업(기계 및 가구 제조업은 제외한다)	C25	
17. 전자부품, 컴퓨터, 영상, 음향 및 통신장비 제조업	C26	
18. 그 밖의 기계 및 장비 제조업	C29	
19. 자동차 및 트레일러 제조업	C30	
20. 그 밖의 운송장비 제조업	C31	
21. 전기, 가스, 증기 및 공기조절 공급업	D	
22. 수도업	E36	
23. 건설업	F	
24. 도매 및 소매업	G	

25. 음료 제조업	C11	
26. 인쇄 및 기록매체 복제업	C18	
27. 의료용 물질 및 의약품 제조업	C21	
28. 비금속 광물제품 제조업	C23	
29. 의료, 정밀, 광학기기 및 시계 제조업	C27	평균매출액 등 8백억 원 이하
30. 그 밖의 제품 제조업	C33	
31. 수도, 하수 및 폐기물 처리, 원료재생업(수도업은 제외한다)	E (E36 제외)	
32. 운수 및 창고업	H	
33. 정보통신업	J	
34. 산업용 기계 및 장비 수리업	C34	
35. 전문, 과학 및 기술 서비스업	M	
36. 사업시설관리, 사업지원 및 임대 서비스업 (임대업은 제외한다)	N (N76 제외)	평균매출액 등 6백억 원 이하
37. 보건업 및 사회복지 서비스업	Q	
38. 예술, 스포츠 및 여가 관련 서비스업	R	
39. 수리(修理) 및 기타 개인 서비스업	S	
40. 숙박 및 음식점업	I	
41. 금융 및 보험업	K	
42. 부동산업	L	평균매출액 등 4백억 원 이하
43. 임대업	N76	
44. 교육 서비스업	P	

비고

1. 해당 기업의 주된 업종의 분류 및 분류기호는 「통계법」 제22조에 따라 통계청장이 고시한 한국표준산업분류에 따른다.
2. 위 표 제19호 및 제20호에도 불구하고 자동차용 신품 의자 제조업(C30393), 철도 차량 부품 및 관련 장치물 제조업(C31202) 중 철도 차량용 의자 제조업, 항공기용 부품 제조업(C31322) 중 항공기용 의자 제조업의 규모 기준은 평균매출액 등 1천5백억 원 이하로 한다.

중기업, 소기업, 소상공인의 구분

1. 소기업의 구분

중소기업 중 해당 기업이 영위하는 주된 업종별 평균매출액 등이 별표 3의 기준에 맞는 기업으로 한다.

■ 중소기업기본법 시행령[별표 3]
주된 업종별 평균매출액 등의 소기업 규모 기준(제8조 제1항 관련)

해당 기업의 주된 업종	분류기호	규모 기준
1. 식료품 제조업	C10	
2. 음료 제조업	C11	
3. 의복, 의복액세서리 및 모피제품 제조업	C14	
4. 가죽, 가방 및 신발 제조업	C15	
5. 코크스, 연탄 및 석유정제품 제조업	C19	
6. 화학물질 및 화학제품 제조업(의약품 제조업은 제외한다)	C20	
7. 의료용 물질 및 의약품 제조업	C21	
8. 비금속 광물제품 제조업	C23	
9. 1차 금속 제조업	C24	평균매출액 등 1백20억 원 이하
10. 금속가공제품 제조업(기계 및 가구 제조업은 제외한다)	C25	
11. 전자부품, 컴퓨터, 영상, 음향 및 통신장비 제조업	C26	
12. 전기장비 제조업	C28	
13. 그 밖의 기계 및 장비 제조업	C29	
14. 자동차 및 트레일러 제조업	C30	
15. 가구 제조업	C32	
16. 전기, 가스, 증기 및 공기조절 공급업	D	
17. 수도업	E36	
18. 농업, 임업 및 어업	A	
19. 광업	B	평균매출액등 80억 원 이하
20. 담배 제조업	C12	

21. 섬유제품 제조업(의복 제조업은 제외한다)	C13	
22. 목재 및 나무제품 제조업(가구 제조업은 제외한다)	C16	
23. 펄프, 종이 및 종이제품 제조업	C17	
24. 인쇄 및 기록매체 복제업	C18	
25. 고무제품, 및 플라스틱제품 제조업	C22	평균매출액등 80억 원 이하
26. 의료, 정밀, 광학기기 및 시계 제조업	C27	
27. 그 밖의 운송장비 제조업	C31	
28. 그 밖의 제품 제조업	C33	
29. 건설업	F	
30. 운수 및 창고업	H	
31. 금융 및 보험업	K	
32. 도매 및 소매업	G	평균매출액 등 50억 원 이하
33. 정보통신업	J	
34. 수도, 하수 및 폐기물 처리, 원료재생업(수도업은 제외한다)	E (E36 제외)	
35. 부동산업	L	평균매출액 등 30억 원 이하
36. 전문·과학 및 기술 서비스업	M	
37. 사업시설관리, 사업지원 및 임대 서비스업	N	
38. 예술, 스포츠 및 여가 관련 서비스업	R	
39. 산업용 기계 및 장비 수리업	C34	
40. 숙박 및 음식점업	I	평균매출액 등 10억 원 이하
41. 교육 서비스업	P	
42. 보건업 및 사회복지 서비스업	Q	
43. 수리(修理) 및 기타 개인 서비스업	S	

비고

1. 해당 기업의 주된 업종의 분류 및 분류기호는 「통계법」 제22조에 따라 통계청장이 고시한 한국표준산업분류에 따른다.
2. 위 표 제27호에도 불구하고 철도 차량 부품 및 관련 장치물 제조업(C31202) 중 철도 차량용 의자 제조업, 항공기용 부품 제조업(C31322) 중 항공기용 의자 제조업의 규모 기준은 평균매출액 등 120억 원 이하로 한다.

2. 소상공인의 구분

소상공인이란 중소기업기본법 제2조 제2항에 따른 소기업 중 다음 각 호의 요건을 모두 갖춘 자를 말한다.

1) 상시근로자 수가 10명 미만일 것
2) 업종별 상시근로자 수 등이 다음과 같을 것
① 광업·제조업·건설업 및 운수업: 10명 미만
② 그 밖의 업종: 5명 미만

소상공인이 그 규모의 확대 등으로 소상공인에 해당하지 아니하게 될 경우 그 사유가 발생한 연도의 다음 연도부터 3년간은 소상공인으로 본다. 다만 소기업 외의 기업과 합병하거나 그 밖에 대통령령으로 정하는 사유로 소상공인에 해당하지 아니하게 된 경우에는 그러하지 아니한다(소상공인기본법 제2조 제2항).

3. 중기업의 구분

중소기업 중 소기업을 제외한 기업

02.
기업 형태의 결정(개인사업자와 법인회사)

사업을 정상적으로 시작하기 위해서는 세무서에 사업자등록을 내야 하는데, 그 전에 개인사업자로 할지, 법인회사로 할지 결정을 해야 한다.

이러한 선택은 창업자의 개인적인 사정이나 사업의 환경에 따라 결정하게 된다.

물론 처음부터 대규모 자금이 들어가는 경우에는 당연히 법인을 설립하게 되겠지만, 연매출 10억 원 이하를 예상하고 있는 경우에는 아무래도 한 번쯤 생각을 해볼 필요가 있을 것이다.

개인사업자와 법인회사는 각각의 설립 절차도 다르고 납세의무도 차이가 있다. 개인사업자를 선택한 후 불만족스러운 경우 법인으로 전환하기 위해서는 그만큼 시간과 비용이 들고, 또한 법인회사를 선택한 후 여러 가지 협력의무에 부담을 갖게 되어 법인을 포기하게 되는 경우도 있을 수 있으므로 처음의 선택이 중요할 것이라고 생각한다.

개인사업자와 법인회사 비교

구분	개인사업자	법인회사
창업 절차와 설립비용	• 관할관청에 인허가(인허가가 필요한 사업인 경우)를 받고 세무서에 사업자등록을 신청하면 된다.	• 법원에 설립등기를 해야 한다. • 자본금, 등록세, 채권매입비용 등의 설립비용이 필요하며 보통 법무사를 통해서 설립을 하기 때문에 수수료가 추가된다.

구분	개인사업자	법인회사
장점	• 설립등기가 필요 없고 사업자등록만으로 사업 개시가 가능하므로 기업 설립이 용이하다. • 기업이윤 전부를 기업주가 독점할 수 있다. • 창업 비용과 창업 자금이 비교적 적게 소요되어 소자본을 가진 창업자도 창업이 가능하다. • 일정 규모 이상으로는 성장하기 어려운 중소규모의 사업에 안정적이고 적합하다. • 기업 활동에 있어 자유롭고, 신속한 계획 수립 및 변경 등이 용이하다. • 개인기업은 인적 조직체로서 제조방법, 자금운용상의 비밀유지가 가능하다.	• 대표자는 회사 운영에 대해 일정한 책임을 지며, 주주는 주금납입을 한도로 채무자에 대하여 유한 책임을 진다. • 사업 양도 시에는 주식을 양도하면 되므로 주식양도에 대하여 원칙적으로 낮은 세율의 양도소득세가 부과된다. • 일정 규모 이상으로 성장 가능한 유망사업의 경우에 적합하다. • 주식회사는 신주 발행 및 회사채 발행 등을 통해 다수인으로부터 자본조달이 용이하다. • 대외공신력과 신용도가 높기 때문에 영업수행과 관공서, 금융기관 등과의 거래에 있어서도 유리하다.
단점	• 대표자는 채무자에 대하여 무한 책임을 진다.(대표자가 바뀌는 경우에는 폐업을 하고, 신규로 사업자등록을 해야 하므로 기업의 계속성이 단절됨) • 사업 양도 시에는 양도된 영업권 또는 부동산에 대하여 높은 양도소득세가 부과된다.	• 설립 절차가 복잡하다. • 대표자가 기업자금을 개인 용도로 사용하면 회사는 대표자로부터 이자를 받아야 하는 등 세제상의 불이익이 있다.
자금의 조달과 이익의 분배	• 개인기업은 창업자 한 사람의 자본과 노동력으로 만들어진 기업이므로 자본조달에 한계가 있어 대규모 자금이 소요되는 사업에는 무리가 있다. • 그러나 사업자금이나 사업에서 발생한 이익을 사용하는 데는 제약을 받지 않는다. 예를 들어 사업자금을 사업주 개인의 부동산 투자에 사용하든 자신의 사업에 재투자하든, 혹은 영업에서 발생한 이익을 생활비로 쓰든 전혀 간섭을 받지 않는다.	• 법인회사는 주주를 통해서 자금을 조달하므로 대자본 형성이 가능하나, 법인은 주주와 별개로 독자적인 경제주체이므로 일단 자본금으로 들어간 돈과 기업경영에서 발생한 이익은 적법한 절차를 통해서만 인출할 수 있다. • 즉, 주주총회에서 배당결의를 한 후 배당이라는 절차를 통해서만 인출이 가능하고, 주주가 법인의 돈을 가져다 쓰려면 적정한 이자를 낸 후 빌려 가야 한다.

구분	개인사업자	법인회사
사업의 책임과 신뢰도	• 개인기업은 경영상 발생하는 모든 문제와 부채, 그리고 손실에 대한 위험을 전적으로 사업주 혼자서 책임을 져야 한다. 따라서 만약 사업에 실패해서 은행부채와 세금 등을 다 해결하지 못하고 다른 기업체에 취직해서 월급을 받는 경우, 그 월급에 대해서도 압류를 당할 수 있다.	• 법인의 주주는 출자한 지분 한도 내에서만 책임을 진다. • 연대보증을 하지 않은 경우 대표이사 등 임원과 주주는 회사의 대외적인 채무에 대하여 변제 책임이 없다.
세법상 차이	• 사업주에게 종합소득세가 과세된다.	• 법인에게는 법인세, 대표자에게는 근로소득세가 과세된다. 배당을 받는 경우 배당소득세가 과세된다.
계속성	• 대표자가 바뀌는 경우 폐업 후 다시 사업자등록을 내야 하므로 계속성에 한계가 있다.	• 대표자가 변경되는 경우에도 법인은 그대로 존속하는 것이므로 기업의 계속성이 보장된다.
기타	• 소규모 사업자의 경우 간단하게 세무신고를 할 수 있다. • 사업자의 변동 사항에 대해 세무서 등에 신고만으로 처리가 된다.	• 복식부기의무가 있으므로 세무회계 처리 능력이 필요하고, 만약 대행을 의뢰하는 경우 수수료가 추가된다. • 법인 관련 변동 사항에 대하여 등기를 해야 한다.

위와 같이 개인사업자와 법인회사는 그 차이점이 많은데, 만약 어떤 것으로 시작할지 결정하기 어렵다면 일단은 창업하기가 비교적 쉽고 비용도 적게 드는 개인사업자로 먼저 시작하고, 나중에 사업 규모가 커지면 그때 법인회사로 전환하는 것도 하나의 방법이다.

개인사업자의 법인전환 이유 및 방법

개인사업자가 법인사업자로 전환하는 이유는 크게 다음과 같다.

1. 법률적인 목적
1) 유한책임만 진다

법인사업자로 전환할 때 회사의 형태는 주식회사 내지 유한회사의 형태를 띠게 되며, 이들은 모두 유한책임을 부담한다. 즉, 개인사업자는 업무수행 중 최악의 경우 개인의 고유재산으로 대외부채를 부담해야 한다는 부담(무한책임)이 있으나, 법인사업자는 출자증서인 주식 내지 출자증권이 0원이 되어 회수불능 된다는 책임(유한책임)만 부담하면 된다. 물론 이를 보완하기 위해 과점주주에 대한 2차 납세의무 및 근로기준법상 대표이사에 대한 양벌규정이 있으나 이는 예외적인 모습이며 원칙적으로 법인사업자는 유한책임만 부담하면 된다.

2) 전문경영인에 의한 기업영속성 유지 및 위험 분산

법인기업은 소유와 경영이 분리되어 있다. 즉, 출자를 했다고 하여 반드시 이사, 감사의 직위를 가질 의무는 없다. 따라서 전문경영인을 통해 기업가치를 극대화할 수 있는바, 영위험을 분산하고 기업의 영속성을 유지할 수 있다.

2. 세무적인 목적
1) 세율에 대한 차등

매출이익에 대해 개인사업자는 소득세를 납부해야 하며 과세표준이 1천 4백만 원 이하 6%, 1천4백만 원 초과 5천만 원 이하 15%, 5천만 원 초과 8

천8백만 원 이하 24%, 8천8백만 원 초과 1억 5천만 원 이하 35%, 1억 5천만 원 초과 3억 원 이하 38%, 3억 원 초과 5억 원 이하 40%, 5억 원 초과 10억 원 이하 42%, 10억 원 초과 45%로 고율의 세율이 적용된다. 소득세의 10%가 부과되는 지방소득세까지 포함하면 6.6%에서 49.5%의 세율을 부담하여야 한다. 그러나 법인은 법인세를 납부하고 있으며 2억 원까지는 9%, 2억 원 초과 2백억 원 이하 19%, 2백억 원 초과 3천억 원 이하 21%, 3천억 원 초과 24%가 적용되므로 일정 매출 이상의 개인사업자는 법인으로 전환하는 것이 매출에 따른 납부세액을 줄일 수 있는 방법이 된다.

2) 다양한 비용처리 방안

개인은 사업주 본인에 대한 급여를 비용으로 인정하지 않지만, 법인은 대표이사의 급여와 퇴직급여를 비용으로 처리할 수 있으며, 또한 개인사업자보다는 법인사업자의 경우 다양한 비용처리 방안이 강구되어 있으므로 이를 정산하기가 훨씬 용이하다.

3. 경영상의 목적

1) 신용도 제고

법인은 등기부라고 하는 상업장부를 통해 국가가 일정한 정보(상호, 본점 소재지, 임원현황, 자본금변동 등)를 관리하고 있고 적기에 갱신되지 않으면 과태료 납부(상법 제635조)를 통해 강제하고 있으므로 대외적 신용도 면에서 개인사업자보다는 투명하다고 할 수 있다. 따라서 거래 상대방(은행, 매입처 등)은 거래개시에 대한 판단자료로 법인등기부 제출을 요구하고 있다.

2) 자금조달의 다양성 및 구조조정의 용이성

주식회사는 상환주식, 전환주식, 전환사채, 신주인수권부사채 등 다양한 형태의 종류주식과 사채발행이 가능하며 이를 통해 자금조달이 용이하고 또한 기업이 어려울 때는 무상감자, 기업합병 등을 통해 기업의 구조조정이 가능하므로 다양한 재무구조 건전성 확보 방안이 마련되어 있다는 장점이 있다. 물론 이를 역으로 생각하면, 자칫 경영권을 탈취당할 수 있다는 위험도 있으나 개인사업자와는 달리 다양한 선택권이 있다는 점에서 분명 장점이라고 할 수 있다.

법인전환 방법에 따른 장단점

1. 포괄양수도 방법

개인사업자가 발기인이 되어 별개의 법인을 설립한 후 개인사업자의 모든 자산과 부채를 법인사업자에게 포괄적으로 양도하는 것을 말한다. 통상 가장 많이 사용하는 방법으로서 시간, 비용이 저렴하다는 장점이 있으나 개인사업자와 별개로 법인사업자를 설립해야 하며, 설립 시 자본금 등의 요건을 모두 충족해야 하므로 자본금 마련에 어려움이 있는 경우에는 이 방법을 사용하기 어려울 수 있다.

2. 현물출자 방법

개인사업자의 자산, 부채 일체를 현물로 평가받아 이를 법원에 인가받은 후 설립등기를 신청하게 되며, 개인사업자는 폐업하게 된다. 개인기업은 현금 없이 그대로 평가액을 자본금으로 인정받게 되므로 자본금 마련에 대한 부담은 없으나, 재산에 대한 평가 및 인가절차에서 별도의 업무처리비용이 발생되며, 법원인가 시 약 3~4주 정도의 시간이 소요된다는 단점이 있다.

3. 중소기업 간 통합에 의한 방법

이미 존재하고 있는 개인사업자와 법인사업자를 통합하는 방법이며, 개인사업자의 재산관계를 평가 및 인가받아 출자전환 하게 되므로 세부 절차는 현물출자와 같다. 단, 본 방법은 법인사업자가 이미 설립되어 존재하고 있다는 점에서 현물출자와는 차이가 있다.

03.
자본금 총액 10억 원 미만 주식회사의 상법 적용

자본금 총액이 10억 원 미만인 회사의 경우에도 상법의 규정을 모두 적용하도록 하는 경우 과다한 비용이 지출되며, 효율성 등에 문제가 있으므로 자본금 총액이 10억 원 미만인 회사에 대하여 상법에서는 여러 가지 특례 규정을 두고 있다.

이사의 인원

이사는 3명 이상이어야 한다. 다만, 자본금 총액이 10억 원 미만인 회사는 1명 또는 2명으로 할 수 있다(상법 제383조).

감사

자본금의 총액이 10억 원 미만인 회사의 경우 감사를 선임하지 아니할 수 있다(상법 제409조 제4항).

실무적으로는 이사 1명과 감사 1명을 두는 경우가 많다. 왜냐하면 이사 1명만을 두었을 경우 그 이사가 발기인이기도 한 경우에는 상법 제298조의 소정의 일반설립사항에 대한 조사, 보고를 할 자가 없어 공증인을 선임하여 그 조사, 보고를 하게 하여야 하기 때문이다. 이와 같은 이유로 이사 1명 및 감사 1명으로 일단 회사를 설립한 뒤 추후 감사 임기만료 시 퇴임시킨 후 감사를 다시 선임하지 않거나, 아니면 임기만료 이전에 감사를 사임시켜 이사 1인 단독으로 운영하는 경우도 많이 있다.

설립 시 정관의 공증인 인증 대신 기명날인 또는 서명

정관은 공증인의 인증을 받음으로써 효력이 생기게 된다. 다만, 자본금 총액이 10억 원 미만인 회사를 제295조 제1항에 따라 발기설립(發起設立) 하는 경우에는 제289조 제1항에 따라 각 발기인이 정관에 기명날인 또는 서명함으로써 효력이 생긴다(상법 제292조).

자본금 납입금의 증명

자본금 총액이 10억 원 미만인 회사를 제295조 제1항에 따라 발기설립 하는 경우 및 증자 시 납입증명서를 은행이나 그 밖의 금융기관의 잔고 증명서(발기인 대표 명의)로 대체할 수 있다(상법 제318조 제3항, 제425조).

주주총회 소집통지 간소화

주주총회는 원칙적으로 출석한 주주의 의결권의 과반수와 발행주식총수의 4분의 1 이상의 수로써 하여야 한다. 또한 주주소집을 2주 전에 해야 하는 등 절차가 까다롭다. 그러나 자본금 총액이 10억 원 미만인 회사는 주주 전원의 동의가 있을 경우에는 소집 절차 없이 주주총회를 개최할 수 있고, 서면에 의한 결의로써 주주총회의 결의를 갈음할 수 있다. 결의의 목적사항에 대하여 주주 전원이 서면으로 동의를 한 때에는 서면에 의한 결의가 있는 것으로 본다(상법 제363조 제4항).

1인 주주인 경우 1인 주주총회도 적법하다.

정관변경의 방법

정관의 변경은 주주총회의 결의에 의하여야 하며 주주총회는 출석한 주주의 의결권의 3분의 2 이상의 수와 발행주식총수의 3분의 1 이상의 수로써 하여야 한다. 이 경우 주주소집을 2주 전에 해야 하는 등 절차가 까다로우나 자본금 10억 미만인 회사는 주주 전원의 동의가 있을 경우에는 소집 절차 없이 주주총회를 개최할 수 있고, 서면에 의한 결의로써 주주총회의 결의를 갈음할 수 있다.

이사회 결의사항을 주주총회의 결의로 하는 경우

자본금 총액이 10억 원 미만인 회사로서 이사가 1명 또는 2명인 경우 상법에서 이사회의 결의사항으로 하고 있는 내용에 대하여 주주총회의 결의로 대체하도록 하고 있으며, 그 내용은 다음과 같다.

1) 주식양도에 관한 이사회의 승인(상법 제302조 제2항 제5호의 2, 제317조 제2항 제3호의 2, 제335조 제1항·제2항, 제335조 2 제1항·제3항, 제335조의 3 제1항·제2

항, 제335조의 7 제1항, 제356조 제6호의 2)

2) 주식매수선택권 부여의 취소(상법 제340조의 3 제1항 제5호)

3) 이사의 경업거래 승인(상법 제397조 제1항·제2항)

4) 회사의 기회 및 자산의 이용 승인(상법 제397조의 2 제1항)

5) 이사와 회사의 거래 승인(상법 제398조)

6) 신주발행사항의 결정(상법 제416조)

7) 무액면주식 발행의 경우 신주발행사항으로서 자본금으로 계상할 금액
(상법 제451조)

8) 준비금의 자본전입 결정(상법 제461조 제1항·제3항)

9) 중간배당의 결의(상법 제462조의 3)

10) 배당금 지급시기의 결정(상법 제464조의 2)

11) 사채모집의 결정(상법 제469조)

12) 전환사채 발행사항의 결정(상법 제513조 제2항)

13) 신주인수권부사채 발행사항의 결정(상법 제516조의 2 제2항)

상법의 규정이 적용되지 않는 사항

자본금 총액이 10억 원 미만인 회사로서 이사가 1명 또는 2명인 경우 다음의 상법 규정은 적용하지 아니한다.

1) 이사회의 권한(상법 제341조 제2항)

2) 이사회의 소집(상법 제390조)

3) 이사회의 결의방법(상법 제391조)

4) 감사의 이사회 출석(상법 제391조의 2)

5) 의사록 작성과 비치(상법 제391조의 3)

6) 이사회의 연기, 속행(상법 제392조)

7) 이사회의 이사 직무감독 및 대표이사의 이사회 보고의무(상법 제393조 제2항부터 제4항까지)

8) 이사회 결의에 찬성한 이사의 연대책임(상법 제399조 제2항)

9) 집행임원과 관련된 이사회의 규정(상법 제408조의 2~제408조의 7)

10) 감사의 이사회 소집청구(상법 제412조의 4)

11) 재무제표에 대한 이사회의 승인(상법 제449조의 2)

12) 이사회의 이익배당의 결의(상법 제462조 제2항)

13) 합병과 관련한 이사회 업무(상법 제526조 제3항, 제527조 제4항, 제527조의 2, 제527조의 3 제1항)

대표이사, 이사가 이사회의 기능을 담당하는 사항

자본금 총액이 10억 원 미만인 회사로서 이사가 1명 또는 2명인 경우 각 이사(정관에 따라 대표이사를 정한 경우에는 그 대표이사를 말한다)가 회사를 대표하며 다음에 정하는 이사회의 기능을 담당한다.

1) 이사회의 자기주식 소각결정(상법 제343조 제1항)

2) 전환주식의 경우 전환의 통지 및 공고(상법 제346조 제3항)

3) 이사회의 총회 소집 결정(상법 제362조)

4) 주주제안에 관한 이사회의 처리(상법 제363조의 2 제3항)

5) 소수주주의 이사회에 대한 임시주주총회의 소집 청구(상법 제366조)

6) 전자적 방법 의결권행사에 관한 이사회 결의(상법 제368조의 4 제1항)

7) 중요자산의 처분, 대규모 차입, 지점의 설치, 이전, 폐지 등(상법 제393조 제1항)

8) 감사의 이사회에 대한 임시총회 소집청구(상법 제412조의 3 제1항)

9) 중간배당의 경우 이사회의 기준일 결정(상법 제462조의 3)

04. 주식회사 정관

주식회사 정관은 법인의 설립과 운영에 관한 기본 규칙을 정한 문서로 회사의 헌법과 같은 역할을 한다.

주식회사의 정관에는 회사의 이름, 목적, 본점 주소, 발행 주식의 총수, 1주의 금액, 주요 기관(주주총회, 이사회, 감사) 및 공고 방법 등이 포함되며, 반드시 서면으로 작성되어야 한다.

주식회사 정관은 자치법규로서 회사 내부적으로 효력이 있으며 외부의 제3자에 대하여는 효력이 없다.

주식회사 정관은 회사의 준칙이기 때문에 설립자는 물론이려니와 그 후의 신입사원도 구속하는 자치적 법규의 성질을 가지므로 공증인의 인증이 있어야만 효력을 발생시킨다. 다만, 자본금 총액이 10억 원 미만인 회사를 상법 제295조 제1항에 따라 발기설립(發起設立) 하는 경우에는 상법 제289조 제1항에 따라 각 발기인이 정관에 기명날인 또는 서명함으로써 효력이 생긴다.

이사회나 주주총회는 정관에 위배되는 결정을 할 수 없고, 만일 이사나 감사가 정관에 반하는 행위를 해서 회사에 손해가 생기면 그 손해를 배상해야 한다.

대부분 중소기업의 경우 회사 설립 시 법무사가 작성해 준 정관을 사용하고, 몇 년이 지나도록 정관을 제대로 보지 않는 경우가 많다.

하지만 상법에 위배되지 않는 한 정관이 회사의 조직과 활동과 관련하여 최우선적으로 적용되므로 정관의 내용을 꼼꼼히 살펴보고 문제가 있다면 여유가 있을 때 정비해 놓는 것이 좋다.

정관의 변경은 주주총회에 출석한 주주의 의결권의 3분의 2 이상의 수와 발행주식총수의 3분의 1 이상의 수로써 하여야 하므로(상법 제434조) 우호지분이 충분히 확보되어 있을 때 정비해 놓아야 한다.

특히 외부로부터 투자를 받고자 하는 경우 경영권방어수단 도입, 임원퇴직금지급규정 제정, 이사보수한도 설정 등에 대하여 충분히 검토하고 필요한 사항이 있다면 정관에 미리 반영해 놓을 필요가 있다.

05. 특허의 출원

어떤 사업을 시작하기에 앞서 타인의 특허를 침해할 가능성이 있는지를 반드시 검토하여야 하고, 추진하려는 사업이 특허성이 조금이라도 있다고 판단된다면 일단 특허를 출원해 볼 필요가 있다. 설사 특허를 취득하지 못하더라도 특허 출원 사실을 영업이나 홍보에 활용할 수 있고, 타인이 유사한 사업을 하려고 할 때 무조건 무시할 수가 없어 방패막이가 될 수도 있기 때문이다.

최근 특허와 관련된 분쟁이 점차 늘어나고 있는데, 특허 분쟁이 일단 발생하면 중소기업의 경우엔 시간과 비용을 감당하기가 쉽지 않다.

국내 대기업이나 금융기관, 공공기관, 해외 선진국 기업들은 지적재산권을 제대로 인정하지만, 일부 국내 중소기업이나 후진국 기업들은 지적재산권을 무시하고 사업을 진행하여 특허를 침해하는 경우가 많은데 이와 같이 특허를 침해당한 경우 대부분의 중소기업은 시간과 비용의 제약으로 인하여 법적 절차를 진행하기 어렵다.

특히 비즈니스 모델(BM) 특허는 특허침해 여부를 다투는 것이 어렵고 손해배상을 받기가 쉽지 않다는 점을 염두에 두어야 한다.

중소기업들과 특허와 관련된 분쟁이 발생하는 경우 특허 소송을 하여 설사 우리 회사가 이기더라도 상대방이 배상할 능력이 안 되는 경우 소송에 따른 비용만 발생할 수 있다는 점도 유의하여야 한다.

특허를 출원하기 위하여는 변리사를 통하여 진행하는 것이 좋다.

일부 회사의 경우 변리사 비용을 아끼기 위하여 직접 출원을 하기도 하는데, 발명 내용을 미흡하게 작성하는 경우 설사 특허를 취득하더라도 향후 분쟁 발생 시 권리를 행사하지 못하게 될 수도 있다.

출원인 명의 결정

특허 출원인 명을 회사 명의로 할 것인지 아니면 사장 개인 명의로 할 것인지도 중요하다.

중소기업을 운영하는 사장들의 경우 본인이 직접 개발한 아이디어에 대해 특허 출원을 하고자 할 때, 출원인을 회사 명의로 할 것인지 아니면 본인 자신인 개인 명의로 할 것인지 고민하는 경우가 많이 있다.

이때 회사 명의로 출원을 하려면 그 회사는 법인이어야 하며, 개인사업자인 경우에는 그 회사를 출원인으로 할 수 없다.

법인회사를 출원인으로 하는 것과, 본인 명의를 출원인으로 하는 것의 차이점은 다음과 같다.

첫째, 출원된 내용은 법에 의거하여 재산권으로 인정되는 것이므로 출원인이 권리자가 된다. 발명자는 아무런 법적 권리가 없다.

둘째, 법인 명의로 하면 법인의 자산이 되는 것이며, 개인 명의로 하면 사장 개인의 자산일 뿐 법인의 자산은 아니다.

특허권은 양도가 가능하므로 필요시에는 개인에서 법인으로, 법인에서 개인으로 출원한 권리를 양도할 수 있다.

개인이 법인으로 양도하는 것은 절차가 간단하나, 법인에서 개인으로 양도할 경우에는 이사회, 주주총회 의결 등의 법적 절차를 따라야 하므로 절차가 간단하지 않고 일부 주주들이 반대하는 경우 복잡한 문제가 발생할 수 있다.

따라서 사장 개인의 권리임을 확실히 하고자 하는 경우에는 개인 명의로 출원하는 것이 좋다.

다만, 출원을 한 후 벤처기업지정신청을 하고자 하는 경우 또는 기술담보로서 자금을 대출받고자 하는 경우에는 법인 명의로 해 두는 것이 좋다.

이때 회사 명의로 권리를 가지는 경우에는 회사의 변동(합병, 청산 등)이나 사장의 지위가 변동되는 경우에도 그 권리가 회사에 있다는 것을 명심해야 한다.

사장이 발명자라도 발명자는 특허에 대한 아무런 권리가 없으므로 특허에 대한 보상을 받지 못하고 쫓겨날 수가 있다.

이런 경우를 대비하여 사장 개인을 출원인으로 하고 사장 개인과 법인이 특허사용계약을 맺어 전용실시권이나 통상실시권을 회사에 부여하고 법인이 사장 개인에게 특허료를 지불하고 특허를 사용하도록 할 수도 있다.

우선심사

특허를 빨리 등록을 받고 싶은 경우 우선심사를 청구하여야 한다.

'우선심사'라 함은 특허법 제61조 및 특허법시행령 제9조 등의 규정에 따라 특정출원을 심사의 청구순위와 관계없이 타 출원에 우선하여 심사하는 것을 말한다.

통상적으로는 특허 출원부터 등록까지 2년 이상 소요되는데 이 기간을 단축해 권리를 획득하기 위해서는 특허청에 우선심사를 청구하여야 한다.

다만, 모든 출원에 대해 우선심사가 가능한 것은 아니고 다음 중 하나의 요건에 해당하여야 한다.

1. 출원공개 후 특허 출원인이 아닌 자가 업(業)으로서 특허 출원 된 발명을 실시하고 있다고 인정되는 경우
2. 다음 각목의 경우에 해당되어 긴급하게 처리할 필요가 인정되는 경우
1) 방위산업분야의 특허 출원
2) 「기후위기 대응을 위한 탄소중립·녹색성장 기본법」에 따른 녹색기술과 직접 관련된 특허 출원
2의 2) 인공지능 또는 사물인터넷 등 4차 산업혁명과 관련된 기술을 활용한 특허 출원
2의 3) 반도체 등 국민경제 및 국가경쟁력 강화에 중요한 첨단기술과 관련된 특허 출원(특허청장이 우선심사의 구체적인 대상과 신청 기간을 정하여 공고하는 특허 출원으로 한정한다)
3) 수출촉진에 직접 관련된 특허 출원
4) 국가 또는 지방자치단체의 직무에 관한 특허 출원(「고등교육법」에 따른 국·공립학교의 직무에 관한 특허 출원으로서 「기술의 이전 및 사업화 촉진에 관한 법률」 제11조 제1항에 따라 국·공립학교 안에 설치된 기술이전·사업화 전담조직에 의한 특허 출원을 포함한다)

5) 「벤처기업육성에 관한 특별법」 제25조에 따른 벤처기업의 확인을 받은 기업의 특허 출원

5의 2) 「중소기업기술혁신 촉진법」 제15조에 따라 기술혁신형 중소기업으로 선정된 기업의 특허 출원

5의 3) 「발명진흥법」 제11조의 2에 따라 직무발명보상 우수기업으로 인증된 기업의 특허 출원

5의 4) 「발명진흥법」 제24조의 2에 따라 지식재산 경영인증을 받은 중소기업의 특허 출원

6) 「국가연구개발혁신법」 제2조 제1호에 따른 국가연구개발사업의 결과물에 관한 특허 출원

7) 조약에 의한 우선권주장의 기초가 되는 특허 출원(당해 특허 출원을 기초로 하는 우선권주장에 의하여 외국특허청에서 특허에 관한 절차가 진행 중인 것에 한정한다)

7의 2) 법 제198조의 2에 따라 특허청이 「특허협력조약」에 따른 국제조사기관으로서 국제조사를 수행한 국제특허 출원

8) 특허 출원인이 특허 출원 된 발명을 실시하고 있거나 실시 준비 중인 특허 출원

9) 삭제 〈2019.7.9.〉

10) 특허청장이 외국특허청장과 우선심사 하기로 합의한 특허 출원

11) 삭제 〈2023.12.19.〉

12) 삭제 〈2023.12.19.〉

3. 다음 각목의 경우에 해당되어 재난의 예방·대응·복구 등에 필요하다

고 인정되는 경우
1) 다음 각 목의 어느 하나에 해당하는 것으로서 특허청장이 정하여 고시하는 특허 출원
가. 「감염병의 예방 및 관리에 관한 법률」 제2조 제21호에 따른 의료·방역 물품과 직접 관련된 특허 출원
나. 「재난안전산업 진흥법」 제16조에 따라 인증을 받은 재난안전제품과 직접 관련된 특허 출원
2) 재난으로 인한 긴급한 상황에 대응하기 위해 특허청장이 우선심사 신청 기간을 정해 공고한 대상에 해당하는 특허 출원

06. 해외 특허 출원

특허독립(속지주의)의 원칙상 각국의 특허는 서로 독립적이므로 반드시 특허권 등을 획득하고자 하는 나라에 출원을 하여 그 나라의 특허권 등을 취득하여야만 해당국에서 독점 배타적 권리를 확보할 수 있다. 따라서 한국에서 특허권 등의 권리를 취득하였더라도 다른 나라에서 권리를 취득하지 못하면 그 나라에서는 독점 배타적인 권리를 행사할 수가 없다. 이러한 1국 1특허의 원칙 때문에 해외출원이 필요하며, 해외출원을 하는 방법에는 전통적인 출원방법과 PCT 국제출원방법으로 대별된다.

※ PCT : Patent Cooperation Treaty(특허협력조약)의 약자

전통적인 출원방법(Traditional Patent System)

특허 획득을 원하는 모든 나라에 각각 개별적으로 특허 출원 하는 방법으로 Paris루트를 통한 출원이라고도 한다. 다만, 선(先) 출원에 대한 우선권을 주장하여 출원하는 경우 선출원의 출원일로부터 12개월 이내에 해당 국가에 출원하여야 우선권을 인정받을 수 있다.

PCT에 의한 출원방법(PCT System)

국적국 또는 거주국의 특허청(수리관청)에 하나의 PCT출원서를 제출하고,

그로부터 정해진 기간 이내에 특허 획득을 원하는 국가(지정(선택)국가)로의 국내 단계에 진입할 수 있는 제도로 PCT국제출원의 출원일이 지정국가에서 출원일로 인정받을 수 있다. 다만, 선(先) 출원에 대한 우선권을 주장하여 출원하는 경우 선출원의 출원일로부터 12개월 이내에 PCT국제출원을 하여야 우선권주장을 인정받을 수 있다.

이 방식은 하나의 출원절차를 통하여 출원을 원하는 각 국가에 대한 출원효과가 인정되며, 많은 비용이 소요되는 각 지정국으로의 실질적인 출원이 1년 8개월(최대 2년 6개월)간 유예된다는 장점이 있다. 또한, 국제출원 시 출원발명의 특허성과 관련된 문헌(국제조사)을 보고 받을 수 있고 신청에 따라 특허성을 직접 판단(국제예비심사)받을 수 있으므로, 출원인은 출원발명의 특허성에 대한 예비적 검토를 함으로써 출원을 계속할 필요가 있는지 결정할 수 있게 되어 비용절감의 효과를 얻을 수 있다.

이들 절차가 완료되면 결국 각 지정국별로 출원절차가 다시 진행되어야 하는데, 이후의 단계를 각 지정국의 국내 단계라 한다. 각 지정국에 대한 국내 단계의 진입은 출원인이 해야 하며, 국제출원일(또는 우선일)로부터 1년 8개월(최대 2년 6개월) 이내에 이들 지정국가의 해당 관청에 정해진 방식을 갖추어 소정의 서류(지정관청이 요구하는 언어로 작성된 서류)를 제출하고, 적정의 수수료를 납부함으로써 각 지정국의 국내 단계로 진입하게 된다.

따라서, 국제출원을 하였더라도 이러한 각 지정국 내의 국내 단계로 적법하게 진입하지 않는다면 해당 특허 출원 취하로 간주되어 특허를 획득할 수 없게 되므로, 출원인은 국제출원으로 인한 유예기간 동안 얻은 정보와 출원발명의 사업성을 검토하여 지정국 중 어느 나라로 국내 단계를 진행할 것인지 신중하게 결정해야 할 것이다.

PCT에 따른 국제출원의 경우 PCT출원비용이 별도로 소요되고, 이와 별도로 각 지정국별 국내 단계 진입 시에 각 지정국마다 출원료, 등록료, 현지대리인 수수료 등에 차이가 나지만 통상적으로 등록 완료 시까지 각 지정국 당 1천만 원 이상이 소요된다. 따라서 미국, 중국, 일본, 유럽 등 몇 개국에 대해서만 출원하는 경우에도 PCT출원비용을 포함하면 5천만 원가량이 소요되어 중소기업 입장에서는 커다란 비용 부담이 발생한다.

이와 같은 막대한 비용부담 때문에 중소기업의 경우에 어렵게 개발한 기술에 대한 지적재산권을 국내에만 출원하고 해외 출원은 포기하는 경우가 흔하게 발생한다.

한국발명진흥회(www.kipa.org), 각 지방자치단체 중소기업지원센터 등에서 해외 특허 출원비용의 일부를 지원해 주고 있으니 활용해 보기 바란다.

07.
중소기업의 기술유출 문제

　요즘 중소기업의 고민 중의 하나는 많은 귀중한 자료가 무방비 상태로 퇴직사원, 현직사원, 협력업체직원, 납품거래처직원 등에 의하여 유출된다는 것이다.
　'산업스파이 전쟁'이라는 용어가 거부감 없이 사용되는 현재의 기업 환경에서 기술상 영업상 비밀의 획득과 관리가 기업의 가장 중요한 과제 중의 하나가 되었다.
　대부분의 중소기업에 있어 기술유출 문제는 심각한 수준이다.
　하지만 중소기업의 경우 기술유출에 대한 사전예방은 물론 사후대응에 상대적으로 소극적이며, 그 중요성에 비해 당장의 성과로 연결되지 않기 때문에 기술유출 방지업무 수행을 위한 투자가 미흡한 상황이다.
　산업기밀을 관리함에 있어서 가장 중요시하는 부분은 개발제품 설계도, 개발 프로세스, 신제품 아이디어, 실험결과 데이터 등이 있는데, 조사결과에 따르면 수행과제 결과데이터, 최종 연구결과 등이 주로 유출되는 것으로 나타났다.
　산업기밀 유출방법은 자료복사부터 핵심인력 스카우트, 관계자 매수 등 내부인력에 의한 유출이 대부분이다.
　기술유출 문제의 심각성에도 불구하고 피해기업 대다수가 예산과 전문인력 부족으로 유출 사실을 파악하고도 아무런 조치 없이 넘어가고 있는 실정이다.

하지만 중소 벤처기업의 경우 한 번의 기술유출 사건으로 기업 생사가 좌우되는 엄청난 파국을 초래할 수가 있으므로 경영자들은 기술유출을 미연에 방지하고, 재발을 방지할 수 있는 대책을 세워 실행하도록 하여야 할 것이다.

기술유출 방지대책으로는 임직원 보안 의식 강화, 핵심인력 스카우트 방지, 보안관리 감독체계 구축 같은 인적 관리대책뿐만 아니라 출입통제 시스템과 PC보안 시스템, 네트워크보안 시스템, 문서보안 시스템 도입 같은 물적 관리대책 등이 있다.

기술자료 임치제도

기술자료 임치제도란 개발기관(수탁기업)과 발주기관(위탁기업)이 기술거래를 하는 경우, 개발기관이 발주기관에 기술자료를 공개하는 대신에 핵심 정보 등을 대·중소기업·농어업협력재단에 안전하게 보관해 두고 미리 합의한 요건(개발기관의 도산 등)이 충족되는 경우에만 발주기관에게 임치물을 교부하는 제도이다.

중소기업의 경우 거래하는 대기업으로부터 기술자료를 요구받는 경우 어쩔 수 없이 기술자료를 제공하여 기술이 유출되는 피해를 입는 경우가 있다.

이와 같은 경우를 방지하기 위해 도입된 제도로서 기술자료를 요구받는 경우 발주기관과 협의하여 사용을 검토해 볼 필요가 있을 것이다.

현재 대·중소기업·농어업협력재단 기술자료임치센터(www.kescrow.or.kr

Tel 02-368-8484)가 임치제도 운영기관으로 선정돼 사업을 진행 중이다.

중소기업 기술보호울타리

중소벤처기업부는 중소기업의 기술보호 역량을 강화하여 안정적인 기술개발 여건을 조성하고 기업의 기술경쟁력 제고 및 관련 산업발전에 기여하고자 중소기업 기술보호울타리(https://www.ultari.go.kr)를 운영하고 있다.

중소기업의 연구개발성과물이 체계적인 관리 및 산업보안에 대한 인식부족으로 기업 외부로 빈번하게 유출되고 있는 것이 현실이나 적절한 대응이 어려운 현실을 개선하고자 운영되고 있는 기술보호울타리는 기술유출로 인한 피해기업의 사후 대응방안을 제시함으로써 중소기업의 기술유출 피해를 최소화하는 데 목적을 두고 있다.

기술보호울타리에서는 변호사, 변리사, 산업보안 전문가 및 유관기관 전문가들을 Pool로 구성, 체계적인 상담지원은 물론, 온-오프라인 강좌개설, 산업보안 매뉴얼 개발 등을 통해 혁신형 중소기업의 기술보호를 전담하는 전문기관으로 자리매김하고 있다.

중소기업 기술지킴센터

중소벤처기업부와 한국산업기술보호협회는 온라인상에서 발생하는 기술유출이나 사이버 공격을 사전에 방지하고 사고 발생 시 신속히 대응할 수 있도록 '중소기업 기술지킴센터'를 개소하여 보안관제 서비스를 제공하고 있다.

기술지킴센터는 365일 24시간 종합관제가 가능한 종합상황실과 통합보안 위협탐지시스템 등 최첨단 관제설비를 갖추고 있다. 주요 서비스는 △개별 중소기업의 기술보호 수준을 진단하고 취약점을 분석해 주는 사전진단 △네트워크, 웜·바이러스, 시스템 장애 등에 대한 실시간 보안 모니터링 △침해사고 발생 시 원인 분석 및 대응 보안솔루션 지원 등이다. 기술지킴서비스를 원하는 중소기업은 한국산업기술보호협회 중소기업기술지킴서비스(http://kaits.or.kr)에 신청하면 된다.

08.
영업비밀

영업비밀은 기업이 기술상 또는 경영상으로 경제적 가치가 있어 영업상 비밀로 관리하는 정보를 의미한다. 영업비밀로 법적인 보호를 받기 위하여는 비밀성, 경제적 유용성, 비밀관리성의 세 가지가 요구된다.

영업비밀은 말 그대로 비공지성, 즉 '비밀보유자가 그 비밀을 모르는 사람보다 우월적 입장에서 그 정보를 관리하고 있어 그 외의 자로서는 부정한 수단과 방법을 통하지 아니하면 얻기 어려운 상태'여야 한다. 또한 경제적으로 독립된 가치가 있어서 그 정보의 사용을 통해 경쟁자에 비해 이익을 얻거나 그 정보의 취득과 개발을 위해 상당한 노력이나 비용이 요구돼야 한다.

영업비밀 침해에 대한 손해배상소송에 있어 가장 첨예하게 다툼의 소지가 있는 사항은 비밀관리성이다. 객관적으로 영업비밀이 외부에 유출되지 않도록 상당한 노력과 비용을 들여 관리해 온 점이 인정돼야만 법적으로 보호되는 영업비밀이라고 볼 수 있다. 구체적으로 살피면 영업비밀을 취득하기 위해서 '부정한 수단'에 의하지 않으면 정보에 접근하기 곤란할 정도의 관리 노력이 요구된다. 하지만 현실적으로 영업비밀 담당자 이외 해당 정보에의 접근을 제한하는 방법으로 컴퓨터 또는 파일에 비밀번호를 걸거나 이메일 등으로 정보를 주고받을 때 영업비밀 내지는 극비라고 표기하는 정도에 그치는 회사가 적지 않다.

그렇기 때문에 영업비밀 침해에 대한 손해배상소송에 있어서 판례는 '상당한 노력에 의하여 비밀로 유지된다'는 것은 그 정보가 비밀이라고 인식될 수 있는 표시를 하거나 고지를 하고, 그 정보에 접근할 수 있는 대상자나 접근 방법을 제한하거나 그 정보에 접근한 자에게 비밀 준수 의무를 부과하는 등 객관적으로 그 정보가 비밀로 유지되고 관리되고 있다는 사실이 인식 가능한 상태를 의미한다고 판시하고 있다(대법원 2008.7.10. 선고 2008도 3435 판결).

기술이 고도로 발전하고 IT산업이 발달하면서 영업비밀의 경제적 가치가 날로 높아지고 그 범위도 점점 커지고 있는 것이 사실이다. 기업을 운영하는 경영자 입장에서 회사의 영업비밀을 어떻게 관리할 것인지, 만일 영업비밀이 유출되는 경우 어떻게 법적으로 보호를 받을 것인지 심각하게 고민해봐야 한다.

퇴직 후 전 직장 자료로 영업한다면…

회사에 근무하던 직원이 재직 중 담당했던 업무와 관련한 영업비밀을 알게 됐고, 회사를 퇴직한 뒤 별도의 회사를 설립해 회사와 동일 영업을 하는 경우, 회사로서는 어떤 법적인 조치를 취하여 직원의 행위를 규제하는 것이 가능한가?

우선 회사 입장에서는 직원들의 행위를 미연에 방지하기 위해 채용단계에서 '업무상 기밀사항 및 기타 중요한 사항은 재직 중은 물론, 퇴사 후에도 제3자에게 누설하거나 퇴직 후 영업비밀을 이용해 동종 영업을 하지 않겠다'는 확인서를 받을 필요가 있다. 또한 퇴직 시에도 그런 행위를 하지 않겠다는 서약을 받아두는 것이 혹시라도 발생할지 모르는 소송에 대비해 유리하다.

회사 입장에서 직원의 행위를 법적으로 처벌하기 위해 형사고소를 하는 방안도 생각해 볼 수 있다. 부정한 이익을 얻거나 기업에 손해를 입힐 목적으로 그 기업에 유용한 영업비밀을 사용하거나 제3자에게 누설한 자는 형사처벌을 받는다.

부정경쟁방지 및 영업비밀보호에 관한 법률

제18조(벌칙) ① 영업비밀을 외국에서 사용하거나 외국에서 사용될 것임을 알면서도 다음 각 호의 어느 하나에 해당하는 행위를 한 자는 15년 이하의 징역 또는 15억 원 이하의 벌금에 처한다. 다만, 벌금형에 처하는 경우 위반행위로 인한 재산상 이득액의 10배에 해당하는 금액이 15억 원을 초과하면 그 재산상 이득액의 2배 이상 10배 이하의 벌금에 처한다.

1. 부정한 이익을 얻거나 영업비밀 보유자에 손해를 입힐 목적으로 한 다음 각 목의 어느 하나에 해당하는 행위

가. 영업비밀을 취득·사용하거나 제3자에게 누설하는 행위

나. 영업비밀을 지정된 장소 밖으로 무단으로 유출하는 행위

다. 영업비밀 보유자로부터 영업비밀을 삭제하거나 반환할 것을 요구받고도 이를 계속 보유하는 행위

2. 절취·기망·협박, 그 밖의 부정한 수단으로 영업비밀을 취득하는 행위

3. 제1호 또는 제2호에 해당하는 행위가 개입된 사실을 알면서도 그 영업비밀을 취득하거나 사용하는 행위

② 제1항 각 호의 어느 하나에 해당하는 행위를 한 자는 10년 이하의 징역 또는 5억 원 이하의 벌금에 처한다. 다만, 벌금형에 처하는 경우 위반행위로 인한 재산상 이득액의 10배에 해당하는 금액이 5억 원을 초과하면 그 재산상 이득액의 2배 이상 10배 이하의 벌금에 처한다.

③ 부정한 이익을 얻거나 영업비밀 보유자에게 손해를 입힐 목적으로 타인의 영업비밀을 훼손·멸실·변경한 자는 10년 이하의 징역 또는 5억 원 이하의 벌금에 처한다.

대법원 2008.7.10. 선고 2008도3435 판결

【판시사항】
[1] 구 부정경쟁방지 및 영업비밀보호에 관한 법률 제2조 제2호에 정한 '영업비밀'이 되기 위한 요건 중 '상당한 노력에 의하여 비밀로 유지된다'는 것의 의미

[2] 직원들이 취득·사용한 회사의 업무 관련 파일이 상당한 노력에 의하여 비밀로 유지된 정보라고 볼 수 없어 구 부정경쟁방지 및 영업비밀보호에 관한 법률 제2조 제2호에 정한 '영업비밀'에 해당하지 않는다고 한 사례

【판결요지】
[1] 구 부정경쟁방지 및 영업비밀보호에 관한 법률(2007.12.21. 법률 제8767호로 개정되기 전의 것) 제2조 제2호의 '영업비밀'이란 상당한 노력에 의하여 비밀로 유지된 기술상 또는 경영상의 정보일 것이 요구되는데, 여기서 '상당한 노력에 의하여 비밀로 유지된다'는 것은 그 정보가 비밀이라고 인식될 수 있는 표시를 하거나 고지를 하고, 그 정보에 접근할 수 있는 대상자나 접근 방법을 제한하거나 그 정보에 접근한 자에게 비밀준수의무를 부과하는 등 객관적으로 그 정보가 비밀로 유지·관리되고 있다는 사실이 인식 가능한 상태인 것을 말한다.

[2] 직원들이 취득·사용한 회사의 업무 관련 파일이 보관책임자가 지정되거나 보안장치·보안관리규정이 없었고 중요도에 따른 분류 또는 대외비·기밀자료 등의 표시도 없이 파일서버에 저장되어 회사 내에서 일반적으로 자유롭게 접근·열람·복사할 수 있었던 사안에서, 이는 상당한 노력에 의하여 비밀로 유지된 정보라고 볼 수 없어 구 부정경쟁방지 및 영업비밀보호에 관한 법률(2007.12.21. 법률 제8767호로 개정되기 전의 것) 제2조 제2호에 정한 영업비밀에 해당하지 않는다고 한 사례.

09.
바람직한 고정자산 비율

사무실이나 공장을 구입할 것인가?

임대할 것인가?

실물자산가격이 폭등하거나 폭등이 예상되는 경우에는 무리해서라도 실물자산을 구입할 필요가 있다.

금융기관에서 대출을 받고자 하는 경우 담보로 제공할 수 있으며, 자산가격 상승에 따른 이익도 기대할 수 있기 때문이다.

하지만 금방 현금화가 어려운 부동산, 건물, 기계설비 등 고정자산에 너무 무리하게 투자를 한다면 기업 환경이 바뀔 경우 신속하게 대응하기가 어렵다.

일반적으로 중소기업은 대기업이나 중견기업보다 자금조달능력이 부족하므로 자금을 보수적으로 운용해야 한다.

대출을 받아 부동산을 매입하고 운전자금조달이 안 되어 어려움을 겪는 경우가 많이 있다.

일부 중소기업의 경우에는 현재 진행하고 있는 사업이 어려워지는 경우를 대비하여 여유자금으로 부동산을 구매하여 향후 임대업을 하고자 하는 경우가 있는데, 이와 같은 경우가 아니면 고정자산을 가급적 줄여야 할 것이다.

설비투자와 자금의 균형 상태를 알 수 있는 고정비율

고정비율(%) = 고정자산/자기자본 × 100

고정비율이란 고정자산을 자기자본으로 얼마만큼 충당했는가를 나타내는 비율을 말한다. 고정자산은 장기에 걸쳐서 운용되는 자산이기 때문에 이에 투하된 자본은 원칙적으로 장기간 이용 가능한 자기자본으로 조달하는 것이 바람직하다. 보통 고정비율은 선진국의 경우 100%가 기준이 되며 이 수치가 낮을수록 우량하다고 본다. 따라서 고정비율이 너무 높아지면 안정성 있는 회사라고 말할 수 없다.

현금이 부족하여 금융기관에서 자금을 차입하여 고정자산을 구입하는 경우에는 단기간에 자금을 상환해야 하는 부담과 이자로 지출되는 비용이 많아져서 자금 운영에 압박을 받게 된다. 이러한 요소가 자금 경색의 직접적 요인이 될 경우 회사가 유동성 위기에 몰리게 될 가능성이 높아진다.

소기업, 중기업, 중견기업의 이상적인 고정비율

각 기업 유형에 따른 이상적인 고정비율은 여러 요인에 따라 다를 수 있다. 일반적으로 선진국의 기준으로 100%가 기준이 되지만 산업과 기업의 특성에 따라 달라질 수 있다.

1. 소기업

소기업은 일반적으로 자본이 제한적이므로 고정비율을 낮게 유지하는 것이 유동성을 확보하고 금융 위험을 줄이는 데 도움이 된다. 예를 들어 50%

미만의 고정비율이 바람직할 수 있다.

2. 중기업

중기업은 소기업에 비해 더 많은 자본을 가지고 있지만 여전히 유동성 관리가 중요하다. 고정비율은 약 60~80% 범위가 적절할 수 있다. 이 범위는 자본을 효과적으로 사용하면서도 재무적 안정성을 유지할 수 있도록 한다.

3. 중견기업

중견기업은 더 큰 규모와 안정된 자본 구조를 가지고 있으므로 고정비율이 더 높아도 되는데 80~100% 범위의 고정비율이 적합할 수 있다. 이는 장기 자산에 대한 투자가 더 많다는 것을 반영한다.

고정장기적합률

고정장기적합률(%) = 고정자산/(자기자본+고정부채) × 100

타인자본 중에 장기차입금, 사채 등의 고정부채는 장기에 걸쳐 상환하는 것이므로 안정된 자본이라 할 수 있다. 자기자본에 이것을 더해서 고정자산과의 비율을 산출하기도 하는데, 이것을 고정장기적합률이라고 하며, 이 비율 역시 낮을수록 우량하다고 본다.

이 비율이 100% 이상이면 고정부채로도 감당이 어려워서 유동부채를 빌려 투자했다는 의미가 될 수도 있다.

대규모의 설비를 필요로 하는 업종에서는 자기자본만으로 설비투자를 감당하기에는 자금부담이 너무 크기에 소요자금의 일부를 외부자금으로 조달하는 경우가 많다.

하지만 이러한 경우에도 최소한 상환기간이 1년 이상인 고정부채로 자금을 충당하여야 자금압박으로부터 자유로울 수 있을 것이다.

고정장기적합률의 의미와 중요성

1. 재무 안정성 평가

이 비율은 고정자산이 자기자본과 고정부채를 통해 얼마나 잘 조달되고 있는지를 보여준다. 적절한 수준의 고정장기적합률은 기업이 장기적으로 안정적인 재무구조를 가지고 있음을 나타낸다.

2. 위험 평가

100% 이상의 고정장기적합률은 기업이 고정자산을 위해 유동부채를 포함한 외부자금에 의존하고 있음을 의미한다. 이는 재무적 위험을 증가시킬 수 있으며 유동성 문제나 금융 비용 증가로 이어질 수 있다.

3. 투자 및 운영 전략

이 비율은 기업의 투자 및 운영 전략에 대한 통찰력을 제공한다. 예를 들어 비율이 낮으면 기업이 보수적인 자산 운용 전략을 채택하고 있을 가능성이 있으며, 높은 비율은 공격적인 성장 전략을 나타낼 수 있다.

10.
주주가 투자자금 반환을 요청하는 경우

비상장회사의 경우 자금을 투자한 주주가 자금이 필요한 경우 또는 회사의 경영상황 악화에 따라 투자자금을 돌려줄 것을 요구하는 경우가 많이 있다.

투자자금 유치를 위하여 경영진이 회사 장래에 대한 장밋빛 청사진을 제시하는 경우가 많은데, 성과가 부족한 경우 주주와 경영진 간에 분쟁이 발생할 수 있으며, 이와 같은 경우 주주의 입장에서는 회사의 경영상태가 약속과 다름을 이유로 투자자금을 반환해 줄 것을 요청하는 경우가 많이 있다.

주주가 투자한 자본에 대한 위험부담은 경영진이 불법행위를 하지 않은 한 투자한 주주가 스스로 지는 것이나 경영진의 입장에서 마냥 무시할 수 없으므로 해결방안을 모색해 볼 필요가 있다.

주식 매각

제일 먼저 생각할 수 있는 방법은 해당 주주의 보유주식을 경영진이 인수하거나 다른 투자자를 알선하여 주식을 매각할 수 있도록 하는 것이다.

감자

회사가 선의로 투자자금을 주주에게 반환해 주는 공식적인 절차는 감자이다. 감자를 하기 위하여는 주주총회의 특별결의로 감자를 결정하여야 한다.

감자를 해서 주주에게 투자자금을 돌려주기 위해서는 회사에 실제 자본금이 있어야 하는데, 회사에 자금이 없는 경우에는 현실적으로 불가능하다.

청산

회사를 청산하게 되면 잔여재산을 각 주주가 가진 주식의 수에 따라 주주에게 분배하게 된다.

자기주식 취득

회사가 여유자금이 있는 경우 법에 정한 바에 따라 주주로부터 주식을 취득할 수 있다.

"문제시 투자금 100% 반환" 특정 주주에 보장 약정…대법원 "무효"

특정 주주에게 투자금 회수를 절대적으로 보장해 주는 취지의 약정은 주주 모두가 동의했더라도 무효라는 대법원의 판단이 나왔다. 대법원 2부(주심 천대엽 대법관)는 A씨 등이 B사 등을 상대로 낸 투자금 반환 청구 소송 상고심에서 원고 패소로 판결한 원심을 일부 파기환송 했다고 13일 밝혔다.

A씨 등은 B사가 발행하는 종류주식(특수한 권리가 부여된 주식)을 인수하는 투자계약을 맺었다.

조항에는 'B사가 연구 개발하는 조류인플루엔자 소독제에 대해 질병관리본부와 조달청에 각각 등록하되 기한 내 제품·조달 등록이 안 되면 계약을 즉시 무효로 하고 B사가 투자금 전액을 즉시 반환한다'는 내용이 포함됐다.

A씨 등은 B사, B사 대표, B사 연구개발 담당자와 투자계약을 맺었다. B사 대표는 B사의 이해관계인으로서 계약에 참여했고 연구개발 담당자는 투자계약에 따라 부담하는 의무를 연대보증을 했다.

그러나 B사는 기한 내에 소독제에 대한 제품등록과 조달등록을 마치지 못했고 A씨 등은 투자금을 돌려달라며 소송을 냈다.

1심은 B사 등이 투자금을 반환해야 한다면서 원고들의 손을 들어줬다. B사 주주 모두가 이번 투자계약 체결에 동의했으므로 '주주평등의 원칙'에 위반되지 않는다고 판단했다. 주주평등의 원칙은 주주는 소유 주식 수에 비례해 평등한 취급을 받는다는 원칙이다.

반면 2심은 원고 패소로 판결했다. 2심 재판부는 "문제의 조항은 원고들의 투자금 회수를 절대적으로 보장하면서 다른 주주에게 인정되지 않는 우월한 권리를 부여하는 것"이라며 "B사 기존 주주 전원이 동의했더라도 주주평등의 원칙을 어겨 무효"라고 설명했다.

대법원도 B사는 투자금 반환 책임이 없다고 봤다. 대법원은 "일부 주주에게 자본 회수를 절대적으로 보장하는 취지의 금전지급약정은 주주 전원이 동의했더라도 무효"라며 "회사의 자본적 기초를 위태롭게 하고 주주로서 부담하는 본질적 책임에서조차 벗어나게 하기 때문"이라고 밝혔다.

다만 A씨 등이 B사 대표와 연구개발담당자에게도 투자금 반환을 구할 수 없는지는 별개의 문제라고 봤다. 계약 조항이 B사와 주주들 간 관계에서 무효가 되더라도 여전히 개인 간의 법률관계에서는 효력이 있다는 것이다.

최근 대법원은 개인 사이 계약에는 주주평등의 원칙이 직접 적용되지 않고 주주와 회사가 체결한 계약과 별개로 봐야 한다는 취지로 판시하고 있다

대법원은 "B사 대표가 부담하는 투자금 반환의무가 어떤 성격인지를 확인해 B사 대표와 연구개발담당자에게 투자금 반환의무가 있는지 다시 심리해야 한다."며 해당 부분을 수원고법으로 돌려보냈다.

즉, 주주평등의 원칙은 주주와 회사의 법률관계에 적용되는 것이고 대표이사 등 개인과의 관계에는 적용되지 않는다는 것이다..

11.
주금의 가장납입

주금의 가장납입이란 신주를 발행할 때 주주들이 법인의 자본금(주금)을 정상적으로 납입하지 아니하고, 일시적인 차입금으로 주금 납입 형식을 취하여 자본금 증자 절차를 마친 후 곧바로 그 납입금을 인출해 차입금을 변제하는 것을 말한다.

과거에 5천만 원 이상으로 규정되어 있던 상법의 최저자본금제도가 2009년 2월부터 폐지되어 회사 설립 시에 가장납입을 하여야 할 이유가 줄어들었으나, 아직도 상법의 규정이 아닌 관련업종의 등록을 위해 최소 자본금 규정을 두고 있는 법들이 존재한다. 일례로 여행업의 경우 종합여행업 5천만 원 이상, 국내외여행업 3천만 원 이상, 국내여행업 1천5백만 원 이상, 관광안내업 1천5백만 원 이상의 자본금이 필요하고, 인력파견업체도 1억 원 이상의 자본금이 필요하다.

남의 자금을 빌려 법인을 설립하게 되면 회사의 부실화는 물론, 장부에 기록된 자산과 실제 보유자산이 일치하지 않는 등 회계장부의 부실화를 초래하게 된다.

따라서 상법에서는 주금 가장납입 행위를 한 자, 행위에 응한 자, 중개한 자들에 대하여 엄격한 제재(5년 이하의 징역 또는 1천5백만 원 이하의 벌금)를 가하도록 규정하고 있다(상법 제628조).

또한, 세무상으로도 주금 가장납입의 경우 해당 법인의 정당한 자본금으로 봄으로, 가장 납입액만큼을 법인이 주주에게 무상으로 빌려준 것으로 간주해 그 금액에 대해 인정이자를 계산해 법인세를 과세하며, 주주에 대해서는 추가로 배당(임직원일 경우 상여)한 것으로 처분되어 소득세를 과세한다.

주금을 가장납입 하는 경우 판례에서는 납입가장죄에는 해당하나 업무상배임죄에는 해당하지 않는다고 본다(대법원 2005.4.29. 선고 2005도856 판결).

대법원 2005.4.29. 선고 2005도856 판결

【판시사항】
[4] 타인으로부터 금원을 차용하여 주금을 납입하고 설립등기나 증자등기 후 바로 인출하여 차용금 변제에 사용하는 경우, 상법상 납입가장죄의 성립 외에 업무상배임죄의 성립 여부(소극)

【판결요지】
[4] 주식회사의 설립업무 또는 증자업무를 담당한 자와 주식인수인이 사전 공모하여 주금납입취급은행 이외의 제3자로부터 납입금에 해당하는 금액을 차입하여 주금을 납입하고 납입취급은행으로부터 납입금보관증명서를 교부받아 회사의 설립등기절차 또는 증자등기절차를 마친 직후 이를 인출하여 위 차용금채무의 변제에 사용하는 경우, 위와 같은 행위는 실질적으로 회사의 자본을 증가시키는 것이 아니고 등기를 위하여 납입을 가장하는 편법에 불과하여 주금의 납입 및 인출의 전 과정에서 회사의 자본금에는 실제 아무런 변동이 없다고 보아야 할 것이므로 그들에게 불법이득의 의사가 있다거나 회사에 재산상 손해가 발생한다고 볼 수는 없으므로, 업무상배임죄가 성립한다고 할 수 없다.

12. 분식회계

분식회계란 기업의 재정상태나 영업실적을 실제보다 좋게 보이게 할 목적으로 장부를 조작하여 매출액이나 이익을 크게 부풀리는 것을 말하며, 주로 자산과 매출을 실제보다 더 많이 계상하거나 비용과 부채를 실제보다 적게 계상하는 방법을 이용하고 있다.

최근 들어 일부 대기업의 분식회계 문제가 언론에 자주 노출되고 있다.

하지만 대기업이나 상장법인들은 주식회사의 외부감사에 대한 법률이나 공인회계사법 등에 의하여 내부회계관리 시스템이 구축·운영되고 있고 매년 회계감사를 받으므로 일정 부분 견제되고 있으나, 외부감사를 받지 않아도 되는 대부분의 비상장 중소기업은 분식회계를 하더라도 상법상 직접적인 처벌 규정이 없어 분식회계가 만연되어 있는 실정이다.

분식회계는 세금을 조금 더 내더라도 기업의 경영실적을 좋게 조작함으로써 주주들에게 경영자의 능력을 높게 평가받거나, 채권자들에게 호감 있는 정보를 제공하므로 인해 기업에 대한 대출한도를 증가시키는 수단이 된다.

또한 각종 입찰에 참여하기 위해 표준비율이상의 재무제표를 갖도록 분식회계 하는 것과 과세관청이 기업의 재무제표를 분석해 동종 업종과 비교해 통보하는 행위 등이 기업의 분식회계를 유도하는 원인이 된다.

하지만 분식회계는 언젠가는 정리해야 할 대상으로서 당장 현재의 어려움은 피할 수 있겠지만 순이익 과다계상으로 인한 세금납부액 증가 등으로 더 큰 부실을 초래하게 되므로 주의하여야 할 것이다.

횡령죄나 배임죄의 성립 여부

분식회계만으로는 횡령죄나 배임죄는 성립하지 않는다. 대법원은 비자금을 회사의 장부상 일반자금 속에 은닉하면 장부상 분식에 불과해 불법영득의사를 인정할 수 없기 때문에 횡령죄는 성립하지 않는다고 본다. 또 분식회계 그 자체는 회사 재무상태를 더 좋게 하는 행위이기 때문에 그로써 회사에게 손해를 가하거나 손해를 가할 위험성이 있는 행위로 볼 수 없고 행위자나 제3자에게 어떤 재산상의 이익을 얻게 하는 것이 아니기 때문에 업무상 배임죄는 성립하지 않는다고 판시했다. 즉 장부상 분식회계만으로는 횡령죄나 배임죄로 처벌할 수 없다고 판시한 것이다.

그러나 분식회계를 통해 실제로 회사 자본금을 개인적인 용도로 소비했거나, 회사에 실제적인 손해를 가하거나 손해를 가할 위험을 발생시키면 당연히 횡령죄나 배임죄로 처벌할 수 있다.

사기죄의 성립여부

분식회계를 토대로 금융기관으로부터 대출 등을 받으면 사기죄가 성립한다. 대법원은 "편법을 사용해 작성한 재무제표를 금융기관에 제출하면 금융기관으로서는 원래 해당 회계연도에 적용하는 회계처리 기준에 의해 위 재무제표가 작성됐고 그 결과 당기순이익이 발생한 것으로 잘못 인식할 수 있다. 이는 해당 회계연도의 회사 재무상황에 대하여 금융기관의 착오를 일으키는 것이어서 기망행위에 해당한다."고 판시했다. 또 "실제로는 손실을 입었음에도 이익이 발생한 것처럼 이른바 분식결산서를 작성한 후 이를 토대로 금융기관으로부터 대출을 받은 행위는 사기죄에 해당한다."고 판시하기도 하였다.

사기죄의 법정형은 10년 이하의 징역, 2천만 원 이하의 벌금이다.

만약 대출받은 금액이 5억 원 이상이라면 특정경제범죄 가중처벌 등에 관한 법률이 적용된다. 이 경우 이득액이 5억 이상 50억 원 미만일 때에는 3년 이상의 유기징역, 이득액이 50억 원 이상일 때에는 무기징역 또는 5년 이상의 징역형으로 처벌받는다.

기타 범죄의 성립여부

상법상 부실문서행사죄, 주식회사의 외부감사에 관한 법률위반죄가 성립할 수 있다. 상법은 회사의 대표이사 등이 허위 계산서류를 이용하여 주식, 사채의 모집행위를 하면 5년 이하의 징역이나 1천5백만 원 이하 벌금에 처하도록 하고 있다(상법 제627조).

주식회사의 외부감사에 관한 법률에 따라 외부의 감사인에 의한 회계감사를 받아야 하는 주식회사의 경우에는 회사 대표이사 등이 회계처리기준을 위반해 거짓으로 재무제표나 연결재무제표를 작성·공시하면 10년 이하의 징역 또는 그 위반행위로 얻은 이익 또는 회피한 손실액의 2배 이상 5배 이하의 벌금에 처하도록 했다(주식회사의 외부감사에 관한 법률 제39조). 또한 대법원은 "외부감사인이 재무제표 감사 결과 분식회계로 인한 왜곡이 있음을 인식하고도 다른 조치 없이 감사보고서에 적정의견이라고만 기재한 경우도 주식회사의 외부감사에 관한 법률 위반에 해당한다."고 판시하였다.

분식회계에서 주로 활용되는 항목

1. 감가상각비
상각방법(정율법→정액법)을 변경하거나 내용연수를 조정하는 방법으로 감가상각비를 감소시켜 자산을 과대하게 평가.

2. 재고자산
재고자산의 평가방법(선입선출, 후입선출, 평균법)을 변경하거나 창고에 쌓여 있는 재고의 가치를 과대 포장하여 자산을 과대하게 평가.

3. 대손충당금
매출채권의 대손충당금을 고의로 누락시켜 이익을 과대 계상.

4. 퇴직급여충당금
퇴직급여충당금을 과소 계상하여 부채 규모 축소.

5. 연구개발비
연구개발비는 원칙적으로 손익계산서상 비용 계정 과목으로 분류되나 회사 발전을 위한 중·장기 성장 동력인 점을 감안해 연구개발 실적 및 진척도에 따라 비용에서 제외하여 대차대조표상 자산 계정으로 등재될 수 있다.

자산 계정으로 전환된 액수만큼 자산규모가 늘고 비용이 감소하는 효과가 있어 벤처기업, 기술혁신형중소기업 등에서 분식을 목적으로 광범위하게 사용되고 있다.

> **대법원 2005.4.29. 선고 2002도7262 판결**
>
> 【판시사항】
> [1] 분식회계에 의한 재무제표 등으로 금융기관을 기망하여 대출을 받은 경우, 사기죄의 성립 여부(적극)
>
> 【판결요지】
> [1] 사기죄는 상대방을 기망하여 하자 있는 상대방의 의사에 의하여 재물을 교부받음으로써 성립하는 것이므로 분식회계에 의한 재무제표 등으로 금융기관을 기망하여 대출을 받았다면 사기죄는 성립하고, 변제의사와 변제능력의 유무 그리고 충분한 담보가 제공되었다거나 피해자의 전체 재산상에 손해가 없고, 사후에 대출금이 상환되었다고 하더라도 사기죄의 성립에는 영향이 없다.

13.
절세와 탈세

절세와 탈세는 납세의무자가 자신의 세부담을 줄이고자 하는 목적에서 행해진다는 점에서는 같다. 그 방법이 해당 국가의 세법 테두리 안에서 합리적이고 체계적으로 행해진다면 절세이고, 그 테두리를 벗어나서 사기 기타 부정한 방법으로 세금을 줄인다면 탈세이다.

납세의무란 국가가 그 존립과 활동에 있어서 필요로 하는 재원의 확보수단으로 국민에게 부과하는 공법상의 금전급부의무이다. 납세의무는 국가공권력에 의한 강제적인 징수이므로 모든 사람은 자기보호를 위한 본능이 발휘되어 납세의무를 기피하는 경향이 있다.

절세

"절세(tax saving)"란 세법이 인정하는 범위 내에서 합법적, 합리적으로 세금을 줄이는 행위를 말한다.

절세에 특별한 비결이 있는 것은 아니며, 세법을 충분히 이해하고 법 테두리 안에서 세금을 줄일 수 있는 가장 유리한 방법을 찾는 것이 절세의 지름길이다.

사업과 관련된 세금을 절세하려면

첫째, 평소 증빙자료를 철저히 수집하고 장부정리를 꼼꼼하게 하여 안 내

도 될 세금은 최대한 내지 않도록 하고,

둘째, 세법에서 인정하고 있는 각종 소득공제, 세액공제, 준비금, 충당금 등의 조세지원 제도를 충분히 활용하며,

셋째, 세법이 정하고 있는 각종 의무사항을 성실히 이행함으로써 매입세액 불공제나 가산세 등의 불이익 처분을 받지 않도록 하여야 한다.

탈세

탈세(tax evasion)란 불법적인 방법을 이용해서 고의로 세금을 줄이려는 일체의 행위를 말하며, 대표적인 예로 수입금액의 누락, 비용 부풀리기, 타인 명의로 위장하기 등이 있다.

국가는 이러한 탈세에 대한 대처방안으로 법으로 의무규정과 벌칙규정을 두고 있다.

이중장부 작성 등 장부의 허위기장, 허위증빙 또는 허위문서의 작성, 허위임을 알고 수취한 허위증빙의 수취, 장부와 기록의 파기, 재산을 은닉하거나 소득·수익·행위·거래의 조작 은폐, 기타 국세포탈·환급·공제받기 위한 사기 또는 부정한 행위로 인한 탈세 행위에 대하여는 가산세를 세액의 40%와 수입금액의 1만 분의 14 중 큰 금액을 부과한다(국세기본법 제47조의 3 제2항).

이러한 탈세유형에 대하여는 국세를 부과할 수 있는 부과 제척기간의 시효도 10년이다(국세기본법 제26조의 2 제2항). 또한 탈세의 행태의 경중에 따라 조세범으로 검찰에 고발 조치도 한다(조세범처벌법 제3조).

위에서 언급한 사항을 제외한 단순한 착오 또는 오류로 인한 탈세는 가산세율은 10%이고 조세시효도 5년이다.

탈세의 구체적인 유형을 살펴보면,

첫째, 수입금액의 누락이다. 수입금액을 누락하여 장부에 기재하지 않고 별도의 통장 또는 별도의 금고 등에 비밀스럽게 적립하는 것이다. 대응하는 원가를 완전 누락시킬 수도 있고, 대응되는 원가의 일부 또는 전부를 회사의 경비로 처리할 수 있다.

둘째, 비용의 과대계상과 가공경비계상이다. 매출원가 또는 판매비와 일반관리비를 과대 또는 가공계상 하는 것이다. 건설업 및 제조업의 경우 실제 지출하지 않은 인건비를 가공계상 하는 방법으로 법인의 비자금을 조성하거나 법인의 소득을 부당히 감소시키는 사례가 다수 발생하고 있다.

셋째, 가공부채의 계상이다. 매출원가 또는 판매비와 일반관리비를 가공경비로 계상한 후, 이를 가공 부채로 회계처리 하는 방법이다. 또한 가공 차입금을 계상한 후, 이에 대한 지급이자를 비용처리 하는 방법 등이 있다.

탈세의 경우 법인세 부과뿐만 아니라 대표자에게도 상여처분을 함으로써 막대한 세액을 추가로 납부하여야 하고, 조세범으로 처벌을 받을 수 있으므로 가능하면 하지 않는 것이 좋다.

또한 이와 같은 탈세를 하는 경우 외부인뿐만 아니라 회사 내부 임직원이 이 사실을 빌미로 협박하여 재산상의 이득을 취하려고 하는 경우가 많이 있으므로 조심하여야 한다.

사례)

　견실한 중견기업인 A사의 대표이사 B는 지인의 소개를 받아 경리부장을 채용하였는데 근무 자세가 불성실하여 1년 후 해고하게 되었다. 경리부장이 그동안 회사가 하였던 탈세를 문제 삼지 않는 조건으로 퇴직위로금 조로 3억 원을 요구하여 지급하기로 하였는데 지급을 하는 자리에서 3억 원을 추가로 요구하였다. 더 이상 끌려가면 안 되겠다 생각하여 세무서에 자진 납세 신고하고 그동안 탈세했던 세금 40억 원을 납입한 후 협박한 경리부장을 구속시켰다.

14. 가지급금

　가지급금이란 회사에서 현금이나 예금이 출금되었으나 그에 대한 반대증빙(정규영수증)이 없는 경우 발생하는 것이라고 말할 수 있다. 즉 영수증 없이 물건을 사거나 대표이사가 현금을 가져간 후 그에 대한 영수증을 챙기지 못한 경우 세법은 이를 가지급금으로 인식하게 된다.

　장부상 현금 잔액과 금고상 현금잔액 중 금고상 장부잔액이 부족할 경우 내역이 밝혀지지 않으면 일단 가지급금으로 처리하고, 나중에 밝혀지면 대여금이나 경비 등의 항목으로 수정한다.

　세법상 업무용으로 인출되는 가지급금은 문제 되지 않으나, 대표이사 등 회사와 특수관계에 있는 사람들이 인출한 가지급금에 대해서는 많은 불이익이 있다.

가지급금에 대한 세법상 제재

1. 가지급금 인정이자(법인 차원의 이익으로 간주하여 법인세 부과)

　회사에서 현금, 예금 등이 인출되는 경우 반드시 그에 대한 반대증빙이 있어야 하는데 그렇지 못한 경우 이러한 금액에 대하여 회사가 대표이사에게 빌려준 것으로 보아 가지급금에 대하여 연리 4.6%에 해당하는 이자수익을 인식하게 되며 이에 대하여 법인세를 과세하게 된다. 즉 실질적인 이자수익의 발생여부를 묻지 아니하고 단지 비용사용 내역 없이(정규 영수증 수취 없이) 현금, 예금이 인출되는 경우 이 금액에 대하여 무조건 법인의 이자수익으로 본다.

이는 법인의 자금이 함부로 개인적으로나 회사의 업무와 관련 없이 지출되는 것을 방지하기 위한 세법상 규정이라고 할 수 있다.

2. 상여처분(대표이사 등에게 이자 지급 없이 가지급금을 사용한 것으로 간주하여 소득세 부과)

회사가 증빙 없이 지출한 금액에 대하여 세법은 대표이사가 인출한 것으로 간주하여 대표이사에게 해당하는 금액을 상여처분 한 후 이에 대하여 대표이사에게 소득세를 부과하고 있다. 즉 회사의 돈을 대표이사가 이자 지급 없이 사용한 것으로 보아 이에 대하여 소득세를 부과하겠다는 논리라고 할 수 있다.

3. 지급이자 손금불산입(법인이 이자비용을 부인함에 따른 법인세 부과)

은행 등으로부터 돈을 차입하고 있는 회사에 가지급금이 있는 경우 은행에 지급하는 이자에 대하여 가지급금에 해당되는 금액만큼의 이자를 회사의 이자비용으로 인정해 주지 않겠다는 규정이다. 이는 회사에 자금이 부족해서 은행에서 자금을 차입하여 쓰는 상황인데, 여기에 회사가 대표이사에게 가지급금을 지급하는 경우 불이익을 주겠다는 규정이다.

부득이 가지급금이 발생한 경우 조속한 시일 내에(가지급금이 큰 경우에는 장기간의 계획에 의하여 실행하여야 함) 가지급금을 없애는 것이 기업의 절세 및 재무구조의 건전성을 제고시킬 수 있다. 그러나 안타깝게도 한 번에 가지급금을 없애는 방법은 현실적으로 거의 없으므로 회사의 사장이 보다 많은 관심을 가지고 세무대리인과 긴밀한 협의를 하여 해결방법을 강구하여야 할 것이다.

가지급금 정리방안

1. 대표이사 및 특수관계인의 급여 인상 또는 상여금 지급

대표이사 및 특수관계인의 급여를 인상하거나 상여금을 받아 여유자금을 만들어서 가지급금을 해결하는 것이다. 급여나 상여금은 근로소득에 해당돼 소득세가 과세되므로 소득세를 내고 남은 돈을 모아서 가지급금을 갚을 수 있다.

가장 간단한 방법이지만, 높은 급여와 상여금으로 인해 최대 49.5%(지방소득세 포함)의 소득세를 부담해야 한다는 점과 4대 보험료가 증가하게 된다는 단점이 있다. 이때 소득세 부담을 낮추거나 한꺼번에 많은 금액을 처리하기 위하여 특수관계인이 아닌 임직원에게도 지급하고 반환받는 경우가 있는데, 나중에 해당 임직원과 관계가 나빠지는 경우 이를 빌미로 협박을 받을 수가 있으므로 특수관계인이 아닌 경우에는 하지 않는 것이 좋다.

2. 배당금 지급

회사에서 배당금을 지급받아 가지급금을 해결하는 방법으로 배당금 또한 소득세를 내야 한다. 배당금이 2천만 원 이하라면 원천징수(15.4%)로 소득세 납세의무가 종결되지만, 배당금과 타 금융소득의 합계액이 2천만 원을 넘으면 종합과세 되어 개인종합소득세율을 따라간다.

또한 배당소득이 많을수록 사업소득과 합산하여 건강보험료를 추가로 납부하여야 하고 회사는 이익잉여금의 처분에 해당하기 때문에 비용처리가 되지 않는다는 단점이 있다.

3. 토지나 건물, 특허권 등 자산 양도

개인이 가진 토지나 건물, 특허권 등 자산을 회사에 양도하고 매각대금을 받아 가지급금을 해결한다. 다만 거래 대상자가 특수관계인일 때 시가보다 비싸게 매도할 경우 부당행위계산부인 규정에 의해 세금이 추가로 추징될 수 있으므로 적정 시가에 의하여야 하고 시가 산정이 어렵다면 반드시 감정평가를 받아 처리하는 것이 좋다. 특히 주택을 매도한 뒤 계속 거주하려면 법인세법상 적정 임대료를 회사에 지급해야 문제가 없다.

4. 자본금 감소

회사의 자본금을 감자하여 받은 대금으로 가지급금을 해결할 수 있다.

자본금 감소를 위한 법적절차(주주총회 소집 및 의결, 채권자보호절차, 자본감소 등기)를 거쳐야 하며 진행을 위한 비용이 발생한다.

자본금이 줄어들므로 부채비율이 높아지는 단점이 있으나 양도하는 것이 아니므로 양도소득세가 없다.

다만 모든 주주에게 동일 비율로 감자하는 것이기 때문에 대표이사와 특수관계인의 지분 비율이 낮은 경우에는 회사 자금 유출 부담에 비해 큰 효과는 없다.

5. 자기주식 취득

자기주식이란 회사가 발행한 주식을 주주로부터 취득하여 소유하고 있는 상태를 말하는 것이며 회사가 배당가능이익을 가지고 취득하는 것(상법 제341조)이 인정된다.

따라서 배당가능이익이 있는 경우에는 주주총회 결의로 자기주식 취득을 할 수 있으며 매각대금으로 가지급금을 해결할 수가 있다.

다만, 대표이사와 특수관계인의 보유 주식을 자기주식으로 매각하는 경우 지분율이 낮아지게 되므로 경영권 유지를 위한 안정적인 지분율이 확보되지 않은 경우에는 하지 않는 것이 좋다.

6. 접대비 등 실질 비용의 제대로 된 처리

접대비나 기부금 등을 지출하고 난 뒤 비용처리를 소홀히 하는 경우가 있다. 특히 접대비 한도 등의 이유로 제대로 처리하지 않는 경우가 많이 있는데 세법상 손비 인정을 받지 못하더라도 제대로 비용 처리하는 것이 좋다.

또한 가지급금의 최초 발생 원인을 분석해 오류가 있을 경우 이를 수정(전기오류수정손실 인식)하여야 한다. 당초 비용을 법적으로 증빙하지 못한 부분에 대해서 추가로 증빙이 확인된다면 회계상 오류를 수정해 가지급금을 없앨 수 있다.

15. 가수금

가수금은 금고상의 현금 잔액이 장부상의 잔액보다 더 많을 때 미결산계정으로 사용된다. 대표이사가 자신의 돈을 법인에 입금했을 때, 현금이 들어왔는데 장부상에 매출이 누락됐을 때, 돈은 안 나갔는데 가공경비를 장부에 반영했을 때 주로 발생한다. 이 중 대표이사가 법인에 입금한 돈은 회사 입장에서는 차입금이 된다.

일시적으로 회사의 자금사정이 좋지 않을 때 대표이사가 개인 돈을 회사에 입금하여 회사 용도로 사용하는 경우가 있다. 이때 회사 사정이 호전되면 바로 이에 대한 원리금을 상환해야 하는데, 증빙이 부실하면 관련 사실을 입증하는 데 문제가 될 수 있다. 이런 점을 고려해 반드시 법인통장으로 입금하고 장부에 그 근거를 남겨둬야 한다.

그리고 대표이사라고 하더라도 반드시 차입약정서 등을 작성, 보관해 두도록 한다.

"가수금"은 일반적으로 회사 운영자금이 부족할 때 발생하기 때문에 자금을 회사에 빌려준 사람은 이자를 받지 않는 것이 통상적이다.

그러나 대표이사나 주주, 임원, 종업원 가수금에 대하여 "금전소비대차계약서"에 의하여 이자를 지급하는 경우에는 "비영업대금의 이익"으로 간주하여 지급하는 이자에 대하여 소득세 25%와 지방소득세 2.5%(소득세의 10%)를 원천징수 하여야 이자비용을 세무상 비용으로 인정을 받을 수 있다.

가수금도 가지급금처럼 결산서에 나타낼 수 없으므로 적절한 계정과목으로 대체해야 한다. 만일 연말 결산 시까지 가수금을 상환하지 않는 경우에는 차입금 항목으로 회계처리 해야 한다. 그러나 발생 내역을 모르는 경우에는 일단 가수금(부채)로 처리하고, 향후 결산 시에 잡이익으로 회계처리를 한다.

대표이사 가수금(차입금)의 자본금 전환 가능해져

개정 전 상법 제421조는 "신주의 인수인으로 하여금 그 배정된 주수에 따라 납입기일에 그 인수한 각주에 대한 인수가액의 전액을 납입하여야 한다."고 규정하고, 상법 제334조는 "주주는 납입에 관하여 상계로서 회사에 대항하지 못한다."고 규정하여서 대표이사 가수금(차입금)을 신주발행에 따른 납입금과 상계하는 것이 불가능하여 가수금(차입금)의 직접 출자전환이 법적으로 불가능하였다.

하지만 상법 개정에 따라 상법 제334조가 삭제되고, 상법 제596조에 "제421조 제2항의 규정은 자본금 증가의 경우에 준용한다."고 규정하여 회사의 동의가 있는 경우에는 바로 상계처리 하여 손쉽게 자본화할 수 있게 되었다.

대표이사 가수금(차입금)을 자본금으로 전환하고자 하는 경우에는 필요서류(법인인감도장, 법인인감증명서 1부, 법인등기부등본 1부, 금전소비대차계약서 1부, 주주명부, 이사 과반수 이상의 인감 도장&인감 증명서, 가수금(차입금)을 입증할 수 있는 서류 등)를 갖춰 법무사사무소에 의뢰하면 된다.

가수금 등의 출자전환 절차

1. 의의

사업년도 종료시점이 다가오면 기업들은 재무구조 개선에 대한 필요성이 강조되며, 특히 회사의 매출이 부진한 상태에서는 부채를 줄임과 동시에 재무구조 건전성을 확보하기 위한 방안이 필요해져 가수금을 출자전환 할 필요성이 높아진다.

2. 가수금의 출자전환

대표이사가 회사경영을 위해 선지출한 가수금은 회사 입장에서는 부채가 되며, 대표이사 입장에서는 회사 경영실적에 따라 회수여부가 결정되는 불확실한 채권이라고 할 수 있다. 이를 자본금으로 변환하기 위해서는 다음의 절차가 수행된다.

1) 신주발행사항 결정

이사회 내지 주주총회 결의로 발행주식의 종류 및 신주배정방법 등을 결정한다(상법 416조). 주주배정인 경우에는 주주전원의 동의가 없는 한 신주배정일 공고 및 실권예고부 청약최고등의 절차를 거쳐야 하며, 제3자 배정의 경우에도 기존 주주에 대해 신주발행사항을 최고하거나, 또는 공고해야 한다(상법 418조 4항). 최근 발효된 자본시장법에 따르면, 상장기업의 경우 금융위원회에 제출한 신주발행의 주요사항 보고서가 공시된 경우에는 상기 절차를 생략할 수 있는 것으로 개정되었다(자본시장과 금융투자업에 관한 법률 제165조의 9).

2) 인수대금 납입절차

상기 절차에서 신주를 배정받은 대표이사는 신주인수대금 납입기일에 회사에 대한 채권과 상계한다는 의사표시 및 이에 대한 회사의 동의를 받아야 한다(상법 421조). 실무에서는 회사의 동의절차를 소명하기 위해 상계계약서를 첨부하는 경우가 많으며, 또한 가수금의 존부를 소명하기 위해 등기예규상 금전대차계약서 및 대차대조표 등의 서면을 요구하고 있으나 한 걸음 더 나아가 회사 세무대리인 또는 회계사의 부채 존부에 대한 실사확인서를 소명자료로 첨부하는 것이 좀 더 명확할 것으로 사료된다.

3) 등기절차

가수금만을 출자전환 하는 경우에는 별도의 주금보관증명서 내지 잔액증명서는 첨부할 필요가 없으며, 상기 의사록을 공증받아 납입기일 익일부터 2주 이내에 등기신청 함으로써 업무종료 된다.

개인으로부터의 회사운영자금 차입 시 유의사항

회사의 운영자금이 부족한 경우 금융기관으로부터 자금을 차입하는 것이 바람직하나 회사의 신용도나 담보가 부족하여 차입이 어려운 경우가 많이 있다.

이와 같은 경우 사장이 개인 자금을 조달하거나 주위의 지인들로부터 자금을 융통하게 되는데, 사장의 개인자금으로 조달하는 경우는 관계없지만 주위의 지인들로부터 자금을 조달하는 경우는 주의하여 처리하여야 한다.

일부 회사에서는 금융기관이 아닌 개인으로부터 회사운영자금을 차입하는 경우 차입금으로 처리하지 않고 가수금으로 처리하는 경우가 많이 있다.

개인으로부터의 차입금을 회사 차입금으로 처리하고 이자를 정식으로 지급할 수 있다는 사실을 모르거나, 개인으로부터의 차입금이 있다는 사실로 인하여 회사의 신용도가 떨어질 것을 우려하거나, 일시적인 부족자금인 경우에 차입금으로 표기하는 것이 싫어서 등의 사유로 가수금으로 처리한다.

하지만 가수금으로 처리한 경우 이자를 지급하기 위하여는 사장의 개인자금으로 지급하거나, 비자금을 조성하여 지급하거나, 가지급금을 발생시켜 지급하여야 하는 등 상황이 복잡해진다.

따라서 어떤 경우에든 개인으로부터의 차입금이 있다면 정식으로 차입약정서를 작성하고 이자를 지급하는 것이 좋다.

16. 부외부채

부외부채란 대차대조표일 현재 기업의 채무가 존재하고 있음에도 불구하고 회사의 장부에 계상되지 않은 부채를 의미한다.

부외부채는 회계담당자의 회계에 대한 무지에서 비롯되는 것도 있지만 회사의 악화된 재무상태와 경영실적을 분식하려는 의도에서 고의적으로 은폐하는 경우가 많기 때문에 재무제표 이용자에게 큰 피해를 입힐 가능성이 있다. 실제로 도산한 기업들의 사례를 살펴보면 거의 예외없이 거래처에 대한 미지급금이나 사채시장에서 빌려다 쓴 빚 등 회사 장부에 계상되지 않은 거액의 부외부채가 발견된다.

부외부채는 어떠한 사정에 의한 것일지라도 대차대조표에 표시되지 않는 것은 인정되지 않는다. 어려움을 극복하고 회사의 실적이 좋아져 회사의 자금으로 부외부채를 상환하고자 하는 경우 어떻게 하는 것이 효과적일까?

과거에는 퇴직금 중간정산이나 직무발명보상제도 등을 활용한 방법들이 보편적이었으나 관련 세법 개정을 통해 그 효율성이 떨어지면서 그 효과가 약화되었다. 현재 활용 가능한 처리방법을 살펴보면 다음과 같다.

급여나 상여, 배당으로 처리

법인자금을 합법적으로 개인자산화해서 처리할 수 있는 가장 손쉬운 방법이다. 하지만, 대표이사의 소득세 및 4대 보험료가 증가하기 때문에 효율적인 방법은 아니다.

자기주식 취득을 활용

장점이 많아 최근 각광받고 있는 처리방법으로 자사주 매입을 통해 매입대금을 주주들에게 주고 이를 활용해 상환하는 방법이다.

하지만 이 과정에서 주의해야 할 것은 상법상의 절차를 철저하게 지켜야 하는 것은 물론 그 목적이 소각 목적이어야 한다는 것이다. 만약 이를 지키지 않을 경우 임의로 법인자금을 지급한 것으로 보아 회사 장부에 새로운 가지급금이 생기는 부작용이 발생하게 된다는 점을 유념해야 한다.

특허권 양도를 통해 처리

대표이사가 특허권을 소유하고 있는 경우 특허권을 법인에 양도하고 그 보상금으로 부외부채를 처리하는 방식이다. 이 방법의 장점은 대표이사가 받은 보상금의 70%를 필요경비로 인정받을 수 있을 뿐만 아니라 대표이사는 비과세 혜택을 누릴 수 있다는 것이다.

하지만 이 방법은 모든 기업에게 가능한 것이 아니라 대표이사가 특허권을 소유하고 있는 일부 기업에서만 활용할 수 있다는 단점이 있다.

17.
가공세금계산서와 위장세금계산서

가공세금계산서

가공세금계산서는 재화나 용역의 공급 없이 세금계산서만 주고받는 경우를 말하며, 속칭 "자료상"으로부터 세금계산서를 발급받는 것뿐만 아니라, 수익을 줄여 세금 납부를 적게 하려는 주변의 다른 회사와 공모하여 세금계산서를 주고받는 경우를 포함한다.

1. 가공세금계산서를 발급하는 경우

사업을 하다 보면 매출액이 감소하거나 손실이 발생하여 곤란을 겪는 경우가 많이 있다. 거래하는 금융기관에서 대출금 상환 요구가 들어오거나, 거래처와의 관계 등 대외적으로 어려움을 초래할 수가 있어, 일부 회사의 경우 가공세금계산서를 발급하여 매출 및 수익을 늘리기도 한다.

이와 같이 가공세금계산서를 발급하는 경우 조세를 직접 포탈한 것은 아니지만 허위 세금계산서 발급을 통하여 조세행정을 혼란하게 하였으므로 가산세를 부담(부가가치세법 제60조 제3항)할 뿐만 아니라, 3년 이하의 징역 또는 부가세 상당액의 3배 이하에 상당하는 벌금을 부과받을 수 있다(조세범처벌법 제10조 제3항).

2. 가공세금계산서를 발급받는 경우

수익이 많이 발생한 일부 회사에서는 매출이 필요한 회사 또는 자료상으로부터 가공세금계산서를 발급받아 가공원가를 부풀려 법인세·소득세를 탈루하고 부가세 매입세액을 부당 공제받거나 비자금을 조성하기도 한다.

이러한 가공세금계산서를 발급받는 행위는 단기간으로는 회사 운영에 도움이 될지도 모르지만 이후에 더 큰 손해를 불러오게 되는 위험한 행위이다.

가공세금계산서를 매입하면 신고하는 사람은 세무서에서 세금계산서의 진위 여부를 구분할 수 없을 것으로 생각하지만, 사업자의 신고내용이 전산처리 되어 있어 사업자의 신고추세, 같은 업종의 다른 사업자와 신고상황의 비교, 거래처의 신고내용 등이 전산분석에 의해 나타나므로 쉽게 혐의자를 찾아낼 수가 있다.

가공세금계산서만을 전문적으로 파는 자료상이란 단기간에 거액의 자료를 발생시키고 폐업을 한 자들을 말하는데, 이들은 쉽게 파악되며 이들과 거래한 사업자는 철저한 세무조사를 받게 되어 반드시 적발되게 된다.

이렇게 가공세금계산서에 의해 세금을 신고한 것이 적발되면, 부가가치세 매입세액으로 공제받은 세금을 모두 다시 내야 하며, 이에 따른 무거운 가산세도 추가로 부담할 뿐 아니라 법인세 또는 소득세 계산 시 필요경비로도 인정받지 못하므로 추가적으로 법인세 또는 소득세도 무겁게 과세된다. 또한 3년 이하의 징역 또는 부가세 상당액의 3배 이하에 상당하는 벌금을 부과받을 수 있다(조세범처벌법 제10조 제3항).

위장세금계산서

가공세금계산서는 재화나 용역의 공급 없이 세금계산서만을 주고받는 것이지만, 위장세금계산서는 재화나 용역의 공급은 있었으나 재화나 용역의 실제 흐름과는 상관없는 다른 사업자로부터 세금계산서를 교부받는 것을 말한다.

사업을 하다 보면 평소 거래를 하지 않던 사람으로부터 시세보다 싸게 물품을 대줄 테니 사겠냐는 제의를 받아 이를 구입하는 경우가 있다.

이런 경우에는 거래상대방이 정상사업자인지, 세금계산서는 정당한 세금계산서인지 여부를 우선 확인해 봐야 한다. 왜냐하면 거래상대방이 폐업자이거나, 세금계산서가 다른 사업자 명의로 발행된 때에는 실제 거래를 하였더라도 매입세액을 공제받을 수 없기 때문이다.

그러므로 거래상대방이 의심스러우면 세금계산서를 받을 때 다음 사항을 반드시 확인해 보는 것이 좋다.

첫째, 물건을 판 사업자가 실제로 발행하는 세금계산서인지를 확인해 봐야 한다.

물건을 판매하는 사람이 자신의 매출을 숨기기 위해 다른 사람 명의로 세금계산서를 발행하는 경우가 많은데, 이런 세금계산서를 "위장세금계산서"라 한다. 위장세금계산서를 받은 경우에는 매입세액을 공제받을 수 없다.

둘째, 세금계산서 발행이 가능한 정상사업자인지를 확인해야 한다.

폐업자나 간이과세자, 면세사업자는 세금계산서를 발행할 수 없기 때문에 이들이 발행한 세금계산서는 세금계산서로서의 효력이 없어 매입세액을 공제받을 수 없다.

특히, 폐업자가 폐업신고를 하고 난 후 재고품을 처리하는 과정에서 종전의 사업자등록번호로 세금계산서를 발행하는 경우가 종종 있으므로, 거래상대방이 의심스러울 때는 반드시 확인해 보는 것이 좋다.

거래상대방이 일반과세자인지, 폐업자인지 알고 싶을 때는 인터넷 국세청 홈택스(http://www.hometax.go.kr)에서 확인할 수 있다.

이러한 위장세금계산서도 적발되는 경우에는 가공세금계산서와 마찬가지로 공제받은 부가가치세 매입세액이 불인정되어 추징되는데, 다만 법인세 또는 소득세 계산 시 필요경비로는 인정을 받을 수 있어 법인세 또는 소득세는 추징되지 않는다.

국세청 법인, 제도46012-10736, 2001.04.24.

[제목]
허위세금계산서를 교부받고 세무조사과정에서 적출되었을 경우 소득처분

[요지]
법인이 거래사실 없이 세금계산서를 허위로 교부받아 원가로 계상하여 과세표준 및 세액을 신고한 후 거래처의 세무조사 과정에서 가공거래로 적출됨에 따라 당해 사외유출 된 금액을 회수하고 익금에 산입하여 수정신고 하는 경우 그 익금에 산입한 금액의 소득처분은 귀속자가 대표자인 경우 대표자에 대한 상여처분 하는 것임.

사례)

중소기업 A사의 대표이사 B는 평소 거래관계가 많은 C사의 담당부장으로부터 부탁을 받고 5천만 원(부가세 별도) 세금계산서를 발행하여 주었다. 회사 내부적으로 비용처리를 위한 목적으로 사용할 예정이고 세무서에 신고를 하지 않겠다고 하여 A사에서도 발행만 하여주고 별도의 회계처리를 하지 않았다(자금의 입출금도 없었음).

5년 후 4천7백여만 원의 세금이 부과되어 알아보니 C사의 회계감사에서 관련 사실이 적발되어 C사에서는 발행 다음 해에 수정신고 하였는데, A사에는 알려주지 않아 모르고 있다가 발행 금액과 비슷한 금액을 추징당하였다.

18. 휴업

근로기준법상의 휴업은 불법파업이나 경영상의 이유로 내릴 수 있는 조치로서 휴업을 하고자 하는 경우에는 지체 없이 사업장 관할 세무서장에게 신고하여야 한다.

휴업을 하는 경우 근로자에 대한 임금 지급 문제가 가장 중요한 이슈가 되는데, 휴업은 특히 귀책사유가 누구에게 있느냐에 따라 임금지급여부가 결정된다.

근로기준법 제46조에는 「사용자의 귀책사유로 휴업하는 경우에는 사용자는 휴업기간 중 평균임금의 70% 이상을 지급」하도록 되어 있다. 휴업의 경우에도 직장폐쇄처럼 시설보호 등을 위해 사용자는 근로자들에게 퇴거명령을 내릴 수 있다.

연봉제라 하더라도 회사의 사정으로 휴업하는 경우에는 근로기준법 제46조에 따라 평균임금의 70% 이상을 지급하여야 한다.

회사가 어려워 휴업하는 경우에는 고용유지지원금제도를 활용하여 국가로부터 지원금을 받을 수 있다. 생산량 감소, 재고량 증가 등으로 휴업이나 휴직을 하는 경우에는 사전에 관할 고용지원센터에 계획서를 제출하고 일시휴업이나 휴직을 실시하고 고용유지지원금을 받을 수 있다. 무급휴직의 경우에는 개별근로자의 동의에 의한 휴직원을 제출하고 노사가 휴직동의서에 합의할 경우 휴직수당을 지급할 의무 없이 실시할 수 있다.

고용유지지원금은 고용노동부 관할 고용복지플러스센터(http://www.workplus.go.kr)에 접속하면 자세한 설명을 볼 수 있다.

세무 관련

휴업기간 중에도 부가세 신고 및 법인세 신고를 하여야 한다.

예를 들어 11월 30일 자로 휴업을 하게 되면, 4/4분기에 해당하는 10월 1일부터 11월 30일까지의 2개월 동안의 거래내역에 관한 부가세 신고를 익년도 1월 25일에 있는 당해 2기 부가가치세 확정신고 때에 반드시 하여야 한다.

만일, 휴업을 이유로 하지 않으면 추정소득에 의한 세액이 발생되어 법인세 등에 문제가 발생하며, 추후 결산 시에도 문제가 생길 수 있다.

또한 사업연도별로 결산을 하여 법인세법 제60조에 의한 법인세 과세표준신고를 하여야 한다.

4대보험 관련

고용보험, 건강보험, 국민연금, 산재보험 등 이른바 4대 보험의 처리는 중요하다.

이것들의 신고를 태만히 하였을 경우에는 휴업 중에도 계속 보험료가 청구되므로 반드시 상실 또는 휴업신고를 하여야 한다.

만일, 휴업 시에 현재 재직 중인 직원들을 전부 정리를 하였을 경우에는 고용보험, 산재보험은 근로복지공단에 해당직원들에 대한 고용보험자격상실신고와 휴업신고서(세무서에 신고된 휴업신고서 사본으로 대체)를 반드시 제출하여야 한다.

또한, 건강보험은 국민건강보험공단에, 국민연금은 국민연금관리공단에 해당 직원들의 자격상실신고서를 제출한 이후에 휴업신고서를 제출하면 된다.

이것들은 모두 해당 직원들에 대한 가입자격상실신고이지 사업장 자체에 대한 상실신고는 아니라는 점을 유의하여야 한다. 휴업 중에는 사업장상실신고가 아니다.

기타

이상의 신고서를 제출할 경우에, 신고서에 기재된 연락처를 사무실 주소 사무실 전화번호보다는 가급적이면 휴업 이후에 우편물이나 연락을 쉽게 접수할 수 있는 곳으로 하는 것이 좋다.

그래야만 긴급한 연락 등을 제때 받을 수 있어서 혹시라도 있을지 모를 피해를 방지할 수가 있다.

휴업기간 중에 본점 주소지로 등록되어 있던 곳과 임대차 계약이 종료되는 경우가 있는데, 임대차계약만 종료되고 주소를 변경한 사실이 없으므로 사업자등록 정정신고 대상이 아니다. 다시 영업을 개시할 때 확정된 신규 주소의 관할세무서에 사업자등록 정정신고를 하면 된다(부가가치세법 제8조 제7항).

19.
회사의 폐업

회사가 어려워지고 장래 전망이 불투명해지는 경우 더 어려워지기 전에 회사를 폐업하는 것이 낫지 않을까 고민하게 된다.

회사를 폐업하는 경우 회사의 채무를 깨끗하게 정리할 수 있으면 좋겠지만 금융기관 대출금 연체, 임직원의 임금체불, 4대 보험료 체불 등으로 인하여 정리하고 싶어도 정리할 수 없는 경우가 대부분이다.

대부분의 사장들은 개인재산뿐만이 아니라 주변 친인척들의 자금까지도 끌어들여서 최대한 버티다가 회사의 문을 닫게 되는데, 세무적으로나 법적으로 제대로 된 처리를 못 하는 경우가 대부분이다.

회사를 소멸시키기 위하여는 첫째, 세무상 폐업절차와 둘째, 법적인 해산청산절차가 있다.

세무상 폐업절차

세무적으로는 관할 세무관서에 폐업신고서와 사업자등록증을 제출하거나, 부가가치세 확정신고서에 폐업연월일 및 사유를 적고 신고서와 함께 사업자등록증을 함께 제출하면 간단하게 폐업을 할 수 있다.

그리고 폐업일로부터 25일 이내에 부가세 신고와 납부를 하고, 원천세 등도 마무리해야 한다.

최종월의 급여가 확정되면 중도퇴사자의 연말정산을 하고 지급조서 제출을 익월 말까지 한다.

4대 보험도 탈퇴와 해지신고를 하여야 한다

건강보험, 고용보험등은 추정액 신고 후 확정액 정산개념이므로 급여확정 후 당해연도 보험료 확정액과 기납부액을 정산하여 주고 국민연금 및 기타 보험사업장 탈퇴 절차를 밟아야 한다.

구분	인터넷 신고	서면 신고	해지 관련 상담
국민연금(국민연금공단)	4대보험 정보연계센터 (www.4insure.or.kr)에서 일괄접수 가능 (공인인증서 필요)	관할 지사 확인 후 방문 또는 FAX 신고	국번 없이 1355
건강보험(건강보험공단)			1577-1000
산재 · 고용보험 (근로복지공단)			1588-0075

폐업을 하더라도 사업연도는 변경되지 않는 것으로 당초 사업연도 종료일로부터 3개월까지 각 사업연도 소득에 대한 법인세 신고를 이행하고 잔여재산가액 확정일로부터 3개월 이내에 [잔여재산가액-자기자본총액]의 차익, 즉 청산소득에 대한 법인세 신고를 해주면 된다.

회사의 자산이 없으면 파산신고를 하고, 자산이 있을 경우는 청산 절차를 밟아야 한다.

회사의 순재산가액이 자본금보다 많으면 잉여금에 대한 배당을 하여야 한다.

또한 청산소득에 대한 법인세 신고도 해야 한다.

이와 같이 하면 세무상으로는 모든 절차가 끝나게 된다.

그러나 법인등기부상으로는 법인이 계속 존속하는 것으로 나온다.

대부분의 경우에는 해산등기까지는 보통 하지 않는다.

물론, 마지막 등기 후 5년이 지나면 등기부에 '해산간주' 된 것으로 나오고, 그 후 또 3년이 지나면 '청산종결'로 직권등기 된다.

'해산간주'라 함은 최후 등기 후 5년간 변동이 없는 경우 즉, 등기해태의 경우 법원행정처장이 아직 영업을 폐지하지 않았다는 것을 신고할 것을 관보에 공고하고 공고 후 2개월 이내에 신고가 없는 경우 해산으로 간주 등기에 기입하는 행위를 말한다(상법 제520조의 2 제1항).

또한 해산간주 된 휴면회사는 3년 이내에 상법 제434조(정관변경의 특별결의)에 의하여 회사를 계속할 수 있다. 그러나 그러하지 아니하는 경우 3년이 경과할 때에는 청산 종결된다.

해산간주 된 법인을 3년이 경과되지 않은 시점에서 계속 사업 영위를 하려면 상법상 제434조의 절차를 이행하여야 할 것이고 등기해태에 따른 과태료를 납부하여야 한다(상법 제635조).

법인 해산청산절차

법인까지도 해산청산하기 위하여는 별도의 절차를 밟아야 한다.

주식회사는 정관규정에 따른 해산사유가 발생하거나 주주총회에서 특별결의로 해산을 결의한 경우에는 해산을 하고, 청산절차를 거쳐서 법인을 소멸할 수 있다.

이러한 절차를 거치지 아니하고 대표이사가 단독으로 청산절차를 임의로 진행하면, 이는 모두 무효행위라 할 것이고, 대표이사는 그에 대한 책임을 져야 한다.

청산 절차는 법원에 청산인 신고를 하고 법정절차에 따라서 채권자보호조치와 재산목록을 신고한 후, 적법절차에 의하여 잔여재산 분배를 한 후에 결산보고서를 주총에 상정하여 승인을 받아야 한다.

이 절차를 거치면 법인등기부상에 '해산'등기와 '청산종결등기'가 기재되고 법적으로 법인의 생명이 끝난다.

현실적으로는 비용과 시간, 절차문제로 중소기업들은 이와 같은 해산청산절차를 잘 활용하지 않는다.

폐업 후에 사업을 재개하는 경우

법인등기부상에 살아 있는 명의로 새로이 사업자등록 신청을 하여야 한다.

법인이 폐업한 후 재개업을 하는 때에는 종전의 사업자등록번호를 부여받는다.

법인의 자본금은 상법상의 기준에 의하여 가장납입이 있는 경우라도 법정자본금을 자본금으로 하고 해당 자본금의 실제사용내용을 기준으로 하여 회계처리를 하여야 하는 것이므로 대차대조표의 자본금은 기존의 자본금으로 하되, 과거의 결손사실로 인하여 자본잠식상태라면 해당 사실을 반영하고 새로 증자 또는 차입으로 인한 재개업일의 자금상태를 반영한 개시대차대조표를 작성하여야 한다.

인터넷으로 휴·폐업 신고할 수 있다

국세청 홈택스(www.hometax.go.kr) 휴·폐업, 재개업 신고 신청업무를 이용하여 세무서를 방문하지 않고 인터넷으로 신고할 수 있다.

시스템 이용가능자는 국세청 홈택스에 가입돼 있고 공인인증서를 보유한 사업자와 세무대리인, 세무대리계약을 체결하고 국세청 홈택스에 수임납세자로 등록돼 있는 사업자의 세무대리인이다.

신고절차는 홈택스에 접속해 공인인증 절차를 거친 후 휴·폐업, 재개업 신고 신청업무 화면에 휴·폐업, 휴업 중 재개업 내용을 입력해 전송하고 사업자등록증 등 첨부서류는 우편으로 사업장 관할 세무서에 우송하면 된다.

법인세법 기본통칙 2-0…2 【청산종결의 등기를 한 법인의 납세의무】

법인이 청산종결의 등기를 한 경우에도 그 청산의 종결여부는 실질에 따라 판정하는 것이므로 당해 법인이 각 사업연도 소득 또는 청산소득에 대한 법인세를 납부할 의무를 이행할 때까지는 계속 존속하는 것으로 한다.

국세청 질의회신(법인 46012-2818, 1997.11.01)

폐업신고를 하였던 법인도 재개업을 하고자 하는 경우 재개업일을 개업일로 하여 사업자등록증을 재교부받을 수 있는 것이며, 폐업신고 전 공제받지 못한 이월결손금은 재개업일이 속한 사업연도 이후의 소득금액에서 공제 가능함.

20. 회사 폐업 후 신규 회사 설립

　기존에 운영하고 있는 회사가 어려움을 겪는 경우 기존 회사를 폐업하고 새로운 회사를 만들어 새롭게 시작하고 싶은 욕구를 느낄 수 있으며, 실제로 구 회사를 폐업하고 신회사를 설립하는 경우가 있다.

　이와 같은 경우에 손실이 발생할 수 있는 구회사의 채권자들을 보호하기 위하여 적용되는 이론이 "법인격부인론"이다.

　"법인격부인론(혹은 법인격무시론)"은 일정한 경우에 회사의 법인격을 부인 또는 무시함으로써 법인인 회사와 그 배후에 있는 자를 동일체로 보는 이론이다. 법인격부인을 통하여 회사의 채무에 대하여 그 배후자에게 책임을 지우거나 혹은 그 반대로 배후자의 채무에 대하여 회사에게 책임을 물을 수 있게 된다.

　도산의 위험을 맞은 회사가 강제집행면탈 또는 재산은닉을 위하여 신회사에 재산을 이전하고 신회사는 구회사와 동일한 사원, 임원, 영업목적, 영업장소 등을 가지고 영업을 계속하는 경우에 법인격의 남용이 있는 것으로서 신·구회사의 법인격의 이별성을 부정하고 구회사의 채권자에 대하여 신회사의 지불청구를 인정한 판례가 다수 있다.

　이와 같이 신규 회사 설립을 통하여 의도적으로 채무를 면탈하는 경우에는 신규 회사에 책임을 물을 수가 있으므로 법적 문제점을 신중하게 검토하고 추진하여야 할 것이다.

법인격부인론의 적용기준

회사가 외형상으로는 법인의 형식을 갖추고 있으나 법인의 형태를 빌리고 있는 것에 지나지 아니하고 실질적으로는 완전히 그 법인격의 배후에 있는 사람의 개인기업에 불과하거나, 그것이 배후자에 대한 법률적용을 회피하기 위한 수단으로 함부로 이용되는 경우에는, 비록 외견상으로는 회사의 행위라 할지라도 회사와 그 배후자가 별개의 인격체임을 내세워 회사에게만 그로 인한 법적 효과가 귀속됨을 주장하면서 배후자의 책임을 부정하는 것은 신의성실의 원칙에 위배되는 법인격의 남용으로서 심히 정의와 형평에 반하여 허용될 수 없고, 따라서 회사는 물론 그 배후자인 타인에 대하여도 회사의 행위에 관한 책임을 물을 수 있다고 보아야 한다. 여기서 회사가 그 법인격의 배후에 있는 사람의 개인기업에 불과하다고 보려면, 원칙적으로 문제가 되고 있는 법률행위나 사실행위를 한 시점을 기준으로 하여, 회사와 배후자 사이에 재산과 업무가 구분이 어려울 정도로 혼용되었는지 여부, 주주총회나 이사회를 개최하지 않는 등 법률이나 정관에 규정된 의사결정절차를 밟지 않았는지 여부, 회사 자본의 부실 정도, 영업의 규모 및 직원의 수 등에 비추어 볼 때, 회사가 이름뿐이고 실질적으로는 개인영업에 지나지 않는 상태로 될 정도로 형해화되어야 한다. 또한, 위와 같이 법인격이 형해화될 정도에 이르지 않더라도 회사의 배후에 있는 자가 회사의 법인격을 남용한 경우, 회사는 물론 그 배후자에 대하여도 회사의 행위에 관한 책임을 물을 수 있으나, 이 경우 채무면탈 등의 남용행위를 한 시점을 기준으로 하여, 회사의 배후에 있는 사람이 회사를 자기 마음대로 이용할 수 있는 지배적 지위에 있고, 그와 같은 지위를 이용하여 법인 제도를 남용하는 행위를 할 것이 요구되며, 위와 같이 배후자가 법인 제도를 남용하였는지 여부는 앞서 본 법인격 형해화의 정도 및 거래상대방의 인식이나 신뢰 등 제반 사정을 종합적으로 고려하여 개별적으로 판단하여야 한다(대법원 2008.9.11. 선고 2007다90982 판결).

채무면탈 목적으로 법인을 설립한 경우 법인격부인론의 적용

기존회사가 채무를 면탈할 의도로 기업의 형태·내용이 실질적으로 동일한 신설회사를 설립한 경우 이는 기존회사의 채무면탈이라는 위법한 목적을 달성하기 위하여 회사제도를 남용한 것에 해당한다. 기존회사의 채권자에 대하여 위 두 회사가 별개의 법인격을 갖고 있다고 주장하는 것은 신의성실의 원칙상 허용되지 않는다. 기존회사의 채권자는 위 두 회사 어느 쪽에 대해서도 채무의 이행을 청구할 수 있다. 이러한 법리는 어느 회사가 이미 설립되어 있는 다른 회사 가운데 기업의 형태·내용이 실질적으로 동일한 회사를 채무를 면탈할 의도로 이용한 경우에도 적용된다. 여기에서 기존회사의 채무를 면탈할 의도로 다른 회사의 법인격을 이용하였는지는 기존회사의 폐업 당시 경영상태나 자산상황, 기존회사에서 다른 회사로 유용된 자산의 유무와 정도, 기존회사에서 다른 회사로 자산이 이전된 경우 정당한 대가가 지급되었는지 여부 등 여러 사정을 종합적으로 고려하여 판단하여야 한다. 이때 기존회사의 자산이 기업의 형태·내용이 실질적으로 동일한 다른 회사로 바로 이전되지 않고, 기존 회사에 정당한 대가를 지급한 제3자에게 이전되었다가 다시 다른 회사로 이전되었다고 하더라도, 다른 회사가 제3자로부터 자산을 이전받는 대가로 기존회사의 다른 자산을 이용하고도 기존회사에 정당한 대가를 지급하지 않았다면, 이는 기존회사에서 다른 회사로 직접 자산이 유용되거나 정당한 대가 없이 자산이 이전된 경우와 다르지 않다. 이러한 경우에도 기존회사의 채무를 면탈할 의도나 목적, 기존회사의 경영상태, 자산상황 등 여러 사정을 종합적으로 고려하여 회사제도를 남용한 것으로 판단된다면, 기존회사의 채권자는 다른 회사에 채무이행을 청구할 수 있다(대법원 2019.12.13. 선고 2017다271643 판결).

법인격부인론의 역적용

주식회사는 주주와 독립된 별개의 권리주체이므로 그 독립된 법인격이 부인되지 않는 것이 원칙이다. 그러나 개인이 회사를 설립하지 않고 영업을 하다가 그와 영업목적이나 물적 설비, 인적 구성원 등이 동일한 회사를 설립하는 경우에 그 회사가 외형상으로는 법인의 형식을 갖추고 있으나 법인의 형태를 빌리고 있는 것에 지나지 않고, 실질적으로는 완전히 그 법인격의 배후에 있는 개인의 개인기업에 불과하거나, 회사가 개인에 대한 법적 책임을 회피하기 위한 수단으로 함부로 이용되고 있는 예외적인 경우까지 회사와 개인이 별개의 인격체임을 이유로 개인의 책임을 부정하는 것은 신의성실의 원칙에 반하므로, 이러한 경우에는 회사의 법인격을 부인하여 그 배후에 있는 개인에게 책임을 물을 수 있다. 나아가 그 개인과 회사의 주주들이 경제적 이해관계를 같이하는 등 개인이 새로 설립한 회사를 실질적으로 운영하면서 자기 마음대로 이용할 수 있는 지배적 지위에 있다고 인정되는 경우로서, 회사 설립과 관련된 개인의 자산 변동 내역, 특히 개인의 자산이 설립된 회사에 이전되었다면 그에 대하여 정당한 대가가 지급되었는지 여부, 개인의 자산이 회사에 유용되었는지 여부와 그 정도 및 제3자에 대한 회사의 채무 부담 여부와 그 부담 경위 등을 종합적으로 살펴보아 회사와 개인이 별개의 인격체임을 내세워 회사 설립전 개인의 채무 부담행위에 대한 회사의 책임을 부인하는 것이 심히 정의와 형평에 반한다고 인정되는 때에는 회사에 대하여 회사설립 전에 개인이 부담한 채무의 이행을 청구하는 것도 가능하다고 보아야 한다(대법원 2021.4.15. 선고 2019다293449 판결).

위장폐업에 의한 부당해고가 불법행위를 구성하는지 여부

사용자가 근로자들에게 어떠한 해고사유도 존재하지 아니함에도 노동조합활동을 혐오한 나머지, 경영상 어려움 등 명목상 이유를 내세워 사업 자체를 폐지하고 근로자들을 해고함으로써 일거에 노동조합을 와해시키고 조합원 전원을 사업장에서 몰아내고는, 다시 기업재개, 개인기업으로의 이행, 신설회사 설립 등 다양한 방법으로 종전 회사와 다를 바 없는 회사를 통하여 여전히 예전의 기업 활동을 계속하는 것은 우리의 건전한 사회통념이나 사회상규상 용인될 수 없는 행위이므로, 이러한 위장폐업에 의한 부당해고는 근로자에 대한 관계에서 불법행위를 구성한다.

따라서 근로자들로서는 위장폐업에 의한 부당해고가 무효임을 이유로「민법」제538조(채권자 귀책사유로 인한 이행불능) 제1항에 따라 구회사 내지는 그와 실질적으로 동일성을 유지하고 있는 신설회사에 대하여 계속 근로하였을 경우 그 반대급부로 받을 수 있는 임금의 지급을 구할 수 있음은 물론이고, 아울러 위장폐업에 의한 부당해고가 불법행위에 해당함을 이유로 손해배상을 구할 수 있고, 그 중 어느 쪽의 청구권이라도 선택적으로 행사할 수 있다(대법원 2011.3.10. 선고 2010다13282 판결).

21.
기업 경영 시 알아야 할 법률

기업경영에 있어 관련법을 숙지하여 경영에 장애요인이 없도록 하여야 한다.

근로기준 관련 핵심체크(근로기준법)

1. 정의

"근로자"란 임금을 목적으로 사업이나 사업장에 근로를 제공하는 자

"사용자"란 사업주 또는 사업 경영 담당자, 그 밖에 근로자에 관한 사항에 대하여 사업주를 위하여 행위하는 자

"임금"이란 사용자가 근로의 대가로 근로자에게 임금, 봉급, 그 밖에 어떠한 명칭으로든지 지급하는 일체의 금품

2. 근로조건의 기준

근로기준법상의 근로기준은 최저기준이므로 이 기준을 이유로 근로조건을 낮출 수 없음

3. 근로기준법의 적용

1) 근로기준법은 상시 5명 이상의 근로자를 사용하는 모든 사업 또는 사업장에 적용

2) 상시 4명 이하 근로자를 사용 시 동법시행령 별표 1에 따름

4. 근로기준법을 위반한 근로계약의 효력
근로기준법에서 정하는 기준에 미치지 못하는 근로조건을 정한 근로계약은 그 부분에 한하여 무효임

5. 근로조건의 명시
사용자가 근로자와 근로계약을 체결·변경할 때에는 다음의 사항을 명시하여야 함
1) 임금, 소정근로시간, 유급휴일, 연차 유급휴가, 취업의 장소와 종사하여야 할 업무에 관한 사항, 취업규칙에서 정한 사항
2) 위반 시 손해배상 및 근로계약 해제 가능

6. 해고의 제한
1) 사용자는 근로자에게 정당한 이유 없이 해고, 휴직, 정직, 전직, 감봉, 그 밖의 징벌(懲罰) 금지
2) 사용자는 근로자 해고 시 30일 전에 예고를 하여야 하고, 30일 전에 예고를 하지 아니하였을 때에는 30일분 이상의 통상임금을 지급하여야 함
3) 해고의 사유와 시기는 서면으로 통지하여야 함
4) 부당해고 시 근로자는 해고일로부터 3개월 이내에 노동위원회에 구제신청 가능

7. 퇴직급여제도

사용자는 근로자퇴직급여보장법에 따라야 함

8. 근로시간

1) 근로시간은 1일 8시간, 1주 40시간 초과할 수 없음
2) 당사자 간 합의 시 1주 12시간 한도 연장 가능

9. 연차유급휴가

사용자는 1년간 8할 이상 출근한 근로자에게 15일의 유급휴가를, 계속하여 근로한 기간이 1년 미만인 근로자에게 1개월 개근 시 1일의 유급휴가를 주어야 함

10. 임산부 및 연소자 사용금지

1) 사용자는 임신 중이거나 산후 1년이 지나지 아니한 여성과 18세 미만자를 도덕상 또는 보건상 유해·위험한 사업에 사용하지 못함
2) 사용자는 18세 이상의 여성을 오후 10시부터 오전 6시까지의 시간 및 휴일에 근로시키려면 그 근로자의 동의를 받아야 함
3) 사용자는 임산부와 18세 미만자를 오후 10시부터 오전 6시까지의 시간 및 휴일에 근로시키지 못함
4) 사용자는 산후 1년이 지나지 아니한 여성에 대하여는 단체협약이 있는 경우라도 1일에 2시간, 1주일에 6시간, 1년에 150시간을 초과하는 시간외근로를 시키지 못함

11. 연소자의 근로

1) 사용자는 18세 미만인 자에 대하여는 그 연령을 증명하는 가족관계기록사항에 관한 증명서와 친권자 또는 후견인의 동의서를 사업장에 갖추어 두어야 함
2) 친권자나 후견인은 미성년자의 근로계약을 대리할 수 없음
3) 친권자, 후견인 또는 고용노동부장관은 근로계약이 미성년자에게 불리하다고 인정하는 경우에는 이를 해지할 수 있음
4) 미성년자는 독자적으로 임금을 청구할 수 있음
5) 15세 이상 18세 미만인 자의 근로시간은 1일에 7시간, 1주일에 40시간을 초과하지 못하나, 당사자 사이의 합의에 따라 1일에 1시간, 1주일에 6시간을 한도로 연장 가능

12. 임산부 등의 보호

사용자는 임신 중의 여성에게 산전과 산후를 통하여 90일의 보호휴가를 주어야 한다. 이 경우 휴가 기간의 배정은 산후에 45일 이상이 되어야 하며, 이 휴가 중 최초 60일은 유급으로 하여야 함

13. 재해보상

사용자는 요양보상, 휴업보상, 장애보상, 유족보상을 하여야 함

14. 취업규칙

상시 10명 이상의 근로자를 사용하는 사용자는 다음 각 호의 사항에 관

한 취업규칙을 작성 또는 변경하는 경우 고용노동부장관에게 신고하여야 함
  1) 업무의 시작과 종료 시각, 휴게시간, 휴일, 휴가 및 교대 근로에 관한 사항
  2) 임금의 결정·계산·지급 방법, 임금의 산정기간·지급시기 및 승급(昇給)에 관한 사항
  3) 가족수당의 계산·지급 방법에 관한 사항
  4) 퇴직에 관한 사항
  5) 「근로자퇴직급여 보장법」 제8조에 따른 퇴직금, 상여 및 최저임금에 관한 사항
  6) 근로자의 식비, 작업 용품 등의 부담에 관한 사항
  7) 근로자를 위한 교육시설에 관한 사항
  8) 산전후휴가·육아휴직 등 근로자의 모성 보호 및 일·가정 양립 지원에 관한 사항
  9) 안전과 보건에 관한 사항
  10) 근로자의 성별·연령 또는 신체적 조건 등의 특성에 따른 사업장 환경의 개선에 관한 사항
  11) 업무상과 업무 외의 재해부조(災害扶助)에 관한 사항
  12) 표창과 제재에 관한 사항
  13) 그 밖에 해당 사업 또는 사업장의 근로자 전체에 적용될 사항

사용자는 취업규칙의 작성 또는 변경에 관하여 해당 사업 또는 사업장에 근로자의 과반수로 조직된 노동조합이 있는 경우에는 그 노동조합, 근로자의 과반수로 조직된 노동조합이 없는 경우에는 근로자의 과반수의 의견을 들어야 하고, 다만, 취업규칙을 근로자에게 불리하게 변경하는 경우에는 그

동의를 받아야 함

취업규칙은 법령이나 단체협약에 어긋나서는 안 되며, 위반 시 고용노동부장관이 취업규칙의 변경을 명할 수 있음

취업규칙에서 정한 기준에 미달하는 근로조건을 정한 근로계약은 그 부분에 관하여는 무효

노사협력에 관한 사항(근로자참여 및 협력증진에 관한 법률)

상시(常時) 30명 이상의 근로자를 사용하는 사업이나 사업장에 적용되며, 상시(常時) 30명 미만의 근로자를 사용하는 사업이나 사업장은 선택사항임.

그 외 노동 관련 법령

1. 고용서비스

고용정책기본법, 직업안정법, 사회적기업육성법, 건설근로자의 고용개선 등에 관한 법률, 청년고용촉진특별법, 외국인근로자의 고용 등에 관한 법률, 자유무역협정체결에 따른 무역조정지원에 관한 법률, 가족친화 사회환경의 조성촉진에 관한 법률

2. 직업훈련·자격

근로자직업능력개발법, 직업교육훈련촉진법, 국가기술자격법, 숙련기술장려법, 자격기본법, 한국산업인력공단법

3. 근로기준 관련

근로기준법, 최저임금법, 공인노무사법, 임금채권보장법, 근로자 퇴직급여보장법, 파견근로자 보호 등에 관한 법률, 기간제 및 단시간 근로자보호 등에 관한 법률, 근로복지기본법

4. 노동조합 관련

노동조합 및 노동관계조정법

5. 노사협력 관련

근로자참여 및 협력증진에 관한 법률, 노동위원회법, 경제사회발전노사정위원회법, 근로자의날 제정에 관한 법률, 노사관계 발전 지원에 관한 법률

6. 고용·산재보험 관련

고용보험법, 고용보험 및 산업재해보상보험의 보험료징수 등에 관한 법률, 산업재해보상보험법

7. 산업안전보건 관련

산업안전보건법, 진폐의 예방과 진폐근로자의 보호 등에 관한 법률, 한국산업안전보건공단법

8. 고용평등 관련

남녀고용평등과 일·가정 양립 지원에 관한 법률, 장애인고용촉진 및 직

업재활법, 고용상 연령차별금지 및 고령자고용촉진에 관한 법률, 경력단절여성 등의 경제활동촉진법

22. 기업수명주기

기업수명주기는 기업이 설립된 이후 시간이 지나면서 창업기, 성장기, 성숙기, 쇠퇴기의 발전 단계를 거치며, 각 단계별로 경영환경과 영업활동, 경영전략, 경영성과가 달라진다고 기업의 흥망성쇠를 설명하는 모형이다. 모든 기업이 창업기, 성장기, 성숙기, 쇠퇴기를 동일하게 거치는 것은 아니다. 장기간의 역사를 가진 우량기업은 성숙기 이후 신사업이나 신제품을 통해 매출이 증가하는 부활기를 거쳐서 다시 성장기, 성숙기, 부활기를 반복하면서 장기 성장을 유지한다. 제품에 대한 수요가 줄면서 성장률이 둔화되고 경쟁이 심해지는 성장기와 성숙기 사이를 조정기로 구분하는 경우도 있고, 성숙기와 쇠퇴기 사이를 조정기로 구분하기도 한다. 기업이 쇠퇴기를 맞이하지 않기 위해서는 꾸준한 성장과 동시에 혁신 능력을 갖춰야 한다.

기업수명주기의 위치에 따라 경영성과의 패턴이 달라진다. 경영성과를 통해 기업이 수명주기의 어디에 위치하고 있는지 파악이 가능하다. 기업수명주기의 위치를 파악하면 경영성과 예측이 쉬워지고, 투자의사결정에도 유용하게 활용할 수 있다.

기업수명주기별 주요 이슈

창업기	성장을 위한 발판 마련 1. 회사의 기초제도 세팅 2. 지분구조 관리
성장기	본격적 성장 및 지속을 위한 다양한 장치 마련 1. 개인사업자 법인전환　　5. 사업실패 대비 2. 법인세 절세전략　　　　6. 핵심임직원 관리 3. 노무설계　　　　　　　7. 연구소 설립 및 인증 4. 이익잉여금 관리　　　　8. 지식재산권 관리 회사의 장기적 방향성 결정 1. 외부감사 여부 결정 2. 상장(IPO) 3. 기업지배구조 개선
성숙기	사업의 성숙과정에서 발생한 문제점 해결 1. 세무 진단　　　4. 차명주식 정리 2. 가지급금 정리　5. 오너 리스크 대비 3. 가수금 정리　　6. 이익금 환원
쇠퇴기	가업의 승계를 통한 재도약 또는 안정적인 이익금 회수 1. 가업승계 2. 가업상속 3. 법인청산 4. M&A

기업수명주기 단계별로 경영성과 차이

기업수명주기 모형에 따르면 기업의 수명주기 각 단계별로 기업이 처한 경영환경이 다르고, 이에 따라 경영전략과 경영목표가 달라지고 경영성과에도 서로 다른 특징이 나타난다.

1. 매출

창업기에 완만하게 증가하고 성장기에 증가세가 가파르게 높아지다가 성숙기에는 성장세가 둔화되고 쇠퇴기에는 감소한다.

2. 이익

수요가 적은 창업기에 적자를 보는 경우가 많다. 이익은 성장기에 빠르게 증가하다가 성숙기에는 안정적인 높은 수준을 유지한다. 쇠퇴기 초반에 이익은 급격하게 감소하고 쇠퇴기 후반에는 적자를 보게 된다.

3. 현금흐름

영업현금흐름은 이익이 높은 수준에 도달하는 성장기 중반 이후 흑자로 돌아서서 성숙기에 높은 수준을 유지하다가 쇠퇴기에 감소한다. 성숙기 중반까지 매출이 계속 증가하면서 투자지출이 늘어나기 때문에 투자현금흐름은 성숙기 중반까지 계속 유출되고 외부에서 자금을 조달하게 된다.

기업수명주기 단계별 경영환경과 경영성과

	창업기	성장기	성숙기	쇠퇴기
경영환경	• 생산 제품에 대한 신규 수요 발생 • 경쟁이 낮음. • 높은 제품 가격 • 소수의 기업이 시장 점유	• 신규수요 빠르게 증가 • 생산 증가에 따라 규모의 경제 실현 시작 • 신규 경쟁자 입으로 경쟁 강도 점차 증가	• 시장 포화에 진입, 신규 수요 둔화 또는 감소, 대체 수요만 존재 • 경쟁 증가	• 수요 감소, 시장 규모 축소 • 기존 제품을 대체하는 신규 제품 등장 • 경쟁 심화
핵심역량	• 혁신제품 개발 • 기술 • 노하우	• 생산 효율성 개선 • 규모의 경제 실현 • 브랜드 충성도	• 내부 효율성 개선 능력 • 원가 효율화	• 원가 절감
경영활동	• 제품 개발 • 제품 인지도 제고 • 유통망 개발 • R&D 투자 확대	• 시장 확대 주력 • 제품차별화 강화 • 생산능력 증가 • 설비 및 연구개발 투자 확대 • 유통망 확대 • 마케팅 강화 • 다양한 제품 개발	• 진입장벽 구축 • 전략적 제휴 • 시장을 인접 역으로 확대 • 가격 인하 • 원가 절감 • 투자 축소	• 단기 이익 극대화에 중점 • 인수 합병, 시장 철수 • 가격 인하 • 투자 회수 : 매각 또는 합병
경영성과	• 낮은 매출 성장세 • 투자 규모 확대, 연구개발 투자 빠르게 증가 • 이익 및 현금흐름 적자 지속, 규모는 축소	• 성장세 빠르게 높아진 이후 둔화 • 이익은 적자에서 흑자로 전환 이후 확대 • 수익성 개선 이후 높은 수준 유지	• 성장성 정체 또는 감소로 전환 • 이익은 흑자 지속, 규모는 감소세 전환 • 높은 수익성 유지 이후 점차 하락	• 매출이나 자산 등 외형 감소 • 이익은 흑자 규모 축소 이후 적자 전환 • 수익성 악화 • 과잉 설비 발생, 자산 매각 등 투자 회수

• 낮은 수익성 • 외부자금 조달	• 설비투자 빠르게 증가 • 현금흐름 개선되지만 투자 증가로 외부자금 조달 지속 • 개별 기업 시장점유율 하락	• 시장 상황에 따라 설비 및 R&D 투자 조절 • 일반적으로 투자 빠르게 감소하면서 현금흐름 개선 • 점유율 하락 지속, M&A를 통해 과점이 되는 경우도 발생 • 차입금 상환으로 재무구조 개선 • 배당 점차 확대	• 잉여현금흐름은 차입금 상환, 배당 확대 또는 자사주 매입 등에 사용 • 일부 기업들의 철수로 점유율 증가

    기업수명주기의 위치 파악은 과거 경영성과 분석을 기초로 한다. 기업의 과거를 보고 미래를 전망하는 것이다. 기업수명주기를 판단하기 위해서는 과거 경영성과에 대한 분석을 바탕으로 전반적인 기업활동에 대해 평가할 수 있는 능력과 더불어 기업이 속한 산업 전반에 대한 지식이 필요하다.

    수명주기를 파악하면 미래의 경영성과를 예측하기가 편해진다. 성장기에 있는 기업들의 경영성과는 전체적으로 좋아질 가능성이 크다. 예를 들면 매출증가율이 높아지면서 설비투자가 증가하는 기업은 성장기에 있는 기업이라고 판단할 수 있다. 이와 같은 기업은 앞으로 높은 성장세를 유지하면서 수익성도 좋아질 가능성이 높다. 매출증가율이 정체되고 투자가 감소하는 기업은 성숙기나 쇠퇴기에 위치한다는 판단이 가능하다. 성숙기에 있는 기업들의 경우에는 성장성은 낮아지더라도 수익성은 높은 수준을 유지할 가능성이 크다. 같은 성숙기에 위치하더라도 쇠퇴기에 가까운 기업은 성장성과 수익성이 모두 낮아질 가능성이 높다. 성숙기에 있는 기업들은 성숙기의 시작 단계인지, 마지막 단계인지를 여러 다른 재무지표를 통해 확인할 필요가 있다. 매출액증가율과 설비투자증가율 등과 일부 지표만으로 기업수명주기의 위치를 판단하기 어려우면 다른 지표를 추가로 사용하여 검토한다.

　기업수명주기 파악은 기업가치 평가와 투자의사결정에 유용하다. 기업가치가 증가할 가능성이 높은 기업들을 선정하는 데 있어 기업수명주기의 위치를 활용할 수 있다. 투자 대상을 선정할 경우 창업기와 성장기에 있는 기업들에 투자하는 것이 유리하다. 창업 또는 성장 단계에 있는 기업들은 영업기반을 확고하게 갖추지 못해 투자에 따르는 위험이 높지만, 성장성이 높아 기업가치가 증가할 가능성도 크다. 성숙기에 있는 기업들은 매출이나 이익의 규모가 크고 상당 기간 안정적인 경영성과를 지속할 수 있겠지만, 성장성에 대한 기대가 약해 기업가치는 증가하지 못할 가능성이 크고, 오히려 감소할 가능성도 있다.

　기업의 수명주기 4단계에서 단계별로 모두 중요하지만 그래도 가장 중요한 것은 창업기라고 할 수 있다. 기업이 새롭게 선보이고 3년도 안 돼서 망하는 기업이 대부분이기 때문에 창업 초반에 많은 에너지를 쏟는 것이 중요할 것이다.

제 2 장

사 장

23. 대표이사

주식회사의 업무집행기관이 원칙적으로 이사회와 대표이사로 분화되는 경우, 대표이사는 「대내적으로는 회사의 업무집행을 하고 대외적으로는 회사를 대표하는 두 권한을 가진 주식회사의 필요상설의 독립적 기관」이다.

자본금이 10억 원 미만으로서 이사가 1인인 소규모 주식회사의 경우에는 그 이사가 회사의 업무집행에 관하여 의사결정 및 집행을 하고 또한 대외적으로 회사를 대표하므로, 이러한 이사에 대하여는 아래의 대표이사의 선임·종임에 관한 규정은 적용될 여지가 없고, 대표이사의 권한에 관한 규정은 대체로 적용된다고 본다.

대표이사의 선임

대표이사는 이사회의 결의로 선임되는 것이 원칙이나, 정관으로 주주총회에서 선임하도록 정할 수 있다. 대표이사의 자격은 이사이면 되고, 그 밖의 특별한 자격 제한은 없다.

대표이사의 원수에 관하여는 아무런 제한이 없으므로 1인 또는 수인을 대표이사로 선임할 수 있다. 대표이사의 성명, 주민등록번호, 주소는 등기사항이다.

따라서 대표이사의 주소가 변경되는 경우에는 반드시 변경등기를 하여야 한다.

대표이사의 종임

대표이사는 이사의 자격이 전제가 되므로 이사의 자격을 잃으면 당연히 대표이사의 자격을 잃게 된다. 회사는 정당한 사유가 있거나 없거나 언제든지 이사회의 결의로 대표이사를 해임할 수 있다.

정관으로 주주총회에서 대표이사를 선임하도록 한 경우에는 주주총회의 결의로 대표이사를 해임할 수 있다.

대표이사의 임기를 정한 경우에 회사가 정당한 사유 없이 그 임기만료 전에 대표이사를 해임한 때에는, 그 대표이사는 회사에 대하여 해임으로 인하여 생긴 손해의 배상을 청구할 수 있다(상법 제 385조).

대표이사는 언제든지 그 직을 사임할 수 있으며 사임의 효과는 그 의사표시가 회사에 도달한 때에 생긴다. 다만, 대표이사가 회사가 불리한 시기에 대표이사를 사임하여 회사에 손해가 발생하는 경우에는 그 손해를 배상하여야 한다(상법 제382조 제2항, 민법 제689조).

대표이사가 종임한 때에는 회사는 이를 등기하여야 한다.

법률 또는 정관에서 정한 대표이사의 원수를 결한 경우에는 임기의 만료 또는 사임으로 인하여 퇴임한 대표이사는 새로 선임된 대표이사가 취임할 때까지 대표이사의 권리의무가 있다. 또 필요한 때에는 일시 대표이사의 직무를 행할 자(임시대표이사 또는 직무대행자)의 선임을 법원에 청구할 수 있다(상법 제386조).

대표이사의 권한

대표이사는 대내적으로는 회사의 업무집행권을 갖고, 대외적으로는 회사의 대표권을 갖는다. 그런데 대표이사는 일정한 경우에는 업무집행 그 자체에 관한 행위뿐만 아니라, 이에 관한 의사결정권까지 갖는다.

대표이사의 업무집행권 그 자체는 회사의 모든 업무에 미치나, 대표이사의 업무집행에 관한 의사결정권은 이사회로부터 일반적(이사회 규칙 등에 의하여). 구체적(개별적인 이사회결의에 의하여)으로 위임 받은 사항 및 일상 업무에 한한다고 본다.

상법이 이사의 직무권한으로 규정하고 있는 대부분의 사항은 대표이사의 권한에 속하는 사항이다. 예컨대 주주총회 또는 이사회의 의사록·정관·주주명부·사채원부의 비치, 재무제표의 작성·비치·공고·제출, 주식·사채청약서의 작성, 신주인수권증서·신주인수권증권의 기명날인 또는 서명 등이 그것이다.

대표이사는 회사의 영업에 관한 재판상, 재판 외의 모든 행위에 대하여 회사를 대표할 수 있는 권한을 가지며, 이 권한에 대한 내부적 제한은 선의의 제3자에게 대항하지 못한다(상법 제209조).

대표이사의 대표권은 법률, 정관, 이사회 규칙 등에 의하여 제한을 받는다.

대표이사의 대표권이 법률(상법)에 의하여 제한을 받는 경우는 한 가지뿐인데, (대표)이사와 회사 간의 소송행위에 관한 경우이다. 즉 회사와 (대표)이사와의 소송에 관하여는 어느 쪽이 원고이고 피고인지를 불문하고 대표이사는 대표권이 없고 감사 또는 감사위원회가 회사를 대표한다(상법 제394조).

대표이사의 대표권이 정관, 이사회규칙, 이사회의 결의 등에 의하여 제한을 받는 경우에는 대표이사는 이에 따라야 할 것이나, 대표이사가 이에 위반한 경우에는 회사는 이러한 제한으로써 선의의 제3자에게 대항하지 못한다.

대표이사의 부적법한 대표행위의 효력

부적법한 대표행위에는 대표이사의 불법행위, 위법한 대표행위 및 대표권의 남용행위가 있다.

1. 대표이사의 불법행위

대표이사가 그 업무집행으로 인하여 타인에게 손해를 가한 때에는 회사와 그 대표이사는 연대하여 그 손해를 배상할 책임이 있다. 이때 회사가 타인에게 배상한 경우에는 대표이사에게 구상할 수 있다.

2. 위법한 대표행위의 효력

주주총회나 이사회의 결의를 얻어야 하는 경우에 이것을 얻지 않고(또는 그 결의가 무효 또는 취소된 경우에) 한 대표이사의 행위, 또는 결의가 있는 경우에도 그 결의에 위반하여 한 대표이사의 행위는 그 행위가 대내적인 행위(예컨대, 주주총회의 결의 없는 정관변경, 이사회의 결의 없는 준비금의 자본전입 등)인 경우에는 언제나 무효이다.

그러나 그 행위가 대외적인 행위인 경우에는 거래의 안전과 관련하여 특히 그 효력이 문제 된다.

1) 주주총회의 결의를 요하는 경우

주주총회의 결의 없이 대표행위를 한 경우에는 그것이 대외적 행위인 경우에도 무효라고 보아야 한다. 왜냐하면 그러한 법률의 규정은 강행법규라고 보아야 하고 또한 제3자도 이를 미리 예견하고 있다고 볼 수 있으며, 법률에 의하여 주주총회의 결의사항으로 규정된 사항은 회사(또는 주주)의 이익을 위하여 아주 중요한 사항이므로 제3자보다는 회사(또는 주주)를 보호하는 것이 이익교량의 면에서 타당하기 때문이다.

2) 이사회의 결의를 요하는 경우

이사회의 결의를 요하는 경우에, 이사회 결의 없이 대표이사가 한 대외적 행위의 효력은 제3자(상대방)가 악의 또는 중과실이 없는 한 유효라고 본다.

3) 대표권남용행위의 효력

대표이사가 객관적으로는 그 대표권의 범위에 속하는 행위를 하였으나 주관적으로 자기 또는 제3자의 이익을 위하여 대표행위를 하는 경우(예컨대, 대표이사가 자기의 권한범위 내에서 약속어음을 발행하여 자기 개인의 채무를 변제한 경우 등)가 대표권의 남용행위인데, 이때 그 대표이사가 회사에 대하여 대내적으로 손해배상책임을 지는 것은 당연한데 대외적으로 그 행위의 효력이 문제 된다. 이러한 행위가 객관적으로 대표권의 범위 내의 행위인 이상 그 대외적 효력은 거래의 안전을 위하여 원칙적으로 당연히 유효로 보아야 할 것이다.

다만, 제3자(상대방)가 대표권의 남용을 알고 있거나 알 수 있었을 경우에는 회사는 그 무효를 주장할 수 있는데, 제3자의 악의 또는 중과실의 입증책임은 회사가 부담한다.

표현대표이사

회사에서는 대표이사가 아닌 이사에게 사장, 부사장, 전무이사, 상무이사 등과 같이 대표권이 있다고 믿을만한 명칭의 사용을 허락하는 경우가 많고, 이와 같은 명칭을 사용한 자와 거래한 제3자는 그가 대표권이 없음에도 불구하고 그 명칭으로 보아서 회사를 대표할 수 있는 권한이 있다고 믿고 거래한 경우가 많으므로 선의의 제3자를 보호할 필요가 있다. 따라서 상법 제395조는 "그러한 명칭을 사용한 이사의 행위에 대하여는 그 이사가 회사를 대표할 권한이 없는 경우에도 회사는 선의의 제3자에 대하여 그 책임을 진다."고 규정하고 있다.

자본금이 10억 원 미만으로서 이사가 1인인 소규모 주식회사의 경우에는 그 이사에게 회사의 대표권이 있으므로 이러한 이사에 대하여는 표현대표이사에 관한 규정이 적용될 여지가 없다.

대표이사의 주소가 변경된 경우

대표이사의 주소가 변경된 경우 변경일(전입일자)로부터 본점에서는 2주 안에, 지점에서는 3주 안에 대표이사 주소변경등기를 하여야 한다(상법 제183조, 제317조 제4항).

만약, 위 기간 내에 변경등기를 하지 않은 경우 5백만 원 이하의 과태료에 처하게 된다(상법 제635조).

24.
공동대표이사와 각자대표이사

주식회사에 대표이사가 여러 명인 경우 그 여러 명의 대표이사를 각자대표이사로 할 수도 있고 공동대표이사로 할 수도 있다.

대표이사가 여러 명인 경우 이들은 각자 회사를 대표하는 것이 원칙이므로 공동대표이사로 하려면 대표이사를 선임하는 이사회에서 공동대표이사로 한다는 결의가 있어야 한다.

각자대표이사인 경우에는 각 대표이사가 대표이사로서의 권한을 전부 행사할 수 있다. 대표이사가 여럿인 경우 회사 내부적으로 업무를 분장하여 운영하는 경우가 많은데 이 경우도 대내적으로는 대표이사 권한이 분장되어 있지만 대외적으로는 권한의 제한을 주장할 수 없고 전적으로 대표이사로서 모든 권한을 행사할 수 있다.

공동대표이사인 경우는 여러 명의 대표이사가 공동으로만 회사를 대표할 수 있는 제도이다. 따라서 회사의 업무집행 또는 법률행위 시 공동으로 회사를 대표하고 업무를 집행해야 한다. 따라서 계약서 등에 연명으로 기명날인하여야 한다.

한편 공동대표이사든 각자대표이사든 법인인감도장은 대표이사의 숫자대로 각각 신고하여야 하므로 법인인감증명서도 대표이사의 숫자대로 존재하게 된다.

각자대표이사와 공동대표이사 모두 장단점이 엇갈린다.

각자대표이사의 경우 사업부문과 관리부문의 전문가가 각각 책임경영에 나설 경우 의사결정과 업무의 전문성, 효율성을 높일 수 있는 장점이 있다.

그러나 각자대표이사는 각자 방만한 경영을 할 수 있는 가능성이 열려 있어 대표권 충돌 시 혼선을 빚을 수 있고, 파벌이 형성될 수도 있다.

공동대표이사는 비록 의사결정이 늦고 어렵지만, 방만한 경영을 미연에 방지할 수 있는 장점이 있다.

각자대표이사나 공동대표이사를 정할 때 상호 신뢰가 뒷받침되고 각자 전문성이 발휘될 수 있다면 각자대표이사가 좋지만, 1인의 독단적 결정이 우려될 경우에는 공동대표이사가 좋을 것이다.

대표이사가 2인 이상인 경우 주주총회 의장이나 이사회 의장을 누가 할 것인가가 경우에 따라 민감한 문제가 될 수도 있다. 대부분의 회사의 정관에는 "주주총회 또는 이사회의 의장은 대표이사로 한다."로만 규정되어 있어 갈등의 소지가 있다. 따라서 2인 이상의 대표이사를 정하는 경우에는 주주총회의장이나 이사회 의장을 누가 할 것인지를 사전에 정해 놓는 것이 좋다.

25.
대표이사가 부담하는 책임

주식회사는 유한책임회사이므로 회사 명의의 재산으로 책임을 부담하는 것이 원칙인바, 대표이사라고 하여 달리 책임 부담이 가중될 여지는 없을 듯하다. 그러나 우리 법 제도는 원칙과 달리 많은 예외가 있으며 더욱이 대표이사가 주주의 지위를 겸하고 있는 경우에는 그 책임소재를 지위에 따라 달리 판단해야 한다.

대표이사의 불법행위

대표이사는 통상 이사회에서 선임된 주식회사의 기관이며 주요 업무는 이사회에서 결정된 사안에 대한 대외 집행을 담당한다. 따라서 대표이사가 업무집행과 관련하여 타인에게 손해를 가한 때에는 회사와 연대하여 배상할 책임이 있다.

사내이사 또는 업무집행이사로서의 책임

실제로는 대표이사가 회사업무를 전횡하는 경우가 적지 않으며 이 경우 이사회의 의사결정에 참여한 사내이사 내지 업무집행이사로서 그 의사결정이 정관 또는 법령 위배에 해당하는 불법, 부당이 있는 경우에는 주주 또는 이해관계인으로부터 손배배상의 책임을 부담하게 된다.

임금체불에 따른 근로기준법 위반죄

회사가 근로자에게 임금을 지급하지 못할 경우 대표이사는 근로기준법에 의해 3년 이하의 징역 또는 3천만 원 이하의 벌금으로 형사처벌 될 수 있다(근로기준법 제109조 및 제115조). 근로자들에게 임금체불이 발생하는 경우 형사처벌 위험이 있으므로, 회사가 경영상 위기라고 하더라도 회사 자금으로 우선 근로자들의 임금을 지급할 필요가 있다.

부정수표단속법상의 책임

회사도산 또는 도산이 심히 우려됨에도 불구하고 대표이사가 부정 수표 등 유가증권을 남발하여 신용질서를 해친 경우에는 형사처벌 받게 된다(부정수표단속법 제3조).

과점주주로서의 책임

대표이사가 특수관계인을 포함하여 50% 지분을 초과하는 회사 지분을 보유한 경우에는 국세 등에 대한 2차 납세의무가 있으므로, 설령 회사가 도산한다 하더라도 대표이사는 국세 등에 대해서는 무한책임을 부담하므로 개인재산까지 책임재산이 된다.

보증채무에 의한 책임

회사의 채무에 대하여 대표이사가 연대보증 하는 경우가 있는데, 이 경우에는 대표이사가 개인적 지위에서 보증채무를 부담하기로 승인하였기에 보증인의 지위에서 무한책임을 지게 된다.

4대 보험료 미납 시 업무상 횡령죄

국민연금, 건강보험, 고용보험, 산재보험 등 보험료를 원천징수 하여야 하는 사업자가 이를 회사 운영 자금으로 사용한 경우 업무상 횡령죄로 처벌될 수 있다(대법원 2010도13284판결).

국민연금 미납에 따른 형사처벌

국민연금법은 정당한 사유 없이 국민연금을 체납한 사용자를 1년 이하의 징역 또는 1천만 원 이하의 벌금에 처하도록 규정하고 있다(국민연금법 제28조). 사용자는 사업장의 사업주를 말하므로, 대표이사가 사용자에 해당한다. 이때 정당한 사유가 있다면 처벌을 면할 수 있는데, 대법원은 최선을 다 했으나 경영부진으로 연금보험료를 납부할 수 없던 불가피한 사정이 인정되는 경우에는 정당한 사유가 있다고 보고 있다(대법원 2004도9001판결).

사기죄, 횡령죄 등

경영이 어려워진 상태에서 경영자금을 차용하는 경우, 사기죄로 처벌될 위험이 있다. 변제할 능력이나 의사를 속이는 것도 사기에 해당할 수 있기 때문이다. 대표이사는 자금을 차용할 당시 변제할 능력이 없다는 것을 알았다면, 사기죄의 고의가 있다고 볼 수 있다. 변제할 능력이 없다는 것은 여러 사정을 고려해서 판단하는데, 현금시재가 거의 없고, 회사의 계좌나 중요 자산에 압류나 가압류가 집행된 경우, 규모가 큰 자금을 차용했다면, 변제 능력이 없다고 볼 수 있다.

또한 회사의 자산을 개인 또는 제3자의 이익을 위해서 처분하거나 반출하면 횡령죄로 처벌될 수 있다. 주식회사를 폐업하고 남은 재고, 자산, 집기류를 처분할 때 주의해야 한다. 이 자산들을 대표이사 개인이 매수해도 되지만, 시가 이하로 염가 또는 무상으로 취득하면 횡령죄가 될 수 있다. 특히 미지급 급여가 남아 있거나 비우호적인 투자자가 있는 상태라면 적은 재산 처분 행위라도 횡령죄로 고소될 위험성이 있으니 원칙에 맞는 처분이 필요하다.

기타

회사 도산 시 금융기관 간 대표이사의 개인신용정보를 공유하게 되므로 사실상 정상적인 금융거래를 제한받게 된다.

26.
공동창업자 간 분쟁방지

창업자들 중에는 공동창업자와의 사이에서 분쟁이 발생하여 어려움을 겪는 분들이 많이 있다.

물론 공동창업자들 사이에 관계가 좋아 설립부터 성장까지 함께하는 경우도 있지만, 실제 벤처기업의 성장을 보면 공동창업자가 끝까지 함께하는 비율은 그리 높지 않다.

처음 창업할 때는 공동창업자와의 관계도 좋고, 지분의 소중함도 그리 와닿지 않는다. 그래서인지 공동창업자의 역량과 참여도에 비해 무리하게 많은 지분을 나눠주는 경우가 있다. 명심해야 할 것은 사장이 오늘 가지고 있는 지분이 앞으로 회사를 경영하는 과정에서 보유하게 될 가장 높은 지분비율이라는 점이다.

부여된 스톡옵션이 주식으로 발행되고, 투자를 유치하는 과정에서 창업자가 가진 지분은 희석될 수밖에 없다. 특히 우선주식 또는 종류주식의 방법으로 투자를 유치한 경우에는 전환비율 조정을 통해 창업자의 지분율이 현저히 낮아질 수도 있다. 회사가 성장한 다음에는 남은 지분을 보며 아쉬워해도 이미 늦었기 때문에, 처음 지분을 나눌 때부터 신중하게 배분해야 한다.

흔히 '회사의 경영권을 갖는다'는 것은 회사 주식의 50% 이상을 보유하면서, 주주총회에서 이사회의 구성원인 이사를 선임할 의결권을 갖고 있는 것을 의미한다. 회사가 성장하는 과정에서 투자자가 늘어날수록 창업자의 지분율은 희석되는데, 가능한 50% 이상의 지분은 계속 보유하는 것이 안정적인 경영권을 유지하는 데 유리하다.

처음부터 공동창업자에게 높은 지분율을 부여했다면, 머지않아 창업자의 지분율은 50% 아래로 떨어질 수 있다. 이러한 경우 몇몇의 투자자와 다른 공동창업자가 보유한 주식의 의결권을 합치면 대표이사를 교체할 수도 있게 된다. 회사 지분을 나눌 때는 항상 신중해야 하고, 가능한 지분은 아껴야 한다는 것을 꼭 유념해야 한다.

따라서 공동창업자들 사이에 권리와 의무를 기재하는 '주주 간 협약서'의 필요성은 아무리 강조해도 부족하다. 보통 오랜 시간 알고 지내온 동료, 친구들이 함께 모여 공동으로 창업하기 때문에, 협약서를 작성하자는 말을 공동창업자에게 꺼내기가 좀 껄끄러울 수도 있다. 하지만 회사가 성장하는 과정에서 공동창업자들 간 분쟁은 빈번히 발생하고, 이때 권리를 보호할 수 있는 유일한 수단이 바로 주주 간 협약서다.

주주 간 협약서에 규정된 하나의 조항 덕분에 주식을 모두 가지고 퇴사할 수도 있고, 오랜 기간 헌신적으로 일했음에도 단 한 주도 가지지 못하고 회사를 떠나는 경우도 있다. 이렇게 중요한 주주 간 협약서에는 다음의 내용들이 포함되어야 한다.

우선, 주주 간 협약서는 공동창업자들 사이에 역할 및 지분의 배분을 규정한다. 전업으로 근무하는 게 아니라, 자문이나 투자유치 등 외부에서 도움을 주겠다는 공동창업자가 있다면 그 역할에 대하여 명확히 기재해야 한다. 왜냐하면 전업이 아닌 경우 실제로 자문 등의 업무를 약속한 공동창업자가 업무를 제대로 수행하지 않거나, 뚜렷한 성과가 없을 때 지분비율을 재조정하거나 회수할 수 있는 규정을 추가할 필요가 있기 때문이다.

두 번째는, 일반적으로 근속 의무기간을 규정한다. 구체적으로는 회사 지분을 나누는 대가로 일정기간 회사에 근속하면서 회사의 기업가치 상승을 위해 근무할 의무를 규정하는 것이다. 보통 근속 의무기간은 3년~5년 정도로 규정하고 있다. 보통 이 기간 내에 퇴사해 더 이상 기여하지 않게 될 경우에 보유 주식을 어떻게 처리할지 문제가 된다. 일반적으로, 다른 공동창업자로부터 회사 주식을 인수할 당시 납입한 금액(예. 주식 액면가)으로 회사 주식을 양도하는 내용으로 협약을 체결한다. 가끔 다른 공동창업자가 아닌 회사에 직접 주식을 양도하는 것으로 규정하는 경우가 있다. 하지만 이런 경우 회사 입장에서 주식을 양수받는 것은 자사주 취득에 해당하고, 자사주 취득은 상법상 원칙적으로 배당 가능 이익으로만 가능한데, 회사의 배당 가능 이익이 없는 경우에는 자사주 취득 자체가 불가능한 경우가 있으니 주의해야 한다.

이때, 퇴사 원인을 자발 퇴사로 한정할 수도 있고, 자발 퇴사 외에 해고, 해임 등도 포함하도록 규정할 수도 있다. 또한 퇴사 시점에 보유하고 있는 모든 주식을 반환하도록 규정할 수도 있고, 일정 주식은 보유하되 나머지 주식만 반환할지도 정할 수 있다. 일정기간이 경과함에 따라 반환해야 하는 주식이 감소하는 방식으로 협의하는 것도 가능하다.

세 번째로는, 공동창업자들 사이에 보유 주식의 처분에 일정한 제한을 추가할 수 있다. 재직 중인지 퇴사했는지를 불문하고, 공동창업자는 높은 지분율의 주식을 보유하고 있는 게 일반적이다. 이 주식이 제3자에게 매각

됨으로써 주주구성이 변동되는 걸 막기 위한 조항이다. 일정기간 동안만 다른 주주의 사전동의를 요하는 등의 방법으로 제한할 수 있고, 우선매수권과 공동매도권 등을 보장하는 범위 내에서는 자유롭게 처분하도록 규정할 수도 있다.

다만 주식 처분을 제한하는 내용이 규정돼 있더라도, 다른 공동창업자가 이를 위반하여 보유 주식을 처분한 경우에 그 처분 자체는 유효하다는 점을 주의해야 한다. 이때, 주식처분 제한규정을 위반한 주주는 손해배상 또는 협약서에 규정된 위약벌 등의 책임을 부담하게 된다. 즉, 공동창업자는 제3자에게 처분한 주식 자체를 원상회복할 수는 없다.

네 번째로는, 겸업 금지와 경업금지와 관련된 규정이다. 겸업 금지는 상대방 또는 회사의 동의 없이 다른 회사 근무를 금지한다는 의미다. 공동창업자가 헌신적으로 근무할 것이라는 전제로 지분을 나눈 것이기에, 다른 직장에 근무하지 않도록 제한할 필요가 있으니 이 내용 또한 주주 간 협약서에 포함한다.

경업금지는 상대방 또는 회사의 동의 없이 경쟁업종에 종사하는 것을 금지하는 것을 말한다. 공동창업자는 회사에 대한 관여도가 높고 회사업무와 관련된 비밀 정보를 알고 있기에 재직 때뿐 아니라, 퇴사한 이후에 경쟁업체에 취업하거나 경쟁이 되는 개인 사업을 영위하거나, 새로운 회사를 설립할 경우 회사의 영업이 타격을 입을 가능성이 높다. 따라서 재직 중에는 겸업 및 경업금지를 규정하고, 퇴사한 이후에도 일정기간 경업금지를 규정할 필요가 있다.

마지막으로는, 비밀유지 의무도 규정해야 한다. 공동창업자는 회사의 핵심기술 또는 경영에 대한 관여도가 높아서 회사 비밀정보에 접근할 수 있다. 공동창업자가 퇴사하는 경우라면 다른 공동창업자와 신뢰관계가 깨졌을 가능성이 높다. 이때, 퇴사 후 회사 비밀을 제3자에게 제공하지 않도록 하는 비밀유지계약을 체결하려 한다면, 이미 관계가 틀어진 상황이라 원만한 협의에 이르기가 쉽지 않다. 따라서, 회사 지분을 서로 나누기 시작한 시점에 주주 간 협약서에 규정해야 협의가 쉽게 진행된다.

회사 창업 과정 또는 회사 성장 과정에서 회사 지분을 나누면서 함께 성장시키는 공동창업자는 필요한 존재다. 다만 공동창업자와의 관계는 언제든 악화될 수 있고, 이때 보호받을 수 있는 유일한 구제책이 바로 '주주 간 협약서'임을 명심하여야 한다.

27.
사장의 자기계발

회사의 규모가 커지면 요구되는 경영자의 능력도 커진다.

경영자가 회사의 발전에 따라 능력을 계발해 나가지 못한다면 결국 회사의 발전에 부담이 되고 회사는 결국 도태될 것이다.

시간 및 비용관계상 정식 학위과정을 참여하기가 어렵다면 각 대학에 개설되어 있는 최고경영자과정에 참여하는 것도 좋은 방법이다.

일반적으로 대학의 특수대학원에 개설되어 있는 최고경영자과정은 학위과정이 아니라 6개월 내지 1년 정도의 단기과정으로 서울과 지방의 100여 개 대학에서 운영되고 있다.

학위 취득에 대한 부담 없이 질 높은 강의를 들을 수 있고, 사회지도층 인사들과 교류하며 인맥을 넓힐 수 있는 것이 최고경영자과정의 장점이다.

하지만 중소기업 사장들의 경우 최고경영자과정에 참여하는 것이 생각만큼 쉽지 않다.

과정당 소요되는 학비에 대한 부담은 차치하더라도, 과정 중에 수업에 빠짐없이 참여해야 하고 방과 후 사교모임 및 해외연수 등에 참여하려면 부담이 적지 않다. 또한 지속적인 교제를 위하여 과정을 마친 후 구성되는 동기회에 지속적으로 참여하여야 하는데, 시간 및 금전적 부담이 크다.

최고경영자과정 학비는 소득세법시행령 제11조(학자금의 범위)의 법령 요건을 지키면 회사 비용으로 경비 처리가 가능하지만, 과정을 마친 후 동기회를 구성하여 활동하는 경우 부담하는 동기회비는 정상적으로는 회사에서 비용 처리할 수 없다.

대부분의 경우 연회비가 몇십만 원에서 몇백만 원에 이르고 대학 측에서 요구하는 발전기금납부에 대한 부담도 있다.

일부의 경우이기는 하지만 수강생 간에 사업 투자 등을 가장한 사기도 발생하고, 상대방을 이용하여 이득을 취하려는 경우도 있으므로 주의하여야 한다.

또한 최고경영자과정 동기생들은 중·고등학교나 대학교 동창과 같이 어려서 자연스럽게 친해진 경우가 아니라서 마음을 터놓고 자연스럽게 사귀기가 쉽지 않다.

하지만 이러한 문제점에도 불구하고 시간 및 금전적인 여유가 있다면, 자신과 사업에 대한 유익한 정보를 얻고 최신 경영지식을 배우고 자신과 비슷한 지위에 있는 인맥과 친분을 맺어 사업에 직·간접적인 도움을 받을 수도 있으므로 참여를 적극 검토해 볼 필요가 있을 것이다.

28.
기업주의 사적경비 사용

　개인사업자는 사업에서 발생한 소득을 개인의 가사경비로 사용하더라도 사업 소득에 대한 소득세만 납부하면 되지만, 법인의 경우 법인의 소득을 얻기 위해 지출한 비용에 한해 손비로 인정된다.

　만약, 기업주가 개인적으로 쓴 비용을 법인의 비용으로 변칙처리 할 경우 법인이 기업주에게 부당하게 지원한 것으로 보아 법인의 비용을 부인하여 법인세가 과세(징벌적 가산세 40%)되며, 기업주는 상여금 또는 배당금을 받은 것으로 보아 소득세를 추가로 부담하게 되어 변칙처리 금액보다 더 많은 세금을 부담하게 됨은 물론, 기업자금의 횡령으로 처벌을 받을 수도 있다.

　중소기업 경영자들의 경우 회사 내에 유보된 소득을 배당이나 근로소득으로 적법하게 처리할 경우 엄청난 세금이 부과되는 것으로 잘못 알고 있는 경우가 많다.

　그러나, 배당을 하는 경우 이미 법인세로 회사에서 납부한 만큼 종합소득세액 계산 시 세액공제 하여 주므로 우려하는 것보다 세부담액이 많이 늘어나지 않는다.

　따라서 세금의 위험부담으로부터 자유롭고 절세를 하기 위해서는 급여 또는 배당소득 등으로 적법하게 처리하는 것이 유리하다.

　국세청은 성실도분석시스템(CAF), 상시세원분석시스템, 자영업법인개별관리시스템 등을 이용하여 기업주의 사적경비 지출액까지 치밀하게 분석해 내고 있다.

사적경비 추징사례

법인사업자의 법인세 신고, 납부 후 국세청은 신고 내용을 분석하는데, 확인 과정에서 탈루금액이 크고 추가 사실관계 확인이 필요한 경우에는 조사 대상자로 선정하여 세무조사를 실시하게 된다.

국세청이 공개한 주요 사적경비 추징사례는 다음과 같다.

1. 법인카드 사적 사용

모 광고회사 대표 A는 법인 신용카드를 해외여행, 골프장, 상품권 구입 등 사적 접대 목적으로 사용하고 이를 복리후생비 등 다른 계정으로 분산하여 처리하였다.

이에 국세청은 신용카드 사용액, 해명자료를 검토하여 업무 무관 비용에 해당하는 금액은 경비로 인정하지 않았고, 이에 수억 원의 법인세를 추징하였다.

2. 허위 인건비 지급

도매업 회사 B는 대표이사의 배우자에게 인건비를 지급하고 급여로 비용처리 하였다. 국세청이 해당 배우자의 근무내역을 분석한 결과, 배우자는 자녀 해외유학 동행을 위해 장기간 해외에 체류하였으며 체류국에는 해당 법인의 해외 현지법인이 없는 등 근로를 제공한 사실이 없음을 확인하였다.

이에 국세청은 자녀 해외유학 출국시점부터 가공계상 한 급여 등 수십억 원을 비용으로 인정하지 않아 수억 원의 법인세 등을 추징하였다.

3. 가지급금 인정이자

법인이 특수관계자에게 무이자 또는 저리로 돈을 빌려주었다면, 시가 상당액에 해당하는 이자를 재계산하여 수익자에게 소득세 등을 추징하고, 돈을 빌려준 법인에게도 이자 수익 상당액을 이익으로 보아 법인세를 추징하는데 이를 가지급금 인정이자라고 한다.

건설회사 C는 특수관계자에 대한 대여금을 연도 말에 회수하고, 다음 연도에 다시 대여한 것으로 변칙처리 한 것을 확인하였고, 이에 법인세 등 수억 원을 추징하였다.

4. 특수관계인이 사적 사용한 차량 관련 비용

제조업 회사 D는 수억 원대의 슈퍼카를 보유하고 있으며, 관련 비용을 전액 업무 관련 비용으로 비용처리 하였다.

국세청은 운행기록부, 신용카드 사용 지역, 주유 내역, 하이패스 사용 현황 등을 분석하여 D가 운행일지를 허위로 작성했고, 업무 목적으로 사용하지 않은 사실을 확인한 후 사적 사용분에 대해 법인세 수억 원을 추징하였다.

국세청 성실도분석시스템(CAF)

성실도분석시스템(CAF, Compliance Analysis Function)은 조사대상을 객관적

으로 선정하기 위해 TIS에 구축된 각종 세금신고 내용과 과세정보를 토대로 통계기법과 전산감사 기법을 응용해 신고성실도를 전산 분석하는 시스템이다. 미국 IRS의 Discriminant Inventory Function(DIF)과 유사한 시스템이다.

1. 성실도분석 방법

이 시스템에 의한 성실도 분석 방법은 평가대상 법인을 비슷한 매출액 규모·동일 업종별로 그룹화(기준경비율상 세분류 310개)해 동일그룹 내에서 성실도를 평가한다.

업종·계급별 상대평가와 절대평가에 의해 종합점수가 낮은 기업을 성실도 하위그룹으로 분류한다. 신고불성실 개연성 등 성실도 검증 필요성이 높은 법인일수록 종합성실도 점수가 낮게 평가된다. 기본점수를 100점으로 해 성실도 우열 정도를 가감해 종합점수를 산출하고 평가결과 법인별 평점 순위를 부여해 A, B, C, D 등급으로 4분류 된다.

직전 2개년 누적 신고성실도와 당해연도 신고성실도를 반영해 종합 신고성실도가 확정(상·중·하위그룹으로 분류)된다. 예를 들어 직전 2개 연도 성실도 A, 당해연도 성실도 B의 경우 상위로 분류되고, 직전 2개 연도 성실도 B, 당해연도 성실도 D의 경우 하위로 분류된다.

2. CAF 성실도 평가요소

CAF에 의한 성실도 평가 요소는 351개에 이른다.

각종 평가항목별 평점 산출을 위한 매출액을 비롯해 신고소득, 접대비,

기업주 사적경비지출액 등이 평가요소가 된다.

평가항목은 동일업종·규모법인 간 상대평가에 의한 세부담률 등과 해당 기업의 분식회계 정도 등 절대평가로 이뤄지며 상대평가의 한계를 보완하기 위해 절대평가에도 많은 비중을 두고 있다.

3. CAF 평가내용

CAF의 평가분야별 주요 평가내용을 보면 상대평가는 법인세 등 각종 세금신고상황과 재무제표 등에 의해 업종별 주요 원가비율, 세부담률 등을 동일 업종·규모 법인 간 상대평가가 이뤄진다.

상대평가의 정확성을 위해 기업별 특수요인을 반영하는데, 예를 들어 차입금이 많은 기업과 적은 기업, 임차료가 있는(또는 많은) 기업과 없는 기업 간 기업이익 차이를 측정하고 차입금, 임차료, 상각비 등을 배제 후 측정한다.

절대평가는 그동안 조사결과 나타난 대표적인 탈루사례 등을 반영하고 기업주와 그 생계가족의 재산변동상황·소비수준·신고소득 등 연계분석에 의한 탈루개연성, 분식회계 정도 등을 절대 평가하는 것이다.

국세청 세원 개별분석 및 전산분석 주요 항목

1. 개별분석 항목
1) 법인자금을 부당하게 유출하여 기업주 재산 취득
2) 국외 특수관계자에게 기술사용료 과다지급
3) 대표이사에 대한 대여금을 선급금으로 변칙회계 처리

4) 연구인력개발비 세액 부당공제

5) 매출원가 과다계상, 일용노무비 허위계상

6) 해외현지법인 대여금 과소계상

7) 분식회계를 통한 소득조절

8) 가공자료 수취 및 가공경비 계상이 빈번한 건설업체

9) 전년도 호황업종

10) 세원관리 취약 현금수입업종(음식·숙박, 학원, 법무법인 등)

2. 전산분석 항목

1) 접대성 경비를 복리후생비 등으로 분산처리

2) 근로를 제공하지 않는 기업주 가족에게 인건비를 지급하고 손금 계상

3) 법인 신용카드 사적 사용

4) 재고자산 계상누락 등을 통하여 원가조절

5) 세무조사 법인의 신고소득률 추이 및 조사사후관리사항

6) 법인전환사업자의 신고소득률 추이

7) 외국으로부터 기술용역대가 등을 수취하고 수익을 미계상

8) 골프용품 등 수입업자의 수입통관액 대비 소득률이 저조한 법인

9) 자료상혐의자 등과 거래내역

29.
경영권 방어수단

대부분의 비상장중소기업은 회사 지분을 사장 본인이나 친·인척들이 보유하므로 경영권 방어수단 도입에 대한 요구가 크지 않으나, 만일의 경우를 대비하기 위하여 주의를 기울일 필요가 있다.

회사 정관을 통해 ▲임원 선·해임요건 강화,▲ 일정 수준 이상의 이사 선·해임 금지, ▲ 이사의 시차임기제, ▲ 황금낙하산(golden parachute), ▲ 합병의 승인요건 강화, ▲ 경영권 관련 정관의 개정요건 강화, ▲ 경영권 관련 정관개정의 발효시점 연기 등의 경영권 방어수단을 도입하여 적대적 인수합병을 방지하고 경영권을 보장받을 수 있다.

정관 변경은 주주총회의 특별결의가 필요하므로 사장의 우호지분율이 높을 때 미리 경영권 방어수단 도입을 검토해 볼 필요가 있다.

상기의 방안 이외에 회사 자금에 여유가 있는 경우에는 자기주식 취득 후 소각하는 방법으로 유통주식 수를 줄이고 사장의 지분율을 높일 수 있다.

임원 선·해임요건을 강화

감사보다는 이사에 대해, 그리고 선임보다는 해임에 대해 의결요건을 강화시키는 것이 일반적이다. 대부분 별도의 사유 없이 해임요건을 강화시키고 있으나, 명시적으로 적대적 인수합병을 사유로 요건을 강화시킨 경우도 다수 존재한다.

발행주식의 70%, 출석주식의 90% 등으로 의결정족수를 강화시키는 것이 가장 일반적인 것으로 이와 같은 경우 최대주주가 동의하지 않는 임원의 선·해임이 사실상 불가능할 것이다.

일정 수준 이상의 이사 선·해임을 금지

이사를 일정 인원수 또는 일정비율 이상 선임 또는 해임하는 것을 제한하여 기존 이사의 해임을 막고 새로운 이사의 선임을 막기 위한 정관조항으로, 대부분 해임을 금지시키고 선임만을 금지시키는 경우는 많지 않다.

직전사업연도 말 재적이사 수의 1/4 이상 해임하는 것을 금지시키는 경우가 가장 일반적이다.

이사의 시차임기제

매년 전체 이사 가운데 일부만 선임하게 하여 이사 전체가 교체되는 시점을 지연시킴으로써 기업인수자가 과반수의 주식을 매입하였다 하더라도 이사진을 한꺼번에 교체하지 못하게 함으로써 경영권 장악 시간이 지연되도록 하는 것이다.

다만 이 경우에는 과반수의 주식을 매입한 기업인수자가 주총을 소집하여 이사를 추가 선임하여 이사회를 장악하면 경영권이 넘어가게 되므로, 반드시 정관에 선임 가능한 이사의 수를 제한(예를 들어 이사의 수는 3명 이상 5명 이하로 한다)해 놓아야 만 목적을 달성할 수 있다는 것을 주의하여야 한다.

황금낙하산을 도입

적대적 방법으로 기업이 매수되더라도 기존 경영진의 신분을 보장할 수 있도록 사전에 필요한 장치를 해놓는 전략으로, 거액의 퇴직금 조항을 만들어 놓는다거나 퇴직 후에도 일정기간 급여를 제공하는 등 인수 희망자에게 불리한 조건을 정관에 규정하여 새로운 경영권 인수자의 인수비용을 높임으로서 경영권을 방어한다.

합병승인 및 정관개정 요건을 강화

합병계약에 대한 의결요건을 높여 주주총회 결의를 어렵게 하거나, 경영권 관련 정관조항을 개정하는 것이 어렵도록 상법상 특별결의보다 의결요건을 강화하거나, 경영권 관련 정관을 개정하는 경우 개정된 정관의 효력이 당해 주주총회에 효력이 발생되지 않도록 효력 발생시점을 연기하는 경우 등이 있다.

자기주식의 취득

상법 제341조(자기주식의 취득) 및 상법시행령 제9조 제1항 제1호(자기주식취득 방법의 종류) 및 제10조(자기주식취득의 방법)에 따라 회사의 배당가능이익으로

모든 주주에게 자기주식 취득의 통지 또는 공고를 하여 주식을 취득 후 소각하는 방법

경영권 방어 목적의 제3자 신주 배정은 무효

대법원 2009.1.30. 선고 2008다50776 판결 【신주발행무효】
【판시사항】
[1] 주식회사가 신주를 발행하면서 경영진의 경영권이나 지배권 방어의 목적으로 제3자에게 신주를 배정한 경우, 기존 주주의 신주인수권을 침해하는지 여부(적극)
[2] 신주발행무효의 소에서 무효 판단 기준
【판결요지】
[1] 상법 제418조 제1항, 제2항의 규정은 주식회사가 신주를 발행하면서 주주 아닌 제3자에게 신주를 배정할 경우 기존 주주에게 보유 주식의 가치 하락이나 회사에 대한 지배권 상실 등 불이익을 끼칠 우려가 있다는 점을 감안하여, 신주를 발행할 경우 원칙적으로 기존 주주에게 이를 배정하고 제3자에 대한 신주배정은 정관이 정한 바에 따라서만 가능하도록 하면서, 그 사유도 신기술의 도입이나 재무구조 개선 등 기업 경영의 필요상 부득이한 예외적인 경우로 제한함으로써 기존 주주의 신주인수권에 대한 보호를 강화하고자 하는 데 그 취지가 있다. 따라서 주식회사가 신주를 발행함에 있어 신기술의 도입, 재무구조의 개선 등 회사의 경영상 목적을 달성하기 위하여 필요한 범위 안에서 정관이 정한 사유가 없는데도, 회사의 경영권 분쟁이 현실화된 상황에서 경영진의 경영권이나 지배권 방어라는 목적을 달성하기 위하여 제3자에게 신주를 배정하는 것은 상법 제418조 제2항을 위반하여 주주의 신주인수권을 침해하는 것이다.

[2] 신주발행을 사후에 무효로 하는 경우 거래의 안전과 법적 안정성을 해할 우려가 큰 점을 고려할 때 신주발행무효의 소에서 그 무효원인은 가급적 엄격하게 해석하여야 한다. 그러나 신주발행에 법령이나 정관의 위반이 있고 그것이 주식회사의 본질 또는 회사법의 기본원칙에 반하거나 기존 주주들의 이익과 회사의 경영권 내지 지배권에 중대한 영향을 미치는 경우로서 주식에 관련된 거래의 안전, 주주 기타 이해관계인의 이익 등을 고려하더라도 도저히 묵과할 수 없는 정도라고 평가되는 경우에는 그 신주의 발행을 무효라고 보지 않을 수 없다.

30.
명의상 대표이사로 취임 시 주의할 점

명의상 대표이사와 개인사업자에게 명의를 대여한 경우를 비교할 때 개인사업자 명의대여자의 책임이 훨씬 무거운 게 사실이다. 개인사업자의 명의대여자는 영업상 채무와 세금에 관하여 그 자신이 책임을 지기 때문이다. 반면, 주식회사의 대표이사는 연대보증을 서는 등 특별한 사유가 없는 한 개인적으로 회사의 채무를 갚을 의무가 없다. 다만, 아래와 같은 경우는 실무에서 명의상 대표이사도 책임이 문제 될 수 있다.

대표이사는 퇴임등기가 쉽지 않다

대표이사는 후임대표이사의 선임과 동시에 그 퇴임등기를 한다. 대표이사는 퇴임을 하려고 하여도 후임자가 취임할 때까지는 일방적으로 혼자 단독으로 퇴임등기를 할 수 없다.

실경영자가 명의상 대표이사의 퇴임등기에 협조하지 않거나, 회사가 어려운 경우 대표이사를 하고자 하는 임직원이 없어 퇴임을 할 수 없는 경우가 많이 있다. 법적으로는 이 경우 법원에 대표이사의 직무를 행할 자(임시직무대행자)의 선임을 청구하여 그 임시대표이사의 선임과 동시에 퇴임등기를 경료할 수 있다(상법 제386조 제2항).

임금체불에 따른 근로기준법상의 책임

회사의 근로자에 대하여 임금을 체불한 경우 근로기준법에 의하여 회사와 대표이사가 같이 형사상 처벌(양벌조항)을 받을 수 있다. 임금을 지급받지 못한 근로자는 회사를 상대로 임금지급청구의 민사소송을 제기할 수 있으며, 그 외 고용노동부(지역노동사무소)에 진정을 낼 수 있는데 이 경우 근로감독관은 대표이사를 소환하여 임금체불 여부를 조사한 후, 검찰에 근로기준법 위반으로 고발하게 되고, 이에 따라 대표이사가 처벌받을 수 있다. 명의상 대표이사도 이와 다르지 않다. 다만, 형사처벌의 경우 명의만 대표이사임을 명확히 증명하여 실사업주가 별도로 존재함을 입증하면 이를 면할 수 있다.

수표부도에 따른 부정수표단속법상의 책임

은행과 수표계약(당좌계정) 없이 또는 거래정지처분을 받은 후 수표를 발행하거나 정당하게 수표를 발행했다 하더라도 발행 후 예금부족, 거래정지처분, 수표계약해지·해제 등으로 제시 기일에 부도가 난 경우 그 발행인은 부정수표단속법 제2조에 따라 형사처벌을 받게 된다. 한편, 발행인이 주식회사 등 법인일 때에는 그 수표에 기재된 대표자 또는 작성자를 처벌하게 된다. 따라서 지급불능의 위험이 있는 수표를 발행하지 않도록 주의하여야 한다.

연대보증 한 경우 그 책임

회사가 은행으로부터 대출받거나 보증기관으로부터 보증서를 발급받을 경우 대개는 대표이사로 하여금 연대보증을 서게 한다. 이 경우 대표이사는 회사와 더불어 연대보증인으로서 회사의 채무를 변제할 책임이 있다.

법인과 개인사업자의 명의상 사장의 책임비교

1. 책임의 범위

주식회사 등 법인은 그 법인 자체가 권리의무의 귀속주체가 되며, 거래관계의 당사자가 된다. 그에 따라 법인의 법률관계는 법인에게 귀속하며, 법인의 주주나 대표이사(자연인)와는 별개로 본다.

반면, 개인사업자의 경우는 그 개인사업자 자신이 무한책임을 진다. 거래관계의 채무를 사업상의 재산뿐만 아니라 개인재산으로 변제할 책임이 있으며, 세금에 관하여도 개인이 전적으로 책임을 져야 한다. 따라서 개인사업자의 법적책임이 법인의 대표이사보다 훨씬 무겁기 때문에 개인사업자에게 명의를 대여하는 것은 보다 더 신중하여야 한다.

2. 사업상 납세의무

주식회사의 세금은 법인의 재산으로 납부하여야 하므로 주주나 대표이사는 납부할 의무가 없다. 다만, 주식을 50% 초과하여 소유(친인척 포함)하는 경우 과점주주가 되는데 과점주주는 법인이 납부하지 못하는 세금을 과점비율만큼 대신 납부할 책임이 있다. 따라서 명의상 대표이사의 경우 과점주주만 아니면 당해 법인이 체납하더라도 문제 될 것은 없다.

개인사업자는 그 개인이 납부할 책임이 있다. 따라서 명의를 대여한 개인사업자는 그 자신이 납세의무를 진다. 따라서 명의를 빌린 실사업주가 납세의무를 제대로 이행하지 않으면 고스란히 명의상 사업자에게 납세의무가 돌아온다. 다만, 세법에는 "실질과세의 원칙"이 있는데, 이는 형식에 구애되지 않고, 그 실질을 파악하여 납세의무를 지우는 원칙이다. 따라서 명의상 사업자는 자신이 명의만 대여했을 뿐 실사업주는 따로 있음을 증명하면 납세의무를 면할 수 있다.

3. 영업상 채무에 대한 변제책임

주식회사의 대표이사는 회사의 영업거래상의 채무에 대하여 변제할 책임이 없다. 다만, 대표이사가 연대보증(입보)를 선 경우에는 회사와 함께 연대보증인으로서 변제할 책임이 있다.

이에 반해, 개인사업자의 경우에는 기업과 기업주가 따로 분리되는 것이 아니므로 영업상 채무에 대하여 여타채무와 마찬가지로 변제책임이 있다.

뿐만 아니라 세금납부의무와는 달리 명의만 빌려주었음(명의대여)을 입증하더라도 그 책임을 면하지 못한다(상법 제24조).

명의상 대표이사가 아닌 실경영주를 근로기준법 위반으로 처벌

근로기준법 제2조 제1항 제2호는 "사용자란 사업주 또는 사업 경영 담당자, 그 밖의 근로자에 관한 사항에 대해 사업주를 위해 행위 하는 자를 말한다."라고 규정하고 있다. 이처럼 근로기준법이 그 법의 준수의무자인 사용자를 사업주에게 한정하지 아니하고 사업 경영 담당자 등으로 확대한 이유는 노동 현장에서 근로기준법의 실효성을 확보하기 위한 정책적 배려이다. 또한 구제명령에서 법인 등기부상 대표이사를 사용자로 기재했더라도 이는 해당 법인을 특정하기 위한 기재일 뿐 구제명령의 이행 의무자를 한정한 것이라고 볼 수 없다. 따라서 근로기준법 제111조에서 정한 '확정된 구제명령 또는 구제명령을 내용으로 하는 재심 판정을 이행하지 아니한 자'의 범위와 관련해 형식상으로는 대표이사가 아니지만 실질적으로는 사주로서 회사를 사실상 경영해 온 자는 구제명령을 이행할 실질적 권한과 책임을 지는 사람으로 위 조항에서 말하는 구제명령을 이행하지 아니한 자에 해당한다(대법원 2024.4.2. 선고 2024도1309 판결).

이처럼 대법원은 구제명령과 관련해 명의상(형식상)의 대표이사가 아니라 그 기업의 실경영자를 근로기준법 위반으로 처벌할 수 있음을 명확히 하고 있다.

31.
횡령, 배임

횡령은 타인의 재물을 위탁받은 자가 신뢰관계를 배반해 불법으로 재물을 차지하는 행위이다. 타인의 재물을 보관하는 자가 그 재물을 횡령하거나 그 반환을 거부하면 5년 이하의 징역 또는 1천5백만 원 이하의 벌금에 처한다(형법 제355조 제1항).

횡령은 A의 소유물을 B가 위탁받아 점유(보관)하는 상황에서 발생한다. 횡령죄가 성립하기 위해선 행위 주체가 타인의 재물을 보관하는 자여야 하고 보관자와 소유자 사이에 위탁관계가 있어야 한다. 위탁관계는 사실상의 관계에 있으면 충분하지만 횡령죄로 보호할 만한 형법상의 가치가 있어야 한다(대법원 2018.7.19. 선고. 2017도17494. 전원합의체 판결).

횡령죄가 성립하려면 위탁관계에서의 신뢰를 배반하고 재물을 사용·수익·처분하려는 불법영득의사를 갖고 있어야 한다. 불법영득의사란 타인의 재물을 보관하는 자가 위탁의 취지에 반해 소유자가 아닌 자기 또는 제3자의 이익을 꾀할 목적으로 타인의 재물을 자기 소유인 것처럼 권한 없이 스스로 처분하려는 의사를 의미한다.

보관자가 소유자의 이익에 반해 재물을 처분한 경우엔 재물에 대한 불법영득의사를 인정할 수 있다. 그와 달리 소유자의 이익을 위해 재물을 처분한 경우에는 특별한 사정이 없는 한 그 재물에 대해 불법영득의사를 인정할 수 없다(대법원 2016.8.30. 선고 2013도658 판결).

횡령죄의 객체는 타인의 재물이다. 재물과 재산상 이익은 다르다. 판례는 부동산, 동산, 관리할 수 있는 동력 등을 재물로 인정하고 있다. 사무적으로 관리가 가능한 채권이나 그 밖의 권리들은 재산상 이익에 해당해 재물에 포함되지 않고 횡령죄의 객체가 될 수 없다(대법원 1994.3.8. 선고. 93도2272).

배임은 타인의 사무를 처리하는 자가 임무를 수행하지 않고 자기의 이익을 위해 국가나 회사 등에 재산상의 손해를 주는 행위이다. 임무를 위배하는 행위라고 생각하면 쉽다.

타인의 사무를 처리하는 자가 그 임무에 위배하는 행위로 재산상의 이익을 취득하거나 제3자로 하여금 이를 취득하게 해 본인에게 손해를 가하면 5년 이하의 징역 또는 1천5백만 원 이하의 벌금에 처한다(형법 제355조 제2항).

배임죄는 타인과 그 재산상의 이익을 보호해야 할 신임관계에 있는 사람이 신뢰를 저버리는 행위를 하는 것이다. 배임죄가 성립하기 위해선 행위주체가 타인의 사무를 처리하는 자여야 한다.

배임죄의 주체로 타인의 사무를 처리하는 자라 함은 타인과의 대내외 관계에 있어서 신의성실의 원칙에 비춰 그 사무를 처리할 신임관계가 존재한다고 인정되는 자를 의미한다. 반드시 제3자에 대한 대외관계에서 그 사무에 관한 권한이 존재할 것을 요하지 않는다.

사무가 포괄적 위탁사무일 것을 요하는 것도 아니다. 사무처리의 근거(신임관계 발생 근거)는 법령의 규정, 법률행위, 관습 또는 사무관리에 의해서도 발생할 수 있다. 법적인 권한이 소멸된 후에 사무를 처리하거나 그 사무처리자가 그 직에서 해임된 후 사무인계 전에 사무를 처리한 경우도 배임죄에 있어서의 사무를 처리하는 경우에 해당한다(대법원 1999.6.22. 선고 99도1095 판결).

타인의 사무를 처리한다고 하려면 당사자 관계의 본질적 내용이 단순한 채권채무 관계를 넘어서 그들 간의 신임관계에 기초해 타인의 재산을 보호 또는 관리하는 데 있어야 한다. 만약 그 사무가 타인의 사무가 아니고 자기의 사무라면 그 사무의 처리가 타인에게 이익이 될지라도 타인의 사무를 처리하는 자에 해당하지 않는다(대법원 2011.1.20. 선고 2008도10479 전원합의체 판결).

배임죄에 있어서 그 임무에 위배하는 행위라 함은 처리하는 사무의 내용, 성질 등 구체적 상황에 비춰 법률의 규정, 계약의 내용 혹은 신의칙상 당연히 할 것으로 기대되는 행위를 하지 않거나 당연히 하지 않아야 할 것으로 기대하는 행위를 함으로써 본인과 사이의 신임관계를 저버리는 일체의 행위를 포함한다.

중소기업을 오래 경영하다 보면 영업상, 기타 여러 이유로 어쩔 수 없이 회사 자금을 불법적으로 사용하는 경우가 있다.

누군가 문제제기를 하지 않으면 그냥 넘어갈 수도 있지만 일단 사건이 표면화되면 사장에게는 치명적인 타격이 된다.

외부인뿐만 아니라 회사 내부 임직원이라도 이 사실을 알게 되는 경우 이 사실을 빌미로 협박하여 재산상의 이득을 취하려고 하는 경우가 많이 발생하고 있으므로, 불법자금을 조성하는 경우 가급적이면 사장이 직접 해당 자금을 관리하는 것이 좋다.

금액이 크지 않은 경우에는 그동안의 사회 공헌도를 감안하여 검찰에서도 정상 참작을 하여 인신구속을 하지는 않으나 집행유예, 벌금 등의 처벌을 받을 수 있다.

회사를 매각하는 경우 주식매매계약을 체결하고 계약금을 수령한 후, 매

수인에게 경영권을 넘겨주는 절차를 완료한 후에 잔금을 수령하는 경우가 많이 있는데,

일부의 경우 경영권을 넘겨받고 횡령·배임혐의를 잡아 협박하여 잔금을 지급하지 않거나 지급금액을 대폭 삭감하는 경우가 발생하기도 하니 조심하여야 한다.

대표이사에 대한 근로자의 고소·고발과 징계

자신에 대한 형사처벌을 원하는 근로자와 함께 일하고 싶은 사용자는 없을 것이다.

근로자가 사용자의 잘못된 행위를 이유로 수사기관에 고소·고발하는 경우가 빈번하다. 하지만 사용자를 형사고소·고발했다는 이유만으로 근로자를 징계하거나 해고할 수는 없다. 특히 근로기준법은 정당한 이유가 없으면 근로자를 해고, 휴직 등 징벌을 하지 못한다고 정하고 있기 때문에 사용자를 고소·고발하면 징계한다는 내용의 취업규칙을 두고 있더라도 그 취업규칙은 근로기준법에 반하여 무효이다.

법원 역시 합리적 근거가 있는 고소·고발은 적법한 권리행사라고 할 수 있으므로 수사기관이 불기소처분을 했어도 징계할 수는 없다고 보고 있다. 다만 근로자가 뚜렷한 자료도 없이 사실을 허위로 기재하거나 왜곡해 사용자 측을 고소·고발하는 경우에는 징계사유에 해당할 수 있다(대법원 1995.3.3. 선고 94누11767 판결). 고소 내용 자체가 정당하더라도 경영진들의 명예를 공개적으로 실추시키려는 감정적 의도에서 고소했다고 인정되는 등 특별한 사정이

있으면 그 고소를 징계양정의 참작사유, 즉 다른 징계사유가 있을 때 더 가중해 징계하는 사유로 삼을 수 있다(대법원 1998.5.22. 선고 98다2365 판결). 다만 근로자가 개인 자격에서 사용자를 고소·고발하는 경우와 달리 노동조합 또는 노동조합의 대표자가 사용자를 근로기준법이나 노동조합법 위반 등으로 고소·고발한 경우에는 그 고소·고발 내용에 과장이나 왜곡된 부분이 있더라도 정당한 조합활동에 해당할 여지가 있다는 이유에서 징계사유로 볼 수 없다는 판결도 있다(대법원 2020.8.20. 선고 2018두34480 판결).

이와 같은 대법원 판결에 비추어 보면 근로자가 회사 등을 상대로 고소·고발을 한 경우 불기소처분이 내려졌다고 하여 자동적으로 해당 근로자를 징계할 수 있는 것은 아니다. 즉, 일부 과장·왜곡이 있더라도 대체로 사실에 기초한 고소·고발인 경우 불기소처분에도 불구하고 해당 근로자에 대한 징계·해고 등의 제재는 정당성을 인정받지 못할 수 있다. 반면에 고소·고발 주요 내용의 대부분이 거짓 내지 사실왜곡에 기초하고 있다는 점이 명백하다면 해당 근로자 징계는 가능할 수 있다. 결론적으로 고소·고발 내용, 진위, 경위, 목적, 횟수 등을 종합 고려하여 근로자의 고소·고발 등 행위가 수긍 가능한 정도인지를 판단하여 징계를 하도록 하여야 할 것이다.

횡령, 배임범죄 양형기준안

횡령배임액수	형량 감경	기본 형량	형량 가중
1억 원 미만	~ 10개월	4개월~1년 4개월	10개월~2년 6개월
1억 원 이상~5억 원 미만	6개월~2년	1~3년	2~5년
5억 원 이상~50억 원 미만	1년 6개월~3년	2~5년	3~6년
50억 원 이상~300억 원 미만	2년 6개월~5년	4~7년	5~8년
300억 원 이상	4~7년	5~8년	7~11년

감경 요인	가중 요인
• 사실상 압력 등에 의한 소극적 범행가담 • 실질적 1인 회사나 가족회사 • 업무위반 정도가 경미한 경우 • 손해발생위험이 크게 현실화되지 않은 경우 • 오로지 회사 이익을 목적으로 한 경우 • 자수, 내부비리 고발 • 처벌 불원, 실질적 피해회복	• 아랫사람에게 지시한 경우(피지휘자 교사) • 근로자, 주주 등 대량 피해자 양산 • 심각한 피해 유발 • 범행수법 불량(사전 계획, 조직범행 등) • 범행 수익을 의도적으로 은닉한 경우 • 동종 누범 • 범행 후 증거은폐 또는 은폐 시도

(자료출처 : 대법원 양형위원회)

32.
대표이사 해임

대표이사가 전횡을 저지르고 배임, 횡령을 하는 등 부당한 행위를 반복할 때, 대표이사의 이러한 행위에 대하여 대응할 수 있는 수단으로서 가장 강력한 것은 역시 '대표이사 해임'이다.

이사회에서 대표이사를 해임할 수 있으며, 주주총회에서 이사의 직에서 해임시키면, 이사직 상실을 원인으로 하여 대표이사직도 상실하게 된다.

그런데 이사회의 소집권자가 정관에 대부분 대표이사로 되어 있으므로 대표이사를 해임하는 이사회를 대표이사가 소집하는 경우가 거의 없으며, 자기를 이사에서 해임하기 위한 주주총회 소집을 위한 이사회를 또한 대표이사가 소집하는 경우가 거의 없으므로 대표이사를 해임하는 것은 실무상 매우 어렵고, 이에 관한 의사록 공증이나 등기 또한 매우 어렵다.

이사회에서 대표이사의 해임

법무부 권고 주식회사 표준 정관을 보면 "대표이사는 이사회 결의로 선임한다."고 되어 있다. 이와 같은 경우 대표이사는 이사회에서 선임되므로, 반대로 이사회에서 그 해임을 결의할 수 있다.

대표이사 해임 정족수에 대하여는, 일단은 정관에 따르되, 정관에 특별한 규정이 없으면 상법에 따라야 한다. "이사회의 결의는 이사 과반수의 출석과 출석이사의 과반수로 하여야 한다. 그러나 정관으로 그 비율을 높게 정할 수 있다."(상법 제391조)라고 규정되어 있으므로 정관에 특별한 규정이 없으면 이사 과반수의 출석과 출석이사의 과반수로 해임할 수 있다.

대표이사에서 해임되면, 대표이사직만 상실되고 이사의 지위는 유지된다. 따라서 이사의 직도 상실시키려면 별도로 주주총회를 소집하여 해임하여야 한다. 이사의 해임은 상법 제385조의 제1항에 따라 특별결의요건(출석한 주주의 의결권의 3분의 2 이상의 수와 발행주식총수의 3분의 1 이상의 수)을 충족시켜야 한다.

이 경우 주의할 점은 대표이사 지위에서 해임되어도 이사 해임의 경우와 달리 손해배상 즉 급여 지급의무가 없다는 점이다. 대법원 판례에 따르면 대표이사 해임의 경우 상법 제385조 제1항을 적용할 수 있는 근거가 없기 때문이다. 대표이사가 해임되어서 무보수, 비상근 이사가 되어도 마찬가지이다.

주주총회에서 이사 지위의 해임

대표이사 역시 이사이기 때문에 주주총회에서 이사의 지위를 상실하는 순간 대표이사의 지위도 잃게 된다.

이에 대하여 "이사는 언제든지 상법 제434조의 규정에 의한 주주총회의 결의로 이를 해임할 수 있다."(상법 제385조)고 규정하고 있는바, 언제든지 특별한 사유가 없더라도 특별결의 정족수만 채우면 해임이 가능하다.

해임의 정족수에 대하여 정관에 따로 정하고 있으면 그에 따라야 한다. 경영권 방어 차원에서 일부 회사들은 이사 해임의 정족수를 상법상의 특별결의 요건보다 높게 설정한 경우가 많은데, 그 조항이 무효가 되지 않는 한 일단 그 정족수를 따라야 한다.

다만, 일부 회사의 경우 "대표이사는 주주총회에서 선임한다."고 정관에서 규정하고 있는 경우가 있는데, 이와 같은 경우에 대표이사의 해임은 상법 제385조 1항에 해당되지 않으므로 과반수 선임, 과반수 해임을 따른다. 상법 제385조 1항은 이사의 경우에 적용되는 규정으로 대표이사에게는 적용되지 않는다.

이사 해임의 주주총회에서 정족수를 채우지 못하였을 때는 3% 이상의 주식을 가진 주주가 주주총회 결의일로부터 1개월 안에 법원에 이사 해임의 소를 제기할 수 있다.

이 경우 이사의 직무상 부정행위 또는 법령 위반, 정관 위반 등의 사실이 소명되어야 한다. 주의할 점은 주주총회의 경우 이사의 해임에 있어 특별한 사유가 없더라도 가능하지만, 이사 해임의 소의 경우 그 사유는 반드시 직무상 부정행위 또는 법령이나 정관 위반의 중대한 사실이 있어야 한다.

대표이사 직무집행정지가처분

실제로, 이사 해임의 소가 법원에 제기됐다 하더라도 이사의 직무가 정지되려면 판결이 확정된 이후여야 하기 때문에 몇 년의 시간이 걸릴 수도 있다. 하지만 주주들의 이익을 지키기 위해서는 이사의 직무를 바로 정지시켜야 할 필요가 있으므로 이때 사용하는 방법이 직무집행정지가처분이다. 법원은 판결이 확정된 이후에만 이사를 해임할 수 있지만 비위행위를 한 것이 분명한 이사를 계속 이사직을 할 수 있도록 하는 것 또한 불합리한 것이기 때문에 임시로 이사의 직무를 정지할 수 있도록 하고 있다. 하지만 가처분은 소 제기와는 달리 판결이 나기 전에 그 업무를 정지할 수 있도록 하는 것이기 때문에 더 확실한 증거자료가 필요하다. 하지만 직무를 정지한다는 가처분 판단이 나게 되는 경우에는 바로 그 직에서 벗어날 수 있게 할 수 있기 때문에 요건을 갖추어 가처분 신청을 하는 것이 필요하다.

> 상법 제385조 제1항은 주주총회의 특별결의에 의하여 언제든지 이사를 해임할 수 있게 하는 한편, 임기가 정하여진 이사가 그 임기 전에 정당한 이유 없이 해임당한 경우에는 회사에 대하여 손해배상을 청구할 수 있게 함으로써 주주의 회사에 대한 지배권 확보와 경영자 지위의 안정이라는 주주와 이사의 이익을 조화시키려는 규정이고, 이사의 보수청구권을 보장하는 것을 주된 목적으로 하는 규정이라 할 수 없으므로, 이를 이사회가 대표이사를 해임한 경우에도 유추 적용할 것은 아니고, 대표이사가 그 지위의 해임으로 무보수, 비상근의 이사로 되었다고 하여 달리 볼 것도 아니다(대법원 2004.12.10. 선고 2004다25123 판결).

33. 가업승계

가업승계란 중소기업이 동일성을 유지하면서 상속이나 증여를 통하여 그 기업의 소유권 또는 경영권을 다음 세대에게 이전하는 것을 말한다.

중소기업의 경우 대체로 소유권 승계와 경영권 승계라는 두 가지 측면을 포괄하는 개념으로 사용된다.

대기업은 주주의 구성이나 경영자의 층이 다양하여 최고경영자나 대주주가 사망하거나 불의의 사고를 겪더라도 기업의 영속성에 큰 지장을 받지 않는다. 그러나 중소기업은 기업소유주가 곧 경영자인 경우가 대부분이고, 경영자 자신이 곧 회사라고 할 수 있을 만큼 경영자에 대한 의존도가 높으므로 경영자 교체의 성공여부가 사업의 지속성을 좌우하게 된다.

문제는 경영자 혹은 그 가족이 대부분의 주식을 소유하고 있기 때문에 가업승계에 따르는 세금 부담의 실질적인 체감도가 매우 크고, 후계자의 후보군도 대기업에 비하여 다양하지 않다는 점이다.

가업승계는 단순히 재산으로서의 회사를 후계자에게 물려주는 것뿐만이 아니고, 경영자의 경영에 대한 이념과 가치관 등 무형적인 자산과 기업의 사회적 책임까지도 함께 다음 세대로 넘겨준다는 의미를 가진다. 따라서 가업승계는 충분한 시간을 들여 계획적이고 치밀하게 진행되어야 한다.

정부는 중소기업의 가업승계 원활화를 지원하여 중소기업의 지속적 성장을 도모하고, 기술과 경영노하우의 계승을 통하여 일자리를 창출하기 위하여 가업을 승계하는 경우 각종 혜택 부여 및 지원을 하고 있다.

일정 요건을 충족하고 피상속인이 10년 이상 계속하여 경영한 중소기업을 상속인이 물려받는 경우 상속세 및 증여세에 대한 혜택을 주고 있으며, 중소기업중앙회 가업승계지원센터를 설립하여 중소기업 가업승계와 관련한 토탈서비스를 제공하고 있다.

중소기업중앙회 가업승계지원센터(www.successbiz.or.kr)는 중소기업진흥에 관한 법률에 의하여 설치되었으며 가업상속 예정 중소기업에 계획수립 단계에서부터 사후관리에 이르기까지 전 과정을 지원한다. 이에 따라 세무·법률·경영 등의 각종 애로에 대한 맞춤형 전문가 컨설팅과 후계자 양성 프로그램 등이 운영되고 있다.

중소기업을 가업승계 받는 경우 부모님이 영위하던 가업을 생전에 증여받는 경우와 돌아가신 이후에 상속받는 경우가 있다.

부모님이 영위하던 가업을 생전에 증여받는 경우 세제 혜택

1. 가업승계에 대한 증여세 과세특례

18세 이상인 거주자가 가업을 10년 이상 계속하여 영위한 60세 이상의 부모(증여 당시 부 또는 모가 사망한 경우에는 사망한 부 또는 모의 부모를 포함한다)로부터 해당 가업의 승계를 목적으로 주식 또는 출자지분(증여세 과세가액 6백억 원 한도)을 증여받고 가업을 승계한 경우에는 증여세 과세가액에서 10억 원을 공제하고 세율을 10%로(120억 원을 초과하는 경우 20%) 하여 증여세를 부과한다(조세특례제한법 제30조의 6 제1항). 가업승계에 대한 증여세 과세특례제도는 창업자금에 대한 증여세 과세특례 규정과 함께 사전상속제도로서, 이는 가업의 승계목적으로 중소기업주식을 증여받은 때 낮은 세율로 증여세를 과세하고 증여자가 사망할 때 증여 당시의 가액을 상속재산가액에 가산하여 상속세로 정산하여 과세하는 제도이다.

2. 가업의 범위

가업이라 함은 상속세 및 증여세법 제18조의 2 제1항에 따른 가업을 말하는 것으로 가업상속공제 적용 시의 가업과 동일하다.

부모님이 영위하던 가업을 사후에 상속받는 경우 세제 혜택

1. 가업상속 공제액

가업상속공제란 피상속인이 생전에 영위한 사업에 대하여 일정한 요건에 해당되는 경우에 상속인에게 승계하도록 함으로써 피상속인이 영위하던 가업이 상속인에게 승계되어 계속 영위할 수 있도록 지원하기 위하여 공제하는 제도이다.

피상속인이 10년 이상 계속하여 경영한 중소기업을 상속받은 경우에는 다음의 구분에 따른 금액을 가업상속공제로 적용받을 수 있다(상속세 및 증여세법 제18조의 2 제1항).

가업기간별 공제 한도 – 10년 이상 3백억 원, 20년 이상 4백억 원, 30년 이상 6백억 원

2. 가업의 범위

가업상속 공제대상이 되는 가업은 중소기업으로서 피상속인이 10년 이상 계속하여 경영한 기업을 말하며, 이 경우 중소기업은 상속개시일이 속하는 과세연도의 직전 과세연도 말 현재 중소기업을 말한다.

영농상속공제대상 사업은 제외하고 음식점업(개별소비세법에 의한 과세유흥장소에 해당하는 경우 제외)은 포함한다.

중소기업 가업승계에 대한 세제지원제도 요약

구 분	가업상속공제	가업승계 증여세 과세특례
공제한도	가업기간별 공제한도 - 10년 이상: 3백억 원 - 20년 이상: 4백억 원 - 30년 이상: 6백억 원	6백억 원 - 10억 원 공제 - 1백20억 원까지: 10% 저율과세 - 1백20억 원 초과: 20% 저율과세 ※ 상속 시 상속세과세가액에 합산 정산
피상속인 (증여자) 가업기간	1. 가업 10년 이상 영위 2. 영업기간 중 50%이상 또는 상속개시 전 10년 중 5년 이상 대표이사 재직	1. 가업 10년 이상 영위 2. 영업기간 중 50%이상 또는 증여개시전 10년중 5년 이상 대표이사 재직
최대주주 지분율	40% 이상(상장회사 20%)	40% 이상(상장회사 20%)
피상속인 (증여자) 자격	-	60세 이상 부모
상속인(수증자) 자격	1. 18세 이상 2. 상속개시일 2년 전 가업 종사 3. 신고기한(6개월) 내 임원 취임 4. 신고기한부터 2년 이내 대표이사 취임	1. 18세 이상 2. 신고기한(3개월) 내 가업 종사 3. 증여일 이후 3년 내 대표이사 취임, 5년간 대표이사 유지

구 분	가업상속공제	가업승계 증여세 과세특례
사후관리	1. 가업용자산 40% 이상 처분금지 2. 상속인 가업 및 종사 유지 3. 상속지분 유지 4. 고용요건: 상속 후 5년간 고용 평균 90% 이상 유지 *사후관리기간 : 5년	1. 수증자 가업 및 종사 유지 2. 증여지분 유지 ※ 지분, 가업 유지 시 가업상속 공제 적용 *사후관리기간 : 5년
사후관리 불충족시	상속세 및 이자상당액 추징	증여세 및 이자상당액 추징

가업상속 공제제도의 문제점

현행법상 우리나라의 가업상속 공제제도는 큰 세제 혜택 규모에 비해 까다로운 사후관리 요건을 가지고 있다. 사후관리 기간이 5년으로 길며, 해당 가업용 자산의 40% 이상을 처분할 수 없다. 가업의 주된 업종을 쉽게 변경할 수 없으며 해당 가업을 1년 이상 휴업 또는 폐업하면 안 된다. 근로자 역시 일정 수준을 유지해야 한다.

10년 이상의 경영 요건 및 5년의 사후관리 요건은 급변하는 환경에 적응하지 못한 기업들에게 불이익을 줄 수 있으며 대상 조건이 까다로워 유명무실하다는 비판이 제기되고 있으며, 많은 중소기업들이 현실성이 없다는 이유로 가업상속공제제도를 이용하는 것을 포기하고 있다.

따라서 원활한 가업승계를 위해서는 요건 완화가 필요하다.

특히 기업의 주된 업종 역시 5년의 사후관리 기간 동안 환경이 변화할 때 이에 대응할 수 있도록 업종 변경이 필요한 합리적인 이유가 있는 경우 변경할 수 있도록 하는 제도 도입이 필요하다.

한국경제연구원(한경연)은 2023년 5월 11일 '현행 기업승계 상속세제의 문제점 및 개선방향' 보고서를 통해 현행 가업상속공제제도의 문제점을 지적했다. 정부가 기업승계를 장려하기 위해 도입한 가업상속공제는 적용대상이 한정적인 데다 요건마저 엄격해 그 활용이 저조한 상황이라고 하였다.

우리나라 가업상속공제제도는 2016~2021년 연평균 이용건수가 95.7건, 총 공제금액 2천9백67억 원으로 저조한 상황이지만 가업상속공제제도가 활성화된 독일은 연평균 1만 308건, 공제금액 163억 유로(한화 약 23조 8천억 원)에 달하고 있어 가업상속공제 적용건수가 독일의 100분의 1 수준이다.

보고서에서는 이와 관련해 "가업상속공제 적용대상과 대표자 경영기간, 업종유지, 자산유지 등 사전·사후요건이 까다로워 활용하려는 기업인이 적고 실제 공제금액도 작아서 큰 의미가 없다."고 주장했다.

또 "정부가 2022년 세법개정 시 사전·사후 요건을 완화한 점은 바람직하지만 적용대상을 중견기업 일부까지만 확대했다는 점은 아쉽다."고 하였다.

34.
상속세 필수 Check 사항

사망하기 1~2년 전에 재산을 처분하거나 예금을 인출하는 경우에는 사용처에 대한 증빙을 철저히 갖추어 놓아야 한다.

대부분의 사람들은 상속세는 상속개시(사망) 당시 피상속인이 소유하고 있던 재산을 상속하는 경우에만 내는 것으로 알고 있으나, 상속세 및 증여세법에서는 상속개시 전에 재산을 처분하여 과세자료가 쉽게 드러나지 않는 현금으로 상속인에게 증여하거나 상속함으로써 상속세를 부당하게 감소시키는 것을 방지하기 위하여 상속개시 전 일정기간 내에 일정한 금액 이상을 처분하고 처분금액의 용도가 명백하지 아니한 경우에는 상속세를 과세하도록 규정하고 있다.

상속재산으로 보는 경우

피상속인이 재산을 처분하여 받거나 피상속인의 재산에서 인출한 금액이 재산종류별로 구분하여 상속개시일 전 1년 이내에 2억 원 이상이거나 2년 이내에 5억 원 이상인 경우로서, 용도가 객관적으로 명백하지 아니한 경우에는 이를 상속인이 상속받은 재산으로 본다.

상속개시 전 처분재산의 용도를 밝혀야 하는 대상이 상속개시 전 1년 이내 2억 원(또는 2년 내 5억 원) 이상이므로 이에 해당되지 않는 경우 즉, 상속개시 전 1년 이내에 2억 원에 미달하거나 2년 이내에 5억 원에 미달하는 경우에는 용도를 밝히지 않아도 된다.

다만, 1년 내 2억 원, 2년 내 5억 원에 미달한다 하더라도 처분대금 등이 상속인에게 증여된 사실이 명백한 경우에는 그러하지 아니한다.

'재산종류별'이라 함은 다음과 같이 구분한 것을 말한다.
- 현금·예금 및 유가증권
- 부동산 및 부동산에 관한 권리
- 기타 재산

객관적으로 용도가 명백하지 아니한 경우란 다음에 해당하는 것을 말한다.
- 피상속인이 재산을 처분하거나 피상속인의 재산에서 인출한 금액을 지출한 거래상대방이 거래증빙의 불비 등으로 확인되지 아니하는 경우
- 거래상대방이 금전 등의 수수사실을 부인하거나 거래상대방의 재산상태 등으로 보아 금전 등의 수수사실이 인정되지 아니하는 경우
- 거래상대방이 피상속인과 특수관계에 있는 자로서 사회통념상 지출 사실이 인정되지 않는 경우
- 피상속인이 재산을 처분하고 받은 금전 등으로 취득한 다른 재산이 확인되지 아니하는 경우
- 피상속인의 연령·직업·경력·소득 및 재산상태 등으로 보아 지출 사실이 인정되지 아니하는 경우

객관적으로 용도가 명백하지 아니한 경우 피상속인이 상속개시 전에 처분한 재산의 사용처를 상속인이 정확하게 밝히는 것은 현실적으로 매우 어렵다.

따라서 상속세 및 증여세법에서는 소명하지 못한 금액 전부를 상속재산으로 보는 것이 아니라, 사용처 미소명금액에서 처분재산가액의 20%와 2억 원 중 적은 금액을 차감한 금액을 상속세 과세가액에 산입하도록 하고 있다.

예를 들어 처분재산가액이 10억 원인 경우로서 사용처 미소명금액이 3억 원인 경우에는 1억 원만 상속세 과세가액에 산입한다.

그러므로 상속개시 전 처분재산이 1년 이내에 2억 원 이상이거나 2년 이내에 5억 원 이상인 경우에는 반드시 사용처에 대한 증빙을 확보해 두어야 한다. 특히 거래상대방이 피상속인과 특수관계에 있는 자인 경우에는 금융기관을 통하여 대금을 주고받고 무통장입금증 등 객관적인 증빙을 확보해 두어야 인정을 받기 쉽다.

상속세를 줄여주는 채무공제

통계 상속세를 계산할 때 공제되는 채무에는 어떤 것이 있는지 알아두어 빠짐없이 공제받도록 하자.

상속을 받게 되면 피상속인의 재산에 관한 권리와 의무를 포괄적으로 승계하므로 채무도 함께 상속된다. 그러므로 상속세를 계산할 때는 상속으로 취득한 재산의 가액에서 승계한 채무를 공제하여 주고 있는데, 이를 '채무

공제'라 한다.

'채무'란 명칭여하에 불구하고 상속개시 당시 피상속인이 부담하여야 할 확정된 채무로서 공과금 이외의 모든 부채를 말하며, 피상속인이 부담하여야 할 채무이면 금액에 관계없이 공제가 가능하다.

그러나 채무는 상속세를 계산하는 데 있어 가장 중요한 공제항목이므로 납세자와 세무당국 간 분쟁이 발생할 소지가 가장 많다. 따라서 세법에서는 공제 가능한 채무의 입증방법 등을 엄격하게 규정하여 가공채무의 발생을 방지하고 있다.

공제가능한 채무의 입증방법

상속세를 계산할 때 공제되는 채무금액은 상속개시 당시 피상속인의 채무로서 상속인이 실제로 부담하는 사실이 다음 어느 하나에 의하여 입증되어야 한다.

1) **국가·지방자치단체 및 금융회사 등에 대한 채무**

해당 기관에 대한 채무임을 확인할 수 있는 서류

2) **기타의 자에 대한 채무**

채무부담계약서, 채권자확인서, 담보설정 및 이자지급에 관한 증빙 등에 의하여 그 사실을 확인할 수 있는 서류

공제가능한 채무의 범위(예시)

1. 미지급이자

상속개시일 현재 피상속인의 채무에 대한 미지급이자는 공제할 수 있는 채무에 해당한다.

2. 보증채무

피상속인이 부담하고 있는 보증채무 중 주채무자가 변제불능의 상태에 있어 상속인이 주채무자에게 구상권을 행사할 수 없다고 인정되는 부분에 상당하는 금액은 채무로서 공제한다.

3. 연대채무

피상속인이 연대채무자인 경우에 상속재산에서 공제할 채무액은 피상속인의 부담분에 상당하는 금액에 한하여 공제할 수 있다.

다만, 연대채무자가 변제불능의 상태가 되어 피상속인이 변제불능자의 부담분까지 부담한 경우로서 당해 부담분에 대하여 상속인이 구상권을 행사해도 변제받을 수 없다고 인정되는 경우에는 채무로 공제할 수 있다.

4. 임대보증금

피상속인이 토지·건물의 소유자로서 체결한 임대차계약서상의 보증금은 채무로서 공제된다.

5. 사용인의 퇴직금 상당액에 대한 채무

피상속인이 사업상 고용한 사용인에 대한 상속개시일까지의 퇴직금 상당액(근로기준법에 의하여 지급하여야 할 금액을 말함)은 공제할 수 있는 채무에 해당한다.

채무에 대한 입증책임

상속개시 당시 피상속인의 채무가 존재하는지 여부, 보증채무 및 연대채무의 경우 주채무자가 변제불능의 상태에 있어 피상속인이 부담하게 될 것이라는 사유 등에 대한 입증책임은 납세의무자에게 있다.

상속개시 당시 피상속인이 부담해야 할 채무가 있는 경우에는 금액과 관계없이 모두 공제 가능하므로, 공제 가능한 채무가 있는 경우에는 증빙서류를 철저히 챙겨 빠짐없이 공제받도록 한다.

채무공제의 경우 가공 채무계약서를 작성하여 채무공제를 하는 사례가 빈번하기 때문에 세무당국에서는 사채의 경우 채권자의 주소지 관할 세무서에 통보하여 소득세 과세자료로 활용하고, 부채가 변제된 경우에는 자금의 출처 및 흐름을 조사하는 등 사후관리를 강화하고 있다고 하니 주의해야 한다.

상속세에 대해 많이 궁금해하는 질문 Best 5(국세청 자료)

1. 피상속인의 사망으로 보험금을 수령하였는데 상속세 과세대상에 해당하나요?

피상속인의 사망으로 인하여 지급받는 생명보험이나 손해보험의 보험금으로서 피상속인이 보험계약자이거나 실질적으로 보험료를 불입한 보험계약에 의하여 지급받는 것은 상속세를 부과하며, 상속재산가액은 "보험금 총합계액×(피상속인이 부담한 보험료 합계액/피상속인의 사망 시까지 불입된 총보험료 합계액)"이 됩니다.

2. 상속재산으로 보지 않는 재산은 어떤 것이 있나요?

- 국민연금법, 공무원연금법, 사립학교 교직원연금법, 군인연금법, 산업재해보상보험법에 따라 지급되는 유족연금, 유족보상금 등
- 근로자의 업무상 사망으로 인하여 근로기준법 등을 준용하여 사업자가 그 근로자의 유족에게 지급하는 유족보상금 또는 재해보상금과 그 밖에 이와 유사한 것
- 교통사고·항공사고 등으로 사망한 경우 유족인 상속인이 수령하는 위자료 성격의 보상금

3. 상속개시 전에 증여받은 재산은 상속세 계산할 때 합산하나요?

피상속인이 생전에 재산을 상속인 등에게 분할하여 증여함으로써 상속세의 누진세 부담을 회피하는 것을 방지하기 위하여 피상속인이 사망하기

전 '10년 이내에 상속인에게 증여한 재산'과 '5년 이내에 상속인 이외의 자에게 증여한 재산'은 상속세 과세가액에 가산하여 상속세를 계산하며, 기납부한 증여세는 일정 한도 내에서 상속세 산출세액에서 공제합니다.

4. 상속세 계산 시 상속재산가액에서 차감되는 항목에는 어떤 것이 있나요?

- 공과금: 상속개시일 현재 피상속인이 납부할 의무가 성립된 조세, 공공요금 등
- 장례비용: 거주자인 피상속인의 사망일부터 장례일까지 장례에 직접 소요된 비용(일반 장례비용은 지출증빙이 없어도 최소 5백만 원 공제, 지출증빙이 있으면 최대 1천만 원까지 공제, 봉안시설 또는 자연장지의 사용에 소요된 금액은 5백만 원 한도로 추가 공제)
- 채무: 상속개시 당시 피상속인이 부담해야 할 확정된 채무로서 공과금 외의 모든 부채

5. 상속공제 항목 중 기초공제와 기타 인적공제 금액은 얼마인가요?

- 기초공제: (비)거주자의 사망으로 상속이 개시된 경우 상속세과세가액에서 2억 원 공제
- 기타 인적공제: 거주자의 사망으로 상속이 개시된 경우 자녀공제액(1인당 5천만 원), 미성년자공제액(1천만 원×19세에 달하기까지의 연수), 연로자공제액(1인당 5천만 원), 장애인공제액(1천만 원×통계법 제18조에 따라 고시한 성별 및 연령별 기대여명연수)을 상속세 과세가액에서 공제

상속세 납세의무가 있는 상속인 등은 상속개시일이 속하는 달의 말일부터 6개월 이내에 피상속인의 주소지 관할 세무서에 상속세 신고를 해야 한다. 그런데, 상속세는 신고를 마쳤다고 하여 납세의무가 확정되는 것이 아니다.

신고를 하고 나면 세무서에서 납세자가 신고한 내용과 세무서에서 수집한 부동산 취득·양도자료, 금융재산 조회자료, 보험금 및 퇴직금 지급자료 등을 대조하여 누락시킨 재산은 없는지, 신고할 때 공제받은 부채 등은 정당한지 등을 조사하여 상속세를 결정한다. 그러므로 상속세 신고서와 관련 증빙서류는 상속세를 결정할 때까지 잘 보관하여야 한다.

또한 상속세가 결정되고 신고누락 및 부당공제 부분에 대하여 세금까지 추징당하였다 하여 모든 게 다 끝난 것은 아니다. 상속세를 결정할 때 채무로 공제받은 금액 중 상속인이 스스로의 힘으로 변제할 수 없다고 인정되거나 세무서에서 사후관리 하고 있다가 채무를 변제하면 자금출처를 조사하여 증여받은 사실이 확인되는 경우, 당초 신고한 채무가 가공부채로 확인되는 경우 증여세 또는 상속세를 부과하고 있기 때문이다.

35. 비상장주식 증여

가족들에게 부의 이전과 함께 상속세 부담을 덜어주기 위해 미리 주식 증여를 계획하는 경영자들이 많이 있다. 회사의 주식을 배우자와 자녀에게 죽기 전에 미리 물려줄지, 물려준다면 언제 물려줄지에 대한 고민을 하고 있다.

세무적 관점: 회사의 주식 가치를 합법적, 합리적으로 조정한 뒤 증여하자

증여가 이루어지면 증여 물건에 대한 현재의 시가에 따라 증여세를 계산해야 하는데 먼저 매매사례가액, 경매가액, 감정가액을 시가로 적용하지만 매매사례가 거의 없는 비상장법인의 주식은 상속세 및 증여세법에 따라 보충적 평가방법에 의해 평가한 가액을 시가로 적용한다. 따라서 회사의 주식 가치를 합리적으로 만들기 위해서는 3가지의 합법적 조정 과정(순이익 조정, 순자산 조정, 업무무관자산 조정)이 필요하다.

첫 번째는 순이익을 합법적, 윤리적으로 조정하는 방법이다. 급여, 상여, 퇴직금을 직원들에게 많이 지급할 경우 회사 비용이 증가하므로 회사의 이익이 감소하고, 이익이 감소하면 주식가치가 떨어질 수 있다. 다만, 임원의 상여금, 퇴직금을 지급할 경우에는 정관, 임원상여금 및 퇴직금 지급규정,

현실적 퇴직 기준 등 세법 규정 등을 꼼꼼히 확인하여 지급 액수 및 지급 시기를 잘 고려해야 한다. 마지막으로 비상장주식을 평가할 때 3년 간의 순이익을 보게 되므로 순이익을 합법적으로 조정하는 데 최소한 3년 정도의 시간이 필요하다.

두 번째는 순자산을 합리적, 합법적으로 조정하는 방법이다. 부동산 보유비율이 높은 것이 유리한지 불리한지를 세무사 등 전문가들과 상의하여 업무상 활용가치가 떨어지는 부동산은 처분하는 것이 바람직하고, 미처분이익잉여금(유보금)이 많이 쌓여 있다면 상법상 요건이 허용하는 범위 내에서 주주들에게 배당을 늘리거나 상법상 배당가능이익 내에서 자사주를 매입하여 소각하는 등의 과정이 필요할 것이다. 뿐만 아니라 미수채권 대손상각 및 사용할 수 없는 재고자산 정리도 고려해 보아야 한다.

세 번째는 업무무관자산 조정과 정리가 필요하다. 우선, 업무무관자산이란 ① 토지 등 양도소득에 대해 법인세가 추가 과세되는 자산(타인에게 임대형태로 빌려준 부동산 등), ② 대여금(업무무관가지급금), ③ 직전 5개 사업연도 평균보유현금을 초과하여 보유하고 있는 현금, ④ 영업활동과 직접 관련없이 보유하는 주식·채권·금융상품·보험상품 등을 합법적으로 정리해야 한다. 즉, 단기간 준비해서는 불가능하고 긴 호흡으로 매년 재무제표를 점검하고 세무사 등 전문가와 상의하여 자산보유현황을 조정 및 정리하는 것이 바람직할 것이다.

비세무적 관점: 기대수명을 감안하자

피상속인이 생전에 재산을 상속인 등에게 분할하여 증여함으로써 상속세의 누진세 부담을 회피하는 것을 방지하기 위하여 피상속인이 사망하기 전 '10년 이내에 상속인에게 증여한 재산'과 '5년 이내에 상속인 이외의 자에게 증여한 재산'은 상속세 과세가액에 가산하여 상속세를 계산하며, 기납부한 증여세는 일정 한도 내에서 상속세 산출세액에서 공제한다.

2024년 12월에 통계청이 발표한 '2023년 생명표'에 따르면 한국인의 기대수명은 83.5년으로 집계됐다. 남성은 80.6년, 여성은 86.4년이다. 한국인의 기대수명은 '선진국 클럽'이라 불리는 경제협력개발기구(OECD) 국가 평균을 크게 웃돌았다. 남성은 OECD 평균 78.4년보다 2.2년, 여성은 OECD 평균 83.6년보다 2.8년 더 높다.

따라서 비상장주식을 배우자와 자녀에게 사전에 증여하고자 한다면 적어도 70세 이전에 마무리 지어야 할 것이고, 준비하는 기간을 감안하면 60세 이후에는 적극 추진하여야 할 것이다.

36.
사장의 신용관리와 기업의 신용관리

사장의 신용관리와 기업의 신용관리는 과거에는 커다란 연관성이 없었으나, 최근 금융기관들이 대출이나 지급보증을 하는 데 있어 사장의 신용상태를 감안하는 추세에 따라 밀접성이 커지고 있다.

사장 등 임직원의 연체기록이 기업 신용등급에 악영향을 주며, 반대로 연체기록이 없다면 가점을 받을 수도 있다.

특히 사장의 신용관리 상태가 가장 중요하므로 다음과 같은 사항에 해당되지 않도록 주의하여야 한다.

금융기관 연체 여부

사장이 은행, 신용카드사, 캐피탈, 저축은행 등의 대출금에 대한 이자, 신용카드 사용대금, 할부금 등에 대하여 연체한 사실이 있으면 회사가 대출이나 지급보증을 받지 못할 수 있다.

금융거래 연체 여부는 금융기관 간 상호 공유하며 일정기간 관리되므로 적은 금액이라도 연체되지 않도록 주의하여야 한다.

압류·가압류·경매 여부

사장 개인과 사장의 배우자의 소유 재산이 압류·가압류·경매 등 재산권 처분 사실이 있으면 결격 사유가 될 수 있다.

국세와 지방세 체납, 금융기관 장기 연체, 거래상대자와의 법적 분쟁 등의 사유로 인하여 압류·가압류·경매가 발생할 수 있는데, 일단 발생한 사실이 있으면 해제되더라도 발생 사실이 남아 있게 되므로 어려움에 처할 수 있다.

회사와의 불투명한 자금 유·출입

사장이 회사 자금을 개인적으로 사용하는 경우 합당한 이유가 없으면 기업의 신용도가 떨어질 수 있다.

사장의 과다한 채무

사장의 개인채무가 비정상적으로 많은 경우 사장이 회사 재산을 손댈 수 있는 가능성이 높아지므로 금융기관에서는 기업의 신용등급을 낮출 수 있다.

특히 사장이 은행이 아닌 저축은행, 대부업체 등을 이용한 실적이 있는 경우 신용도가 떨어질 뿐만 아니라 향후 대출을 받거나 기존 대출을 연장하는 데 있어 걸림돌이 될 수 있다는 것을 유의하여야 한다.

37. 알면 도움 되는 공제제도

중소기업공제사업기금

중소기업자가 납입하는 부금과 정부출연금으로 조성된 기금을 재원으로 가입자의 도산 방지 및 경영 안전을 위한 대출을 운영하기 위하여 도입된 제도로써 중소기업중앙회에서 K·BIZ중소기업공제기금(fund.kbiz.or.kr)을 운용·관리하고 있다.

1. 대상

사업자등록증을 보유한 모든 업종의 개인사업자, 법인사업자를 가입대상으로 규정하여, 창업 즉시에도 가입 가능한 제도로 중소기업, 벤처기업, 소기업, 소상공인, 자영업자, 1인 사업자 등 규모에 상관없이 가입 가능하다. 단, 담배중개업 및 도매업, 주류도매업, 유흥주점업, 무도장운영업, 사행시설관리 및 운영업, 욕탕업 및 마사지업 등은 가입이 제한된다.

2. 특징

1) 중소기업공제사업기금은 자금난을 대비하여 저축성으로 가입하는 제도로서 세 가지 종류의 운영자금을 신청할 수 있다.
- 단기운영자금대출
- 어음·수표대출

- 부도매출채권대출

2) 만기 시 만기이자를 분기별로 지급한다. 중도해지 시 납입한 금액 전액을 돌려받을 수 있다.
3) 최소 2회 이상 납입 후부터는 자금을 신청할 수 있다.
4) 대출한도 및 이율은 신용평가 후 신용등급에 따라 결정되며, 대출한도는 자금 종류별로 부금 잔액 최고 3배에서 7배까지 지원된다(다만 부동산담보 제공 시 최대 10배까지 지원).
5) 중소기업중앙회와 협약을 맺은 지자체에서 공제기금 가입업체를 대상으로 대출이자를 할인해 주는 이자지원사업을 실시하고 있어 1.0~3.0%의 대출이자를 감면받을 수 있다.

소기업·소상공인공제(노란우산공제)

근로소득자와 달리 법으로 퇴직금을 보장받지 못하는 영세한 소기업·소상공인을 가입대상자로 하여, 이들이 폐업, 사망, 노령 등으로 생계위협에 처할 경우 가입 기간과 연령에 관계없이 납입부금과 연복리로 부리한 이자를 즉시 지급받을 수 있도록 하는 대표적인 소득공제 혜택상품으로서 종합소득세 신고 시 사업자의 과세표준에 따라서 매년 최대 6백만 원까지의 소득공제혜택을 제공하는 제도이다.

소기업·소상공인 지원시책에 입각하여 법률에 의해 도입되었으며, 중소벤처기업부가 감독하고 중소기업협동조합법에 의해 설립된 경제단체인 중소기업중앙회에서 노란우산공제(www.8899.or.kr)를 운영하고 있다.

1. 대상

사업체가 소기업·소상공인 범위에 포함되는 개인사업자 또는 법인의 대표자는 누구나 가입할 수 있다. 단, 비영리법인의 대표자와 가입제한대상(주점업, 무도장, 도박장, 안마업)에 해당되는 대표자는 가입할 수 없다.

노란우산공제는 세금공제효과가 좋기 때문에 여유가 있다면 무조건 가입하는 것이 좋다. 특히 소득공제요건이 적은 고소득 자영업자, 미혼인 사업자들의 소득공제효과가 가장 좋을 것이다.

가장 큰 장점은 다른 금융상품에 비해서 페널티가 적다는 것이다. 세금을 공제해 주는 금융상품은 중도해지 시에 많은 피해를 주는 구조이지만 노란우산공제는 원리금을 거의 돌려받을 수 있다.

2. 특징

1) 연간 최대 6백만 원 소득공제

납부 부금액에 대해서 기존 소득공제 상품과 별도로 연 6백만 원까지 소득공제가 가능하다.

2) 채권자의 압류에서 안전하게 보호

공제금은 압류, 양도, 담보가 금지되어 폐업 등의 경우에도 최소한의 생활안정과 사업재기를 위한 자금확보가 가능하다(중소기업협동조합법 제119조).

3) 월 부금액의 150배까지 상해보험 가입

공제가입일로부터 2년간 상해로 인한 사망 및 후유장해 발생 시 월 부금액의 최대 150배까지 보험금을 지급하며 보험료는 중소기업중앙회가 부담한다.

4) 일시금으로 목돈 지급

연금에만 적용되는 복리이자를 납입원금 전액에 대해 적용하여 공제사유 발생 시 일시금 또는 분할금의 형태로 지급한다.

38.
채권의 소멸시효

사업을 하다 보면 지인들에게 돈을 빌리기도 하고 빌려주기도 한다.

채권자가 마음이 약해서 변제독촉을 하지 않거나, 언젠가는 갚겠지 하고 무작정 기다려 주는 경우가 있다. 하지만 이런 좋은 채권자를 법에서는 보호해 주지 않는다.

모든 채권은 일정 시간이 경과하면 소멸한다. 따라서 너무 방치할 경우 나도 모르는 사이에 채권이 소멸하는 불이익을 입게 되므로 주의하여야 한다.

우리 민법상 채권자가 권리를 주장할 수 있는 채권에는 소멸시효가 있는데, 10년이다(민법 제162조 제1항). 이처럼 소멸시효기간을 10년으로 알고 여유 있다고 생각하곤 하는데 다른 법령에 단기시효의 규정이 있는 경우에는 그 규정을 따르므로 채권 소멸시효는 각 채권에 따라 달라지게 된다는 것을 명심하고 실수하지 않도록 하여야 한다.

소멸시효의 의의

소멸시효란 권리자가 그의 권리를 행사할 수 있었음에도 불구하고 일정한 기간 동안 그 권리를 행사하지 않는 상태, 즉 권리불행사의 상태가 계속된 경우에 그자의 권리를 소멸시키는 제도를 말한다.

소멸시효 제도는 일정한 기간 계속된 사회질서를 유지하고, 시간의 경과로 인해 곤란하게 되는 증거보전으로부터의 구제 또는 자기의 권리를 행사하지 않고 권리 위에 잠자는 자를 법의 보호에서 제외하기 위한 것이다(대법원 1976.11.6. 선고 76다148 전원합의체판결).

소멸시효기간의 만료로 소멸시효가 완성되면 채권은 당연히 소멸한다(대법원 1966.1.13. 선고 65다2445 판결).

원본채권이 시효로 소멸하면 이자채권도 함께 시효로 소멸한다(민법 제183조).

채권의 소멸시효기간

1. 1년

1) 여관, 음식점, 대석, 오락장의 숙박료, 음식료, 대석료, 입장료, 소비물의 대가 및 체당금의 채권

2) 의복, 침구, 장구 기타 동산의 사용료의 채권

3) 노역인, 연예인의 임금 및 그에 공급한 물건의 대금채권

4) 학생 및 수업자의 교육, 의식 및 유숙에 관한 교주, 숙주, 교사의 채권

(민법 제164조 1년의 단기소멸시효)

2. 3년

1) 이자, 부양료, 급료, 사용료 기타 1년 이내의 기간으로 정한 금전 또는 물건의 지급을 목적으로 한 채권

2) 의사, 조산사, 간호사 및 약사의 치료, 근로 및 조제에 관한 채권

3) 도급받은 자, 기사 기타 공사의 설계 또는 감독에 종사하는 자의 공사

에 관한 채권

4) 변호사, 변리사, 공증인, 공인회계사 및 법무사에 대한 직무상 보관한 서류의 반환을 청구하는 채권

5) 변호사, 변리사, 공증인, 공인회계사 및 법무사의 직무에 관한 채권

6) 생산자 및 상인이 판매한 생산물 및 상품의 대가

7) 수공업자 및 제조자의 업무에 관한 채권(민법 제163조 3년의 단기소멸시효)

3. 5년

상행위로 인한 채권은 본법에 다른 규정이 없는 때에는 5년간 행사하지 아니하면 소멸시효가 완성한다. 그러나 다른 법령에 이보다 단기의 시효의 규정이 있는 때에는 그 규정에 의한다(상법 제64조 상사채권 소멸시효).

4. 10년

민법상 채권은 10년간 행사하지 아니하면 소멸시효가 완성한다(민법 제162조 제1항). 판결에 의하여 확정된 채권은 단기의 소멸시효에 해당한 것이라도 그 소멸시효는 10년으로 한다(민법 제165조 제1항).

파산절차에 의하여 확정된 채권 및 재판상의 화해, 조정 그 밖에 판결과 동일한 효력이 있는 것에 의하여 확정된 채권도 그 소멸시효는 10년으로 한다(민법 제165조 제2항).

상행위로 인한 채권이 상사채권인데, 돈을 빌려준 사람과 돈을 빌린 사람 중 1명이라도 상인(장사, 사업)일 경우 상법상 상사시효가 적용된다. 따라

서 은행이나 대부업 등 업체가 돈을 대여해 준 경우 그 채권의 시효는 10년이 아니라 5년이다. 가끔 소멸시효가 지난 채권으로 지급명령을 하여 집행하는 채권자들이 있다. 지급명령을 받은 채무자가 채권이 없어졌다는 사실을 모른 채, 2주 안에 이의 신청을 제기하지 않으면 이 채권의 시효는 다시 10년으로 늘어나기 때문이다.

채권의 소멸시효에 대한 무지로 인해 채무자가 법의 보호를 받지 못하게 되지만, 설사 지급명령이 확정되었다고 하더라도 우리 민사집행법에서 지급명령의 경우에는 확정 후의 사유로도 청구이의의 소(강제집행 불허를 청구하는 소)를 제기할 수 있다. 이럴 때는 청구이의의 소가 구제방법이 될 수 있다.

그런데 지급명령을 받은 채무자가 채권 시효가 소멸된 것을 모른 채 채무 독촉을 피하고자 일부 금액이라도 상환하게 된다면 법률적으로 채권 전체의 시효가 그때로부터 다시 10년으로 늘어난다. 채무자가 그 채무 전부에 대하여 묵시적으로 시효 이익을 포기한 것으로 간주하기 때문이다.

따라서 매우 오래된 채권에 대한 지급명령을 받았을 경우 이 채권의 소멸시효가 완성됐는지 확실하게 따져보고, 소멸시효가 지났을 경우 2주 이내에 이의신청을 제기해야 한다.

소멸시효의 기산점

소멸시효는 권리를 행사할 수 있는 때로부터 진행한다(민법 제166조 제1항). 권리를 행사할 수 있는 때란 다음과 같은 경우를 말한다.

구 분	권리를 행사할 수 있는 때의 의미	예시
기한이 정해진 경우	기한이 도래한 때	2025년 3월 1일
불확정(不確定) 기한부채권	기한도래를 안 때	추곡수매가 끝나면
기한이 없는 경우	그 채권을 행사할 수 있는 때	
조건이 있는 경우	그 조건이 성취된 때	공무원 시험에 붙으면

소멸시효의 중단

채권자는 채권의 시효가 완성되기 전에 소멸시효를 중단시켜야 한다.

채권자가 소멸시효를 중단시키는 방법으로는 재판상청구, 파산절차참가, 지급명령 신청, 화해를 위한 소환, 임의출석, 최고, 압류·가압류·가처분이 있고, 채무자가 채무를 승인하는 경우에도 소멸시효는 중단된다.

1. 재판상 청구

재판상의 청구를 하면 소멸시효가 중단된다. 그러나 소송이 각하, 기각 또는 취하되는 경우에는 시효중단의 효력이 없다(민법 제170조 제1항).

2. 파산절차참가

채무자의 파산으로 채권자가 파산절차에 참가하는 경우에는 소멸시효가 중단된다. 그러나 채권자가 참가를 취소하거나 그 청구가 각하된 때에는 시효중단의 효력이 없다(민법 제171조).

3. 지급명령 신청

채권자가 법정기간 이내에 가집행 신청을 하지 아니함으로 인하여 그 효력을 잃은 때에는 소멸시효가 중단된다(민법 제172조).

4. 화해를 위한 소환

채권자가 화해를 신청하면 소멸시효가 중단된다. 채권자가 화해를 신청하였으나 상대방이 출석하지 않거나 화해가 성립되지 아니한 때에는 1개월 내에 소를 제기하지 않으면 시효중단의 효력이 없다(민법 제173조).

5. 임의출석

소액사건심판에서 당사자가 임의출석하는 경우에는 소멸시효가 중단된다. 그러나 화해가 성립되지 않은 때 1개월 내에 소제기를 하지 않으면 시효중단의 효력이 발생하지 않는다(민법 제173조).

6. 최고

채권자가 채무자에게 이행을 청구하는 경우에는 소멸시효가 중단된다. 최고는 특별한 형식이 없으나 6개월 내에 재판상의 청구, 파산절차참가, 화해를 위한 소환, 임의출석, 압류 또는 가압류, 가처분을 하지 않으면 소멸시효 중단의 효력이 발생하지 않는다(민법 제174조).

7. 압류·가압류·가처분

압류, 가압류 및 가처분은 권리자의 청구에 의하여 또는 법률의 규정에 따르지 않음으로 인하여 취소된 때에는 시효중단의 효력이 없다(민법 제175조).

8. 채무승인

채무자가 채권자에게 그 권리의 존재를 인정한다고 표시하는 경우에는 소멸시효가 중단된다. 승인은 승인을 할만한 권한이 있는 자가 해야 하지만, 시효중단의 효력 있는 승인에는 상대방의 권리에 관한 처분의 능력이나 권한 있음을 요하지 않는다(대법원 1970.3.10. 선고 69다401 판결 및 민법 제177조).

채무자에게 명시적으로 승인하는 것뿐 아니라 이자를 지급하거나, 일부 변제를 하거나 담보를 제공하는 것도 채무의 승인이 된다.

소멸시효 중단의 효력

시효가 중단된 때에는 중단까지에 경과한 시효기간은 이를 산입하지 않고 중단사유가 종료한 때로부터 새로이 진행한다(민법 제178조 제1항).

재판상의 청구로 인하여 중단한 시효는 재판이 확정된 때로부터 새로이 진행한다(민법 제178조 제2항).

39.
중소기업 사업주 산재보험 특례신청

산재(산업재해) 보호를 받기 위해서는 근로기준법상 근로자에 해당해야 한다. 즉 원칙적으로 사업주는 일하다 다쳐도 산재신청을 할 수 없다. 근로기준법상 근로자라면 사업주가 산재보험에 가입해 주지 않았다고 하더라도, 사고 발생 후 소급하여 산재보험이 적용되므로 일하다 다친 것이 명백하다면 산재신청이 가능하다. 예외적으로 사업주도 별도 신청이 가능하며, 보험 가입 이후 일어난 일에 대해서는 산재보상이 가능하다. 소급 적용이 안 되기 때문에 업무특성상(특히 건설업) 재해 발생률이 높은 경우, 미리 가입해 두시길 적극 추천한다.

가입 가능한 사업주

1. 중소기업 사업주의 경우

산재보험 보험가입자로서 300명 미만의 근로자를 사용하는 사업주(2019년 12월 이전에는 상시근로자 50인 미만 사업주만 해당되었으나 시행령 개정에 따라 확대됨)

2. 가족 종사자의 경우

사업주의 배우자(사실혼 관계 포함) 또는 4촌 이내의 친족
특례가입대상 사업장 사업주가 운영하는 사업장에서 노무 제공을 대가로

보수를 받지 않고 해당 사업에 노무를 제공하는 사람

보험료

사업주 보험료는 근로자와 계산 방법이 다소 다르다. 사업주가 직접 선택한 등급별로 다른 산재보험료를 납부하게 된다. 이때 기준 보수 선택이 중요한 이유는, 산재 발생 시 등급별 보상금액 차이가 발생하게 되기 때문이다. 이 부분은 여행자보험 가입 시 보상액 기준에 따라 상품을 선택하고 그에 따라 보상액이 달라지는 구조와 유사하다.

1) 중소기업사업주 산재보험료 및 보험급여 산정의 기초가 되는 보수액 및 평균임금은 1등급에서 12등급까지 고용노동부에서 고시
2) 가족종사자의 산재보험료 및 보험급여 산정의 기초가 되는 보수액 및 평균임금은 1등급에서 5등급까지 고용노동부에서 고시
3) 보험료율은 중소기업 사업주가 행하는 사업의 종류에 따라 매년 고용노동부에서 고시하는 사업종류별 산재보험료율표에 따라 결정
4) 적용 월 보험료 = 사업주가 선택한 월 단위 보수액×사업종류별 보험료율

산재보험 보상범위

1. 업무 수행 중 사고

공장에서 설비 점검 중 부상, 거래처 미팅 중 사고 발생 등

2. 사업장 시설물 관련 사고

사무실 내 전기 누전 사고, 작업장 내 적재물 붕괴 사고 등

3. 출장 관련 사고

거래처 방문 중 교통사고, 전시회 참관 중 부상 등

4. 출퇴근 중 사고

개인차량 이용, 회사 통근버스 이용, 대중교통 이용 등

유의사항

1) 보험 가입일(보험관계 성립일)은 해당 서류를 접수한 다음 날이다.

오늘 신청서를 제출했다고 오늘부터 성립되는 것이 아니다. 즉, 신청서를 제출한 날 일하다 다쳤더라도 산재보상 대상이 아니고 다음 날부터 산재보상을 받을 수 있다.

2) 사업주가 장소를 다르게 2개 이상의 사업을 운영하는 경우, 2개 사업장 모두 가입해야 모든 사업에서 산재보험 보상이 가능하다. A 사업장은 산재보험을 가입하고 B 사업장은 산재보험을 가입하지 않았는데 B 사업장에서 일하다 다친 경우 산재보험 보상을 받기 어렵다.

매일 새벽부터 밤늦게까지 사업장을 지키는 사장들의 건강과 안전도 사업의 중요한 자산이다. 산재보험 가입은 선택이 아닌 필수적인 경영 판단

이므로 현재 산재보험에 가입하지 않으신 사장들은 꼭 가입을 검토해 보기 바란다.

제 3 장

이사

40.
이사회 구성원 및 권한

이사회의 구성원

이사회란 회사의 업무집행에 관한 의사결정을 위해 이사 전원으로 구성되는 주식회사의 필요적 상설기관이다. 상법은 소유와 경영의 분리원칙에 따라 일반적인 업무집행의 결정권을 이사회에 부여하고 있다. 다만, 이사회는 업무집행에 관한 사결정에 그치고, 그 구체적인 집행은 대표이사가 행한다.

이사는 3명 이상이어야 한다. 다만, 자본금 총액이 10억 원 미만인 회사는 1명 또는 2명으로 할 수 있다(상법 제383조 제1항).

주주총회에서 이사로 선임되고 당사자의 취임승낙은 있었으나 등기가 아직 되지 않은 경우에는 형식적으로는 비등기이사지만 등기여부와 관계없이 법률상 이사의 직에 취임한 것이므로 이사회에서 의결권이 있다.

감사의 이사회 출석·의견진술권

이사회는 이사 전원으로 구성되므로 감사는 이사회의 구성원은 아니다. 다만, 감사는 이사회에 출석하여 의견을 진술할 수 있다(상법 제391조의 2). 즉, 감사는 이사회에 출석하여 의결과정을 참관할 수 있으며 의안에 대한 감사의견을 진술할 수 있다.

이사회의 권한(이사회 결의사항)

1. 업무집행 결정권

회사의 업무집행의 결정은 이사회의 결의로 한다. 상법이 이와 같이 포괄적으로 규정한 것은 이사회의 권한을 일일이 나열하지 못하기 때문이다. 즉, 주주총회의 권한사항으로 상법에 규정된 것을 제외하고 회사의 전반적인 업무집행은 이사회가 하게 된다.

2. 이사(대표이사)에 대한 감독권

이사회는 이사(주로 대표이사)의 직무집행을 감독한다. 이사회는 업무집행에 관하여 결정을 내리고 이에 관한 집행은 이사(대표이사)가 행하므로 이를 감독할 권한이 이사회에 있다.

3. 중요재산의 처분 및 대규모 재산의 차입

재산의 처분이나 자금의 차입은 일상적인 업무로서 대표이사의 권한에 속하지만, 특히 중요한 재산을 처분하거나 대규모의 자금을 차입하는 것은 이사회의 결의를 거쳐야 한다. 이때 중요한 재산의 범위는 통상적으로 최근 사업연도 말 자산액, 매출액, 부채액의 10% 이상일 경우로 본다.

4. 본점 이전, 지점설치·이전·폐지 및 지배인의 선임·해임

5. 기타 고유권한

주식양도를 정관에서 제한할 경우 그 양도승인, 주주총회의 소집, 이사

의 자기거래 승인 및 재무제표의 승인

6. 이사회의 권한이지만 정관 규정으로 주주총회의 결의사항으로 할 수 있는 사항

대표이사의 선임(상법 제389조 제1항), 신주발행(상법 제416조), 준비금의 자본전입(상법 제461조 제1항), 전환사채의 발행(상법 제513조 제2항), 신주인수권부사채의 발행(상법 제516조의 2 제2항) 등은 원칙적으로 이사회의 권한이지만 정관에 규정을 둔 경우 주주총회의 권한으로 전환할 수 있다.

이사 정원이 2명인 경우 이사회 구성 여부?

상법 개정으로 이사 정원이 2명인 경우에는 이사회를 구성할 의무를 면제(이사회제도 폐지)하였다(상법 제383조 제6항).

이사가 2명인 경우에 이사회를 구성하지 않도록 한 것은 이사 2명의 의견이 다른 경우 업무집행에 관한 의사결정을 할 수 없으므로 이사가 2명인 경우에는 이사회에 관한 규정의 적용을 배제하고, 이사회의 권한을 각각의 경우에 주주총회 또는 각 이사(정관에 따라 대표이사를 정한 경우에는 그 대표이사)에게 배분하도록 하였다(상법 제383조 4항, 5항).

41.
이사회 소집절차 및 결의방법

소집권자

이사회의 소집은 각 이사가 한다. 그러나 이사회의 결의로 소집할 이사를 정한 때에는 그 이사가 소집한다(상법 제390조 제1항). 통상은 대표이사나 이사회의장이 소집하도록 정관에 규정하고 있다. 다만 이사회의 소집권은 소집실무를 담당하는 차원의 권한에 불과하므로 다른 이사도 언제든지 소집권자인 이사에게 이사회소집을 요구할 수 있으며, 소집권자가 정당한 이유 없이 이사회소집을 거절하는 경우에는 다른 이사가 직접 이사회를 소집할 수 있다(상법 제390조 제2항).

소집절차

이사회를 소집함에는 회일을 정하고 그 1주간 전에 각 이사에 대하여 소집통지를 발송하여야 한다. 이 기간은 정관으로 단축할 수 있다. 감사도 이사회에 출석할 권한이 있으므로 감사에게도 소집통지를 하여야 한다. 다만 이사 및 감사 전원의 동의가 있는 때에는 이와 같은 절차를 밟지 아니하고 언제든지 회의를 개최할 수 있다.

이사회 결의요건

이사회의 결의는 이사 과반수의 출석과 출석이사의 과반수로 하여야 한다.

이사회는 주주총회와 달리 과반수의 출석을 요구하므로 예컨대 이사의 정원이 6인인 경우 그중 3인이 출석하여 전원 찬성하더라도 성립정족수(의사정족수) 미달로 무효이다.

등기이사수를 짝수로 하는 경우 의견이 반반으로 갈라져서 한쪽이 이사회에 참석하지 않으면, 아예 이사회 성립이 되지 않으므로 이사회를 개최할 수도 없고 이사회 결의가 필요한 사항에 대한 결의도 할 수 없으므로 정상적으로 회사 운영을 할 수 없는 일이 발생할 수 있다. 가급적이면 이사의 수를 홀수로 하는 것이 좋다.

일부 회사의 정관을 보면 이사회 안건에 대한 의견이 가부동수인 경우에는 이사회 의장이 결정한다고 하여 이사회의장의 캐스팅보트권한을 명시해 놓은 경우가 있는데 이는 위법한 내용이므로 비록 정관에 그러한 내용이 있더라도 효력이 없다.

위와 같은 이사회 결의요건은 정관으로 그 비율을 높일 수 있다(상법 제391조 제1항). 반대로 완화하는 것은 허용되지 않는다.

결의방법

서면결의는 인정되지 않는다. 따라서 이사회는 구체적인 회합(회의)을 요한다. 다만, 이사 전부 또는 일부가 회의에 출석하지 않고 「음성을 동시에 송수신하는 원격통신수단」에 의하여 결의에 참가하는 것은 허용된다(상법 제

391조 제2항). 이사회의 결의에 대해서는 각 이사가 책임을 져야 하므로 각자의 찬반 의사가 밝혀져야 한다. 따라서 무기명투표는 허용되지 않고 기권도 허용되지 않는다.

이사가 고의 또는 과실로 법령 또는 정관에 위반한 행위를 하거나 그 임무를 게을리한 때에는 그 이사는 회사에 대하여 연대하여 손해를 배상할 책임이 있으며(상법 제399조 제1항), 동 행위가 이사회의 결의에 의한 것인 때에는 그 결의에 찬성한 이사도 책임이 있다(상법 제399조 제2항).

또한 이사가 고의 또는 중대한 과실로 인하여 그 임무를 게을리한 때에는 그 이사는 제3자에 대하여 연대하여 손해를 배상할 책임이 있으며(상법 제401조 제1항), 동 행위가 이사회의 결의에 의한 것인 때에는 그 결의에 찬성한 이사도 책임이 있다(상법 제401조 제2항).

여러 사정으로 인하여 어쩔 수 없이 결의에 찬성한 이사도 이사회 결의에 관하여 책임을 지게 되므로, 이사는 이사회의 결의를 함에 있어 독립성을 가지고 신중하게 판단하여야 한다.

이사회 의사록

이사회의 의사에 관하여는 의사록을 작성하여야 한다. 의사록에는 의사의 안건, 경과요령과 그 결과, 반대하는 자와 그 반대 이유를 기재하고 출석한 이사 및 감사가 기명날인 또는 서명하여야 한다.

이사회 결의에 참가한 이사로서 이의를 한 기재가 의사록에 없는 자는 그 결의에 찬성한 것으로 추정한다(상법 제399조 제3항)고 규정되어 이의를 제기하지 않으면 연대책임 의무가 발생하므로, 어떤 안건에 반대 의사가 있는 경우에는 그 안건에 대한 반대 의사를 명확히 의사록에 남겨야 한다. 이사회 결의에 이의제기를 하지 않고 침묵하거나, 기권 의사를 표시하더라도 연대책임 의무가 발생하므로 각별히 주의하여야 한다.

42.
특별한 이해관계가 있는 이사의 의결권 제한

　이사회의 결의에 대하여 특별한 이해관계가 있는 이사는 의결권을 행사할 수 없다(상법 제391조 제3항). 전형적인 경우가 회사와 이사 개인 간의 거래행위이다. 예를 들면 회사가 어떤 이사로부터 그가 소유하는 부동산을 취득하고자 하는 경우 이를 승인하는 이사회의 결의, 반대로 어떤 이사가 회사소유의 부동산을 취득하고자 하는 경우 이러한 매각을 승인하는 이사회의 결의, 이사가 보유하는 당해 회사의 주식을 회사가 자사주로 매입하는 경우 등이다.
　이렇게 회사와 이사 개인 간에 계약의 쌍방당사자가 되는 경우에는 양 지위가 충돌하게 되고, 이사로 하여금 객관적인 업무처리를 기대할 수 없기 때문에 이사회에서 의결권을 행사할 수 없도록 하고 있다.

의사정족수에는 산입되나 의결정족수에는 산입되지 않는다

　이러한 특별이해관계의 이사도 이사회의 소집통지를 받고 이사회에 출석하여 의견을 진술할 수 있다. 한편, 의결권을 행사할 수 없는 이사는 이사회의 성립정족수(과반 출석)에는 포함되나, 의결정족수(출석이사의 과반동의)에는 산입되지 아니한다.
　예를 들면 이사정원이 6명인 회사의 경우 이사회는 이사 과반이 출석해야 성립정족수를 충족하므로 4명이 출석해야 하는데, 이렇게 출석한 4명 중 1명이 특별이해관계 있는 이사라면 출석한 나머지 3명 중 과반수 동의, 즉 2명의 동의를 얻어야 의안이 통과될 수 있다.

당해 이사의 선임/해임 건에 대한 의결권

당해 (대표)이사를 선임하거나 해임하는 이사회의 결의의 경우에는 특별이해관계에 해당하지 않으므로 의결권이 제한되지 않는다. 그 이유는 이러한 결의는 당해 이사의 개인적인 이해득실 문제를 떠나 당해 이사를 선임한 주주총회의 결의, 즉 당해 이사를 선임한 주주들의 의사와 연결되는 문제이기 때문이다.

따라서 주주총회에서 이사들을 선임하고 이어서 선임된 이사들이 이사회를 개최하여 대표이사를 선임하는 경우, 대표이사로 선임되는 당해 이사도 이사회에서 의결권을 행사할 수 있다. 또한 주주총회에 이사선임예정자로 추천하기 위한 이사회의 결의에서도 이사후보로 추천될 당해 이사도 의결권이 있으며, 어떤 (대표)이사를 해임하는 결의를 하는 경우 그 대상이 되는 이사도 의결권이 있다.

임원의 보수지급을 결의하는 이사회의 결의에서도 각 이사들은 의결권이 제한되지 않는다고 본다. 즉, 임원보수는 그 한도액을 주주총회에서 승인받고, 각 이사에 대한 그 구체적인 지급시기와 지급액은 이사회의 결의로 정함이 일반적인데 이러한 이사회의 결의에서도 당해 이사들은 의결권이 제한되지 않는다는 것이다.

대법원 1991.5.28. 선고 90다20084 판결【약정금】

상법 제391조에 의하여 주식회사의 이사회의 결의는 이사 과반수의 출석과 출석이사의 과반수로 하여야 하고(제1항), 이 경우 상법 제368조 제4항과 제371조 제2항의 규정이 준용되는 것인바(제2항), 상법 제368조 제4항과 제371조 제2항은, 총회의 결의에 관하여 특별한 이해관계가 있는 자는 의결권을 행사하지 못하고(제368조 제4항), 이 규정에 의하여 행사할 수 없는 의결권의 수는 출석한 주주의 의결권의 수에 산입하지 아니한다고 규정할 뿐이고(제371조 제2항), 이를 의사정족수에 산입하지 아니한다는 규정은 두고 있지 않다.

따라서 이해관계 있는 이사는 이사회에서 의결권을 행사할 수는 없으나, 의사정족수 산정의 기초가 되는 이사의 수에는 포함된다고 보아야 할 것이고, 다만 결의성립에 필요한 출석이사에는 산입되지 아니한다고 풀이함이 상당하다.

43.
이사의 임기

상법에서는 "이사의 임기는 3년을 초과하지 못한다."라고 규정하고 있다(상법 제383조 제2항). 따라서 회사가 이사의 임기를 정관으로 정하더라도 그 기간은 3년을 넘어서 정할 수 없다.

다만, 상법은 3년이 초과되더라도 정관의 규정에 의해 임기중의 최종의 결산기에 관한 주주총회 시까지 연장이 가능하도록 예외조항을 두고 있다(상법 제383조 제3항).

이는 임기 중의 결산에 대한 책임을 지도록 하고, 정기총회를 목전에 두고 이사선임을 위한 임시주주총회를 다시 열어야 하는 번거로움을 덜기 위한 것이다.

한편, 감사의 임기는 상법이 정한 바에 따라 "취임 후 3년 이내의 최종의 결산기에 관한 정기총회의 종결 시"까지로 하여야 하며, 정관으로 이를 변경(연장, 단축 포함)할 수 없다(상법 제410조).

따라서, 감사의 경우에는 이사의 경우와 달리 그 임기가 3년이 되지 못하는 경우도 있다.

그런데 "이사는 언제든지 제434조(출석한 주주의 의결권의 3분의 2 이상의 수와 발행주식총수의 3분의 1 이상의 수로써 하는 의결)의 규정에 의한 주주총회의 결의로 해임될 수 있다. 그러나 이사의 임기를 정한 경우에 정당한 이유 없이 그 임기 만료 전에 이를 해임한 때에는 그 이사는 회사에 대하여 해임으로 인한 손해의 배상을 청구할 수 있다."라고 규정하여 임기 만료 전 해임이 가능하도록 하고 있다(상법 제385조 제1항).

이사의 임기 만료 전 해임에 대한 손해배상 청구 가능 여부

이사는 구체적인 과실이 없더라도 언제든지 주주총회의 결의를 통해 해임될 수 있으므로 주주총회에서 정당한 절차를 거쳐서 해임되는 경우에는 이의를 제기할 수 없다. 다만 이사의 임기가 명시적으로 정해져 있는 경우에 부당하게 임기 전에 해임된 경우에는 회사를 상대로 손해배상을 청구할 수 있다.

법원은 이사의 임기에 대해 '정관'에서 명시적으로 '3년'으로 규정한 경우에는 이사의 임기가 3년으로 사실상 확정되어 있으므로 그 전에 해임한 경우에는 임기 전 해임으로 판단하고 있다. 즉, "피고 회사의 정관에 의하면 이사의 임기는 3년으로 정하여져 있다. 이 사실에 의하면 피고 회사는 이사인 원고를 임기 만료 전에 해임하였으므로 상법 제385조 제1항 단서에 의하여 정당한 이유가 없는 한 위 해임으로 인하여 원고가 입은 손해를 배상할 책임이 있다 할 것이다."라고 판시하여 이사의 임기 만료 전 해임에 대한 손해배상 청구를 받아들였다(서울고등법원 1997.8.27. 선고 97나14097 판결).

그러나 정관에 단지 "이사의 임기는 3년을 초과하지 못한다."라고 규정한 경우에는 결론이 달라진다. 즉 이 경우 우리 대법원은 "상법 제385조 제1항에 의하면 '이사는 언제든지 주주총회의 특별결의로 해임할 수 있으나, 이사의 임기를 정한 경우에 정당한 이유 없이 그 임기 만료 전에 이를 해임한 때에는 그 이사는 회사에 대하여 해임으로 인한 손해의 배상을 청구할 수 있다'라고 규정하고 있는바, 이때 이사의 임기를 정한 경우라 함은 정관 또는 주주총회의 결의로 임기를 정하고 있는 경우를 말하고, 이사의 임기를 정하지 않은 때에는 이사의 임기의 최장기인 3년을 경과하지 않는 동안에 해임되더라도 그로 인한 손해의 배상을 청구할 수 없다고 할 것이고, 회사의 정관에서 상법 제383조 제2항과 동일하게 '이사의 임기는 3년을 초과하지 못한다'라고 규정한 것이 이사의 임기를 3년으로 정하는 취지라고 해석할 수는 없다."라고 하여 손해배상 청구를 받아들이지 않았다(대법원 2001.6.15. 선고 2001다23928 판결).

이사 입장에서는 정관에 막연하게 "이사의 임기는 3년을 초과하지 못한다."라고 규정하는 것보다는 명확하게 "이사의 임기는 3년으로 한다."라고 규정해 두는 것이 더 유리할 것이다.

대법원 2001.6.15. 선고 2001다23928 판결【손해배상(기)】

【판시사항】
이사의 임기 만료 전 해임에 대한 손해배상청구

【판결요지】
상법 제385조 제1항에 의하면 "이사는 언제든지 주주총회의 특별결의로 해임할 수 있으나, 이사의 임기를 정한 경우에 정당한 이유 없이 그 임기 만료 전에 이를 해임한 때에는 그 이사는 회사에 대하여 해임으로 인한 손해의 배상을 청구할 수 있다."고 규정하고 있는바, 이때 이사의 임기를 정한 경우라 함은 정관 또는 주주총회의 결의로 임기를 정하고 있는 경우를 말하고, 이사의 임기를 정하지 않은 때에는 이사의 임기의 최장기인 3년을 경과하지 않는 동안에 해임되더라도 그로 인한 손해의 배상을 청구할 수 없다고 할 것이고, 회사의 정관에서 상법 제383조 제2항과 동일하게 "이사의 임기는 3년을 초과하지 못한다."고 규정한 것이 이사의 임기를 3년으로 정하는 취지라고 해석할 수는 없다.

대법원 2004.10.15. 선고 2004다25611 판결【손해배상(기)】

【판시사항】
[1] 임기 만료 전의 이사해임에 관한 상법 제385조 제1항에 규정된 '정당한 이유'가 인정되는 경우

【판결요지】
[1] 상법 제385조 제1항에 규정된 '정당한 이유'란 주주와 이사 사이에 불화 등 단순히 주관적인 신뢰관계가 상실된 것만으로는 부족하고, 이사가 법령이나 정관에 위배된 행위를 하였거나 정신적·육체적으로 경영자로서의 직무를 감당하기 현저하게 곤란한 경우, 회사의 중요한 사업계획 수립이나 그 추진에 실패함으로써 경영능력에 대한 근본적인 신뢰관계가 상실된 경우 등과 같이 당해 이사가 경영자로서 업무를 집행하는 데 장해가 될 객관적 상황이 발생한 경우에 비로소 임기 전에 해임할 수 있는 정당한 이유가 있다고 할 것이다.

서울고법 1978.7.6. 선고 77나2669【해배상청구사건】

【판시사항】
이사가 임기 전 해임된 경우의 손해배상의 범위

【판결요지】
이사가 임기 만료 전 해임됨으로 인하여 입은 손해는 해임되지 아니하였더라면 재임 기간동안 받을 수 있는 상법 제388조 소정의 보수라고 할 것이고 이 보수가 주주총회나 정관에 의하여 정하여진 이상 그 이후의 주주총회의 결의로서 박탈할 수 없다.

44.
감사

　감사는 회사의 회계 및 업무 감사를 주된 직무로 하는 주식회사의 필요적 상설기관이다. 현행 상법상 주식회사는 재무제표 및 그 부속명세서 등을 작성하여 감사 또는 감사위원회의 감사를 받도록 함으로써 그 정확성과 투명성을 담보하고 있다(상법 제447조의 3). 그러나, 주식회사의 대부분을 차지하는 가족형 중소기업의 감사는 전문적 지식을 갖고 있지 않은 상태에서 업무감사의 역할을 수행하는 경우가 많고, 그 결과 회계장부의 누락, 부실기재 등의 문제가 빈번하게 발생하고 있는 것이 현실이다.
　또한, 중소기업의 감사는 대부분 회사경영자의 영향력 범위 내에 있는 자가 선임되는 것이 보통이므로 회사지배구조상 명목적인 감사가 일반화되어 있고, 그 결과 재무제표 및 그 부속명세서 등에 대한 신뢰의 수준이 상당히 낮은 실정이다.
　하지만 주식회사인 경우에는 소액주주들이 존재하고, 다수의 거래처·거래금융기관이 존재하므로 신뢰도를 제고하고 재무제표 및 그 부속명세서 등의 적정성을 담보하기 위해서라도 경영진을 견제하고 회사경영활동을 감시하는 감사의 역할이 증대되어야 할 것이다.

감사의 자격

감사의 자격에 대하여는 상법상 특별한 제한은 없다. 자연인이라면 무방하며 비상장법인인 경우에는 미성년자라도 감사가 되는 데 제한이 없다. 다만 상법 제411조는 감사는 회사 및 자회사의 이사 또는 지배인 기타의 사용자의 직무를 겸하지 못한다고 규정하고 있다. 실무에서는 감사로 선임할 만한 사람이 없는 경우 회사의 직원을 선임하는 경우가 종종 있는데, 실질적으로 상법 위반이다. 2009년 상법 개정에 따라 자본금의 총액이 10억 원 미만인 회사의 경우에는 감사를 선임하지 않을 수 있도록 하여 중소기업의 감사선임 부담을 줄여주었다(상법 제409조 제4항). 다만 상장회사의 경우에는 감사의 자격이나 선임에 제한이 있다(상법 제542조의 10).

감사의 선임

감사는 주주총회의 보통결의에 의하여 선임된다. 그러나 감사의 선임에 있어서 의결권이 없는 주식을 제외한 발행주식의 총수의 100분의 3을 초과하는 주식을 가진 주주는 그 초과하는 주식에 관해서는 의결권을 행사할 수 없다. 회사는 정관으로서 이보다 낮은 비율로 정할 수는 있으나, 이를 올릴 수는 없다(상법 409조).

상장법인의 경우 이 요건을 강화하여 본인과 특수관계인을 합하여 100분의 3을 초과하는 주식에 대하여 감사선임 시 의결권을 행사하지 못하게 규정하고 있다.

감사의 상근 여부

상법은 이사 및 감사의 상근 여부에 대하여 규정을 하고 있지 않다. 실무상으로 회사에 상주하여 회사의 업무를 처리하는 이사, 감사를 상근이사, 상근감사라고 하며 보수를 지급하고, 비상근일 경우 약간의 사례비를 지급하는 것이 보통이다. 감사는 반드시 상근일 필요는 없으며 비상근이더라도 무방하다. 다만 상장법인의 경우에는 반드시 1인 이상의 상근감사를 두어야 한다(상법 제542조의 10).

감사의 권한

감사는 회사의 업무와 회계를 감사하는 상설기관으로 언제든지 이사에 대하여 영업에 대한 보고를 요구하거나 회사의 업무와 재산상태를 조사할 수 있고 이사회에 출석하여 진술한 권리를 가진다(상법 제412조). 또한 감사는 이사회를 소집할 수 있는 권한이 있으며 자회사의 조사권이 있다(상법 제412조의 4, 5). 감사는 이사회의 참가 및 이사회의 소집통지를 받을 권한은 있으나 참석의 의무는 없다. 또한 상법상의 감사의 권한으로는 회사와 이사 간의 소송에서 회사를 대표할 수 있는 권리(상법 제394조)가 있으며, 각종의 결의취소의 소, 신주발행무효의 소, 감자무효의 소, 합병무효의 소 등을 제기할 수 있는 권리가 있다.

감사의 책임

감사가 그 임무를 게을리한 때에는 감사는 회사에 연대하여 손해를 배상할 책임이 있다. 임무의 해태란 고의 과실은 물론 상법상의 의무를 위반하거나 상법상의 권한행사를 게을리한 경우도 포함된다. 감사가 고의 또는 중대한 과실로 그 임무를 게을리한 때에는 그 감사는 제3자에 대해서도 손해를 배상할 책임이 있다. 상법상의 책임 이외에도 민법상의 불법행위의 요건이 성립되면 불법행위의 책임도 동시에 부담한다.

감사의 임기

상법상 감사의 임기는 취임 후 3년 이내의 최종의 결산기에 관한 주주총회의 종결 시까지이다. 즉 감사의 임기의 시작은 취임한 때이며 그 종료일은 취임 후 3년 이내에 도래하는 최종의 결산기에 관한 정기주주총회의 종결 시이다. 이 규정 때문에 감사의 임기는 3년보다 길거나 짧을 수 있다. 예를 들면 12월 말 결산법인의 경우 2025년 1월 1일부터 2025년 12월 31일까지 선임된 감사는 취임 후 3년 이내 최종결산연도(영업연도)는 2027년도이며, 2027년도 결산(정기)주총은 2028년 1월 1일부터 2028년 3월 31일까지 개최하여야 하므로 그때 임기가 만료된다. 임원이 임기가 만료되었음에도 이의 등기를 게을리한 때에는 상법상 5백만 원의 과태료에 처해지므로 주의를 요한다(상법 제635조).

45.
명함상 이사와 법률상 이사

명함상 이사

비등기이사를 지칭하는 용어로서 회사조직상으로는 전무이사, 상무이사, 총무이사, 영업이사 등 다양한 명칭으로 존재한다.

비등기이사는 주주총회에서 선임된 것이 아닐뿐더러 회사등기부에 등재되지도 않으며 명함상의 이사일 뿐이다.

따라서 이러한 명함상 이사는 법률상 이사가 아니므로 법률상 이사로서의 어떠한 권한과 책임이 있다고 할 수 없다.

하지만 사장, 부사장, 전무, 상무 기타 회사를 대표할 권한이 있는 것으로 인정될 만한 명칭을 사용한 이사의 행위에 대하여는 그 이사가 회사를 대표할 권한이 없는 경우에도 회사는 선의의 제3자에 대하여 그 책임을 지므로 (상법 제395조), 명함상 이사를 선임하는 경우에도 신중한 판단이 요구된다.

또한 명함상 이사의 제3자에 대한 불법행위책임과 관련하여 명함상 이사도 회사에 대하여 연대하여 손해를 배상할 책임이 있다(상법 제401조의 2).

법률상 이사

법률상 이사는 명함상 이사와는 달리 주주총회에서 선임되고, 법인등기부에 등재된 등기이사를 말한다. 상법상 이렇게 주주총회에서 선임된 이사만 정식 이사로서의 권리와 의무가 있다. 등기이사가 되는 과정은 주주총회에서 이사로 선임될 것, 당해 이사가 취임을 승낙할 것, 대표이사의 등기신청을 통하여 회사등기부에 이사로 등재될 것을 요한다.

여기서 중요한 것은 주주총회에서 이사로 선임되는 것이다. 주주총회에서 이사로 선임되고, 그 취임을 승낙한 경우 이사선임의 효력이 발생한다. 이러한 효력발생은 등기유무와는 무관하다.

주주총회에서 이사로 선임되었음에도 불구하고 회사등기부에 아직 등재되지 못한 경우에도 주주총회에서 이사로 선임되었으므로 등기이사로서의 완전한 지위가 있으며 이사회에서 의결권이 있다.

46.
등기이사의 경업금지(競業禁止)

영업자의 영업에 대해 특수한 지위에 있는 사람은 그것과 경쟁적인 성질을 가진 행위를 하지 못하게 하는 것으로 경업피지의무(競業避止義務)라고도 한다.

본 규정의 취지는 이사가 경업을 할 경우 자신의 지위를 이용하여 개인적 이익만을 추구함으로써 회사의 이익을 침해할 우려가 있기 때문에 이사로 하여금 선량한 관리자의 주의로써 회사를 유효적절하게 운영하며 그 직무를 충실하게 수행하여야 할 의무를 다하도록 하기 위한 것이다.

경업금지 해당 여부를 판단하는 주요 기준은 회사의 이익을 침해할 우려가 있는지가 중요하며, 특히 회사의 비용으로 얻어진 영업기회를 유용하는 것을 제한하기 위한 것이다.

"회사의 영업부류에 속한 거래"라 함은 회사가 실제로 하는 사업과 시장에서 경쟁하고, 회사와의 사이에 이익충돌을 가져올 가능성이 있는 거래를 뜻한다. 회사의 정관에 기재되어 있는 회사의 영업목적 사업을 기준으로 판단하지만, 이에 그치지 않고 더 나아가 회사의 사업목적과 동종(同種) 또는 유사한 상품이나 용역을 대상으로 하는 거래라 하더라도 결과적으로 자신이 이사로 있는 회사와 경쟁이 생기는 범위까지를 포함한다고 해석된다.

"동종영업"이란 회사정관상의 사업목적이 기준이 되겠지만 회사가 사실상 영업활동을 수행하고 있는 사업도 포함되고, 회사의 영업에 대하여 대체재 또는 시장분할의 효과를 가져오는 영업도 회사의 이익실현을 방해할 염려가 있으므로 동종영업에 포함시켜야 한다.

물론 회사가 일시적으로 하지 않고 있는 사업(따라서 조만간 개시할 사업)은 경업금지의 범위에 포함되지만, 회사가 전혀 개시 준비를 하지 않고 있는 사업이나 완전히 폐지하여 향후에도 재개할 가능성이 없는 사업 분야라면, 비록 정관에 기재되어 있다 하더라도 경업(競業)은 가능하다고 해석된다.

경업금지의무 위반에 따른 책임

주식회사의 이사가 경업금지의무를 위반하면, 그 위반한 거래 자체는 유효하다.

그러나 회사는 그러한 행위가 회사에 손해를 끼친 경우 이사에게 이에 대한 손해배상을 청구할 수 있다(상법 제 399조 제1항).

또한 경업금지의무의 위반은 상법 제397조 제1항에 따라 이사해임의 소를 제기할 수 있는 사유가 된다.

그외 이사의 행위에 대한 개입권을 행사할 수 있으며, 이를 행사하고자 할 경우 이사회의 결의를 얻어(상법 제 397조 제2항) 거래가 있은 날로부터 1년 이내에 행사하여야 한다(상법 제 397조 제3항).

회사의 사업기회 유용 금지

2011년 개정 상법(2012.4.15. 시행)에서는 회사의 사업 기회를 이사들이 유용하는 것을 통제하는 조항을 신설하였다. 이사가 직무상 알게 된 회사의 정보를 이용하여 개인적인 이익을 취득하거나 회사가 수행하는 사업과 밀접한 관계가 있는 사업 분야(사업기회)를 개인적으로 유용하는 행위를 규제할 필요가 있었다.

개정 상법은 이사가 직무를 수행하는 과정에서 알게 된 정보 또는 회사가 수행하고 있거나 수행할 사업과 밀접한 관계가 있는 사업기회를 자기 또는 제3자에게 이용하도록 하는 경우에는 이사회의 승인을 받도록 하고, 이러한 이사회의 승인은 이사 3분의 2 이상 찬성으로 결의하도록 규제를 강화하였다. 또한 이와 같은 형식상 요건을 갖췄더라도 회사에 손해가 발생하면 이를 승인한 이사는 손해배상책임을 지게 된다(상법 제397조의 2).

47.
임원의 보수

　임원의 보수라 함은 기업이 그 임원에게 위임관계에 따라 근로나 용역의 대가로서 지급하는 급여 중에서 상여금과 퇴직금 이외의 것을 말한다. 따라서 임원에 대한 보수는 지급하는 명목여하에 불구하고 그 임원의 직무수행에 대한 대가의 성질로서 미리 정해진 지급기준에 따라 매월 규칙적으로 반복 또는 계속하여 지급되는 것을 말한다.

　상근임원에게 지급하는 보수는 법인세법상 원칙적으로 손금산입이 인정되지만, 임원 중 지배주주(1% 이상인 최대주주) 및 그 특수관계자인 임원에게 정당한 사유 없이 동일직위에 있는 일반임원에 지급하는 금액을 초과하여 보수를 지급하는 경우 그 초과액은 손금으로 인정하지 않는다(법인세법시행령 제43조 제3항).

　비상근임원에게 지급하는 보수는 부당행위계산의 부인(법인세법 제52조)에 해당하는 경우를 제외하고는 원칙적으로 손금으로 인정한다(법인세법시행령 제43조 제4항).

　임원의 보수는 경영성과에 대한 평가와 그 보상의 의미가 있으므로 그에 대한 결정도 회사의 주인인 주주가 결정함이 합리적이며, 또한 임원들이 스스로 보수를 결정할 수 있게 할 경우 과다하게 책정하여 주주들의 이익배당을 침해할 염려가 있어 주주들이 이를 통제할 필요성도 크다. 이에 따라 상법은 "이사의 보수는 정관에 그 액을 정하지 아니한 때에는 주주총회의 결의로 이를 정한다."고 규정하고 있다(상법 제388조).

한편, 임원 보수 결의안건은 이사와 감사 간 별도로 구분하여 결의하여야 하며, 정관이나 주주총회에서는 임원들 개인별로 구체적인 금액을 결정할 필요는 없고, 보수의 총액한도만 정하고, 개인별 지급액이나 그 시기는 이사회에 위임할 수 있다.

이 경우 임원 보수한도가 변동이 없는 경우에도 매년 정기주총에서 다시 보수 한도를 승인하여야 하는가 하는 문제가 있는데, 원칙적으로 변동이 없더라도 매년 정기주총에서 그해의 임원 보수한도를 승인하여야 할 것이다. 왜냐하면 매년 정기주총에서 승인한 보수 한도는 그해의 임원 보수한도이기 때문이다. 만약 이것이 번거롭다면 임원 보수지급규정을 제정하여 이를 주주총회에서 승인한 후 그 규정에 따라 지급할 수도 있을 것이다.

아니면 정기주총에서 임원 보수한도를 승인하는 안건을 상정할 때 "별도의 변경결의가 없는 한 매년 같은 보수한도를 적용한다."고 결의하는 것도 한 방법이 될 것이다.

상여금

임원에게 지급하는 임시적 급여 중에서 퇴직급여 이외의 것을 상여금이라 한다.

법인이 임원에게 지급하는 상여금 중 정관, 주주총회 또는 이사회에서 결정된 임원급여규정 범위 내에서 지급된 금액은 손금으로 인정하고, 다만 이를 초과하여 지급한 상여금과 이익처분에 의하여 지급한 상여금은 손금으로 인정하지 않는다(법인세법시행령 제43조 제2항).

퇴직급여

법인의 임원이 현실적으로 퇴직하였을 때, 그에게 지급하는 임시적인 급여를 임원의 퇴직급여라 한다. 퇴직위로금, 퇴직공로금, 퇴직금 등 그 지출의 명칭여하에 관계없이 현실적인 퇴직을 원인으로 하여 지급하는 임시적인 급여이면 모두 퇴직금에 해당한다. 임원 사망 시 가족에게 지급하는 유족보상금 등에 속하는 것은 퇴직금에 포함시키지 않는 것이 일반적인 견해이다.

현실적인 퇴직이라 함은 임기 만료, 사직서의 제출 등으로 인하여 위임관계가 소멸되어 실제로 근무지를 떠나는 것을 말한다. 임원이 그 법인의 조직변경에 의하여 퇴직하거나 합병, 분할, 상업의 양도에 의하여 퇴직한 때에도 세법상 이를 현실적인 퇴직으로 본다. 법인의 임원인 이사나 감사가 상법상의 임기가 만료된 다음 주주총회에서 다시 재임명되었을 때에는 법인세법상 퇴직으로 보지 아니한다. 당해 법인과 직접 또는 간접적으로 출자관계에 있는 법인에의 전출은 현실적인 퇴직으로 보지 아니할 수 있다.

임원에 대한 퇴직급여는 그 임원이 현실적으로 퇴직하고 퇴직급여의 지급액이 구체적으로 확정된 날이 속하는 사업연도의 손금에 산입할 수 있다.

임원 퇴직금과 임원 보수한도의 관계

임원에 대한 퇴직금도 임원 보수이므로 그 지급은 정관규정에 의하거나 주주총회의 승인을 받아야 한다. 실무상 임원의 보수를 정관으로 정하는 것은 드물며, 매년 정기주주총회에서 연간 보수한도를 승인받은 후 이사회에서 그 지급시기와 지급방법(개별적인 지급금액)을 결의하여 집행하게 된다. 반면, 임원 퇴직금은 임원 퇴직금 지급규정을 만들어 이에 대하여 주주총회의 승인을 받아 그 규정에 따라 집행하는 것이 일반적이며, 간혹 정관에 임원 퇴직금 지급규정을 두기도 한다.

문제는 연간 보수한도는 이사 및 감사 전원에 대하여 1년간 집행할 금액의 한도를 결정하여 승인받는 것이 일반적인데, 임원의 퇴직금은 부정기적으로 발생하여 예측하기 어렵고, 매월 지급하는 보수에 비하여 매우 큰 금액이 되는 것이 일반적이다. 만약 임원 퇴직금도 연간 보수한도 내에서 이에 포함하여 집행하여야 한다고 하면 한도초과로 임원 퇴직금을 지급하지 못하거나 만약 집행하게 되면 연간 보수한도를 초과하여 집행하게 되는 문제점이 있다.

결론적으로 임원 퇴직금은 매 정기주총에서 승인하는 연간 보수한도에 포함되지 않는다고 본다. 실무상 매결산기 정기주주총회에서 당해연도의 임원 보수한도(총액)을 승인하여 그 한도 내에서 임원 보수를 집행하는데, 이 경우에 주총에서 승인한 보수한도는 당해연도의 통상적인 급여를 뜻한다고 보아야 하기 때문이다.

즉, 임원 퇴직금은 예측하지 못하게 급작스럽게 발생하므로 그러한 퇴직금에 대하여는 별도로 승인한 임원 퇴직금 지급규정에 따라 통제된다고 보는 것이 합리적이다. 더 나아가 위와 같은 해석상의 혼란을 피하기를 원한다면 임원 퇴직금 지급규정에 퇴직금 지급은 연간 보수한도와는 별도로 집행한 다는 조항을 두거나, 아니면 정기주총에서 연간보수총액을 승인할 때 임원 퇴직금에 대하여는 한도적용에서 배제된다고 규정하면 명확할 것이다.

48.
임원에 대한 퇴직금 지급

　^(대표)이사, 감사에 대한 퇴직금은 정확히는 "퇴직위로금"이다. 이사, 감사 등 임원은 회사에 대하여 일정한 사무처리의 위임을 받은 위임관계일 뿐, 사용자의 감독 아래 근로를 제공하고 소정의 임금을 받는 고용관계는 아니므로 근로기준법 소정의 퇴직금이 아니다. 따라서 주식회사가 임기를 종료하는 임원에게 퇴직금을 지급하더라도 이는 근로기준법상의 퇴직금이 아니라 재직 중 직무집행에 대한 대가로 지급되는 임원 보수에 해당한다.

　따라서 임원 퇴직금은 임원의 보수에 해당하므로 이에 대하여 정관 규정 또는 주주총회의 승인을 받아야 한다. 즉, 상법 제388조는 "이사의 보수는 정관에 그 액을 정하지 아니한 때에는 주주총회의 결의로 정한다."고 규정하고 있으며, 감사에 대하여도 동 규정을 준용하고 있다. 실무상 임원 퇴직금 등 임원보수액을 정관에 구체적으로 정한 예는 거의 없으며, 주주총회의 결의 또는 주주총회의 승인을 받은 임원 퇴직금 지급규정에 따라 지급하는 것이 대부분이다.

임원 퇴직금 지급방법에 관하여

　임원 퇴직금 지급에 관하여는 회사실무에서 임원 퇴직금 지급규정을 미리 정하여 그 규정에 따라 지급하는 경우가 많다. 이러한 임원 퇴직금 규정은 주주총회의 승인을 받아야 한다. 왜냐하면 임원 퇴직금도 위에서 본 바와 같이 임원의 보수에 해당하므로 임원의 보수에 관하여는 주주총회의 결의를 거쳐야 하기 때문이다.

한편, 임원 퇴직금 규정이 없는 경우 임원에 대한 퇴직금 지급은 그때그때 주주총회의 결의를 거쳐 지급할 수 있다. 또한, 정기주주총회에서 승인받은 당해연도 보수한도액 내에서 지급하는 것이라면 "이사회의 결의"로 임원에 대하여 퇴직금을 지급하는 것도 가능하다.

일부 회사의 경우 이사회결의로 임원 퇴직금 지급규정을 만들어 놓는 경우가 있는데 이는 법적 효력이 없다.

임원 퇴직금 지급규정을 제정할 때 임원에 대한 지급배수를 몇 배로 적용하는 것이 합당한지에 대해서는 회사마다 처한 상황에 따라 다르겠지만 등기이사의 역할과 책임이 무거우므로 일반 직원들과 동일하게 적용해서는 안 될 것이다.

적어도 일반 직원의 2배 이상으로 설정해 놓는 것이 좋다.

중소기업의 경우 임원의 근속연수가 오래된 경우가 많으므로 적립률이 높은 경우 재무제표에 퇴직급여충당금이 많이 설정되게 되어 재무제표의 모양이 좋지 않을 수도 있고, 향후 회사의 사정이 어려워지는 경우 퇴직금을 지급받지 못할 수도 있으므로 회사 자금의 여유가 있다면 퇴직연금을 가입하여 미리 지급해 놓는 것도 좋은 방법이 될 것이다. 사용자는 근로자에 대해서는 의무적으로 퇴직급여제도(퇴직금제 또는 퇴직연금제)를 설정해야 하나, 그 이외의 자에 대해서는 설정할 의무가 없다. 그러므로 근로자가 아닌 임원에 대해 퇴직연금 적용대상으로 할지 여부는 회사별로 자유로이 정할 수 있다.

임원 퇴직금 중간정산

직원들에 대하여 퇴직금 중간정산제를 적용하는 경우가 있는데 등기이사는 근로자가 아니므로 퇴직금 중간정산 대상이 아니다.

만일 등기이사에 대하여 퇴직금을 중간정산 하여 주었다면 상여금으로 간주하여 소득세를 부과하게 된다.

다만, 2010년 2월 개정한 법인세법 시행령 제44조 제2항 제5호에 임원에 대한 퇴직금 중간정산지급액을 손금 처리할 수 있는 사유로 '정관 또는 정관에서 위임된 퇴직급여 지급규정에 따라 장기요양 등 기획재정부령으로 정하는 사유로 그때까지의 퇴직급여를 중간정산 해 임원에게 지급한 때'를 추가함에 따라 기업의 임원도 긴급한 사정이 있는 경우에 한해 퇴직금을 중간정산 할 수 있는 길이 열렸다.

손비 처리가 가능한 정산 사유로는 ▲무주택 세대주인 임원이 주택을 구입하려는 경우와 ▲임원(배우자 및 부양가족 포함)이 3개월 이상 걸리는 질병의 치료 및 요양을 위한 경우 ▲천재지변과 그에 준하는 재해를 입은 경우 등 세 가지로 한정했다.

임원 퇴직금 지급을 통한 절세관행에 제동

그동안 근로소득에 비해 퇴직소득에 대한 조세부담이 낮다는 점을 이용하여 기업들이 임원들에 대한 퇴직금을 지나치게 많이 적립하고 지급하는 사례가 흔했다. 그에 따라 임직원에 대한 가지급금이 많이 쌓인 경우 이를 퇴직금 지급으로 상계 처리함으로써 절세가 가능했다. 정부가 이러한 관행에 제동을 걸고자 관련 법률을 개정하여 2012년 1월 1일부터 발생하는 임원 퇴직금의 경우 최고한도를 평균임금의 3배로 한정함으로써 이를 초과하는 부분은 급여로 보아 근로소득세를 부과한다. 다만 단서 조항에 "2011년 12월 31일 퇴직하였다고 가정할 때, 지급받을 퇴직금이 있을 경우 그 금액을 뺀 금액"이라고 되어 있으므로 2011년 말 현재 관련 퇴직금 지급규정 등에 3배수를 초과하여 규정되어 있더라도 모두 퇴직금으로 인정이 가능할 것으로 판단된다(소득세법 제22조).

직원이 임원으로 선임된 경우 퇴직금 지급여부

재직 중인 직원이 근무기간의 단절 없이 이사로 선임된 경우에 있어 퇴직금을 둘러싼 법률관계는 아래와 같이 판단하여야 한다.

첫째, 이사가 상법 및 민법에 의하여 회사의 업무대표권 또는 집행권을 위임받아 업무를 수행하고, 보수를 받는 등 근로기준법상 근로자로 볼 수 없는 경우에는 이사로 선임된 날을 기준으로 퇴직금 지급청구권이 발생하고 소멸시효 또한 이날부터 기산된다.

둘째, 명칭만 이사일 뿐 사용자와 여전히 고용종속관계를 유지하고 있는 등 사실상 근로기준법상의 근로자에 해당되는 경우에는 이사로서 퇴직한 날을 기준으로 퇴직금 지급청구권이 발생하고 이날부터 소멸시효가 기산된다.

49.
이사에서 퇴임하는 방법

임기 만료로 자동퇴임 하는 경우

주식회사의 경우에는 기타 회사와는 달리 임원의 임기가 법정되어 있다. 즉, 이사의 임기는 3년을 초과하지 못한다. 다만 정관으로 그 임기 중의 최종의 결산기에 관한 정기주주총회 종결에 이르기까지 연장할 수 있다. 그리고 감사의 임기는 취임 후 3년 내의 최종의 결산기에 관한 정기총회의 종결 시까지이다. 위와 같은 법정임기가 경과되면 임원은 이사 또는 감사직에서 퇴임하게 된다. 물론 이 경우에도 퇴임등기를 하여야 하지만 퇴임등기 신청서만 제출하면 되고, 퇴임하는 임원에게 인감증명서를 받거나 임감도장을 날인받을 필요는 없다.

임기 중에 자의로 사임하는 경우

임원이 임기 중에 자발적으로 사임(사퇴)하는 경우이다. 주식회사의 이사, 감사 및 대표이사는 언제든지 자유롭게 그 직을 사임할 수 있다. 사임하는 경우에는 사임서에 인감도장을 날인받아야 하며, 인감증명서 1통을 첨부하여 사임등기를 신청하여야 한다.

임기 중에 강제 해임되는 경우

임원의 의사와는 상관없이 강제로 해임되는 경우이다. 주식회사의 이사와 감사는 주주총회에서 언제든지 해임할 수 있다. 해임결의는 주주총회 특별결의로 출석주주 주식수의 3분의 2 이상 및 발행주식총수의 3분의 1 이상의 수로써 한다.

경영진 간에 다툼이 있어 등기이사를 강제 해임하고자 할 때 주주총회 특별결의를 얻지 못하는 경우 해임이 불가능하므로 등기이사 선임에 관하여는 신중한 검토가 필요하다.

해임된 임원은 "해임의 부당성"을 다투지는 못하지만 임기만료 전에 "정당한 사유 없이" 해임된 임원은 회사에 대하여 해임으로 인한 손해의 배상을 청구할 수 있다(상법 385조). 손해배상액은 재임기간에 받을 수 있는 보수 상당액이 될 것이다.

기타 퇴임 사유가 발생하는 경우

정관에 정한 퇴임 사유가 발생하거나 기타 사망, 파산 또는 금치산 선고를 받은 때에도 퇴임한다. 이 경우에는 위 사유를 입증하는 서류를 첨부하여 사유 발생일로부터 2주 이내에 퇴임등기를 신청하여야 한다. 그 외 회사가 해산하는 경우에도 퇴임하게 되는데, 이 경우에는 해산등기를 신청하면 등기관이 직권으로 퇴임등기를 한다. 다만 해산의 경우에는 감사는 자동 퇴임되지 않는다.

이사를 사퇴하고자 하는데 회사에서 사임등기를 해주지 않을 경우

회사와 이사는 위임인과 수임인의 관계에 있다. 즉 회사와 이사의 관계는 위임관계이며, 민법의 위임에 관한 규정이 준용된다(상법 제382조 제2항).

따라서 위임해지의 자유의 원칙에 따라 이사는 임기 중이라도 언제든지 사임함으로써 이사직에서 물러날 수 있다(민법 제689조).

이와 같은 이사의 사임 행위는 단독행위로서 회사에 대한 일방적 의사표시에 의해 효력이 발생하며, 회사 또는 주주총회의 승낙을 요하지 않고, 사임등기를 하지 않더라도 사임의 효력이 발생한다. 따라서 회사에서 사임으로 인한 퇴임등기를 해주지 않았더라도 사임서를 대표이사에게 제출하면 이사로서의 직무는 종료된다고 보면 된다.

다만, 당해이사가 사임함으로 말미암아 법률 또는 정관에 정한 이사의 원수를 결하게 되는 경우 퇴임한 이사는 새로 선임된 이사가 취임할 때까지 이사의 권리의무가 있다(상법 제386조 제1항).

이렇게 사임하였음에도 정원을 결함에 따라 권리의무가 있는 이사의 퇴임등기는 신규이사의 선임등기와 동시에 하여야 하고, 따로 퇴임등기만을 신청하지 못한다. 법률상의 이사의 정원은 자본금이 10억 원 이상인 경우 반드시 이사가 3인 이상이어야 하며, 자본금이 10억 원 미만인 경우 이사의 정원은 최소 1명 또는 2명으로 할 수 있다.

한편, 이사의 정원을 결하여 이사 퇴임등기를 하지 못하는 경우에는 이사, 감사 기타 이해관계인의 청구에 의하여 법원이 필요하다고 인정할 때에는 일시 이사의 직무를 행할 자를 선임할 수 있으며 이렇게 일시이사가 선임된 경우 그 선임등기와 사임이사의 퇴임등기를 동시에 할 수 있다(상법 제386조 제2항).

> **임원으로 승진하면 계약직 근로자 맞다… 정년보장 안 돼**
>
> 기업 부장들이 정년을 보장받기 위해 임원 승진을 거부한다는 한 대기업 사례가 이슈가 된 바 있다. 임원으로 승진하면 당연히 계약직이 되고, 정년을 보장받지 못한다는 게 통상적으로는 상식으로 받아들여지지만 관련한 판결은 드물었는데, 서울행정법원에서 2020년9월18일 관련 판결이 나왔다. 임원은 계약직이 되고, 당연히 기존 일반 직원일 때의 근로계약 관계는 단절된다는 판시이다.
>
> 임원이 된 후 맡은 업무 등이 크게 달라지지 않았고 4대 보험이 유지된다고 해도, 임원 계약 체결 당시 근로자가 계약직인 임원을 수용한다는 의사를 밝힌 점이 중요하다고 하였다.

50.
퇴임한 임원이 재임 중 체결한 보증계약의 효력

등기임원이 재직 중 회사채무에 관하여 보증인이 되었는데 등기임원을 퇴임한 경우 이 보증인의 지위를 해소할 수 있는가?

판례는 대표이사·대주주와 고용임원에 대하여 다르게 판단하고 있다.

고용임원인 경우

고용임원에 대하여는 퇴직한 이사의 보증책임에 관해 판례는 "퇴직 후의 회사채무에 대해서는 비록 보증기간의 정함이 없이 보증을 하였더라도 보증책임을 지지 않는다."고 보고 있다.

물론 퇴직 전에 발생하여 확정된 채무에 대해서는 당연히 보증책임이 있다.

회사 이사의 지위에서 부득이 회사와 제3자와의 계속적 거래로 인한 회사의 채무에 대해 보증인이 된 자가 그 후 퇴사해 이사의 지위를 떠난 경우에는 보증계약 성립 당시의 사정에 현저한 변경이 생긴 경우에 해당한다.

이에 따라 이를 이유로 보증계약을 해지할 수 있고, 보증계약상 보증 한도액과 보증기간이 제한되어 있다고 하더라도 위와 같은 해지권의 발생에 영향이 없다고 판시하고 있다.

따라서 퇴직한 임원의 경우 금융기관에서 보증인을 변경해 주지 않더라도 이사의 지위에서 부득이 은행과의 계속적 거래에 보증인이 됐으며, 그 후 퇴사해 이사의 지위를 떠났으므로 보증계약을 해지할 수 있다.

해지의 의사표시는 구두나 서면으로 하면 되고 은행에 퇴직 사실을 통지하였다면 퇴직 이후의 보증책임은 없는 것으로 본다.

만약 퇴직 사실을 통지하지 않았거나 구두 통지가 불확실한 경우에는 문제 발생소지가 많으므로 퇴직 사실과 보증계약의 해지 사실을 내용증명으로 서면 통지 하는 것이 후일의 법적분쟁을 방지할 수 있어 좋다.

다만 회사의 이사가 회사의 확정채무(예를 들어, '대출금 10억 원', '변제기 2010.10.10.' 등의 형식으로 채무액 과 변제기가 특정되어 있는 경우)에 대하여 보증계약을 체결한 경우에는 이사직을 사임하였다 하더라도 사정변경을 이유로 보증계약을 해지할 수 없고(대법원 1999.12.28. 선고 99다25938 판결 등 참조), 계속적 거래로 인한 채무를 연대보증 한 경우에도 보증계약이 해지되기 전에 계속적 거래가 종료되거나 그 밖의 사유로 주채무 내지 구상금채무가 확정된 경우라면 보증인으로서는 더 이상 사정변경을 이유로 보증계약을 해지할 수 없다(대법원 2002.5.31. 선고 2002다1673 판결 등 참조).

대표이사·대주주인 경우

대표이사·대주주는 등기 임원을 퇴임하였다고 하더라도 당연히 연대보증채무를 면하는 것은 아니다.

통상의 금융거래에 있어서 연대보증인에서 제외시켜 달라는 채무자 측의 요청은, 채권자인 금융기관의 입장에서 볼 때 이미 다른 확실한 물적·인적 담보가 확보되어 있다거나 또는 그 연대보증에 대신할 만한 충분한 담보가 새로이 제공된다는 등의 특별한 사정이 없는 한 그에 대한 승낙이 당연히 예상된다고 할 수는 없기 때문에, 위와 같은 특별한 사정이 없는 연대보증인 제외 요청에 대하여 금융기관이 승낙 여부의 통지를 하지 않았다고 하여 금융기관이 그 요청을 승낙한 것으로 볼 수는 없다(2007.5.10. 선고 2007다4691, 4707 판결 참조).

따라서 연대보증채무를 면하기 위하여는 후임 대표이사로 하여금 대신 연대보증을 서게 하거나 충분한 담보를 대신 제공하여야 할 것이다.

대법원 1999.12.28. 선고 99다25938 판결[보증금 등]

【판시사항】

[1] 이사가 재직 중 회사의 확정채무를 보증한 후 사임한 경우, 사정변경을 이유로 보증계약을 해지할 수 있는지 여부(소극)

【판결요지】

[1] 회사의 이사가 채무액과 변제기가 특정되어 있는 회사 채무에 대하여 보증계약을 체결한 경우에는 계속적 보증이나 포괄근보증의 경우와는 달리 이사직 사임이라는 사정변경을 이유로 보증인인 이사가 일방적으로 보증계약을 해지할 수 없다.

대법원 2002.5.31. 선고 2002다1673 판결[구상금 등]

【판시사항】
[1] 이사의 지위에서 부득이 회사의 계속적 거래관계로 인한 불확정한 채무에 대하여 보증인이 된 자가 이사의 지위를 떠난 경우 사정변경을 이유로 보증계약을 해지할 수 있는지 여부(적극) 및 계속적 보증계약의 이행으로 피보증인이 보증인에게 부담하게 될 불확정한 구상금 채무를 보증한 자도 사정변경을 이유로 보증계약을 해지할 수 있는지 여부(적극)와 구상금 채무가 확정된 후에도 그 해지권을 행사할 수 있는지 여부(소극)
[3] 계속적 보증의 성질을 가지는 신용보증계약상의 구상금 채무를 연대보증 한 자가 사정변경을 이유로 한 보증계약 해지를 주장함에 대하여 그 해지 이전에 주채무자의 사전구상 채무가 확정되었음을 이유로 그 해지 주장을 배척한 사례

【판결요지】
[1] 회사의 이사의 지위에서 부득이 회사와 제3자 사이의 계속적 거래로 인한 회사의 채무에 대하여 보증인이 된 자가 그 후 퇴사하여 이사의 지위를 떠난 때에는 보증계약 성립 당시의 사정에 현저한 변경이 생긴 경우에 해당하므로 이를 이유로 보증계약을 해지할 수 있는 것이고, 한편 계속적 보증계약의 보증인이 장차 그 보증계약에 기한 보증채무를 이행할 경우 피보증인이 계속적 보증계약의 보증인에게 부담하게 될 불확정한 구상금 채무를 보증한 자에게도 사정변경이라는 해지권의 인정 근거에 비추어 마찬가지로 해지권을 인정하여야 할 것이나, 이와 같은 경우에도 보증계약이 해지되기 전에 계속적 거래가 종료되거나 그 밖의 사유로 주채무 내지 구상금 채무가 확정된 경우라면 보증인으로서는 더 이상 사정변경을 이유로 보증계약을 해지할 수 없다.

[3] 계속적 보증의 성질을 가지는 신용보증계약상의 구상금 채무를 연대보증 한 자가 사정변경을 이유로 한 보증계약 해지를 주장함에 대하여 그 해지 이전에 주채무자의 사전구상 채무가 확정되었음을 이유로 그 해지 주장을 배척한 사례

대법원 2007.5.10. 선고 2007다4691, 4707 판결
【보증채무금·사해행위취소】

【판시사항】
[1] 연대보증인 제외 요청에 대하여 금융기관이 승낙 여부의 통지를 하지 않았다 하여 그 요청을 승낙한 것으로 볼 수 있는지 여부(소극)
[2] 회사의 어음거래약정에 연대보증을 한 대표이사가 대표이사직을 사임한 경우, 채권자인 금융기관이 위와 같은 사정변경 사실을 알고 있었다는 사정만으로는 연대보증계약이 해지되었다고 볼 수 없다고 한 사례

【판결요지】
[1] 통상의 금융거래에 있어서 연대보증인에서 제외시켜 달라는 채무자 측의 요청은, 채권자인 금융기관의 입장에서 볼 때 이미 다른 확실한 물적·인적 담보가 확보되어 있다거나 또는 그 연대보증에 대신할 만한 충분한 담보가 새로이 제공된다는 등의 특별한 사정이 없는 한 그에 대한 승낙이 당연히 예상된다고 할 수는 없기 때문에, 위와 같은 특별한 사정이 없는 연대보증인 제외 요청에 대하여 금융기관이 승낙 여부의 통지를 하지 않았다고 하여 상법 제53조에 따라 금융기관이 그 요청을 승낙한 것으로 볼 수는 없다.
[2] 회사의 어음거래약정에 연대보증을 한 대표이사가 대표이사직을 사임한 경우, 채권자인 금융기관이 위와 같은 사정변경 사실을 알고 있었다는 사정만으로는 연대보증계약이 해지되었다고 볼 수 없다고 한 사례

제 4 장

주 주

51.
주주총회

　주주총회(株主總會)는 주주 전원에 의하여 구성되고 회사의 기본조직과 경영에 관한 중요한 사항을 의결하는 필요적 기관이다. 주주총회는 형식상으로는 주식회사의 최고기관이며, 그 결의는 이사회를 구속하는 것이나, 총회가 결의할 수 있는 사항은 법령 또는 정관에 정하는 바에 한정된다(상법 제361조). 주주총회의 의결 사항은 임원의 임면(任免), 정관변경, 합병, 해산, 재무제표의 승인 등 중요한 것이 많다. 이 정관의 규정에 의하여 총회의 권한은 어느 정도 확대 또는 축소된다. 이와 같이 총회는 회사의 내부에 있어서 그 의사를 결정하는 것이 그 임무이며 대표이사와 같이 회사를 대표하거나 회사업무를 집행하는 것은 아니다. 주주총회는 소집시기에 따라서 정기총회와 임시총회로 나뉜다. 정기총회는 매년 1회의 일정한 시기에 또 연 2회 이상의 결산기를 정하는 회사에서는 매결산기에 소집되며(상법 제365조 제1항·제2항), 임시총회는 필요에 따라 수시로 소집된다(상법 제365조 제3항). 주주총회의 소집은 상법에 별다른 규정이 있는 경우를 제외하고는 이사회가 결정하고(상법 제362조), 이 결정에 기하여 대표이사가 구체적인 소집절차를 밟게 된다. 주주총회를 소집함에는 회일(會日)을 정하여 2주간 전에 의결권이 없는 주주를 제외한 각 주주에 대하여 서면(書面)으로 통지를 발송하여야 하고, 그 통지서에는 회의의 목적사항을 기재하여야 한다(상법 제363조 제1항·제2항). 주주총회는 정관에 다른 정함이 있는 경우를 제외하고는 본점의 소재지 또는 이에 인접한 곳에서 소집하여야 한다(상법 제364조). 주주총회의 결의사항은 보통결의, 특별결의, 특수결의 등이 있다. 법률상으로는 주주총회에 회사의 지배권이 있으나, 현실적으로는 경영자에게 지배권이 있는 경우가 많다.

소집

주주총회는 회의체의 기관이므로 그 기관이 유효한 결의를 하자면 누군가가 이를 소집하여야 한다. 주주총회는 적법한 소집권자에 의하여 소집되어야 한다. 모든 회의체의 기관이 다 그렇겠지만 특히 주주총회에 관하여는 이의 소집권자가 엄격하게 규정되어 있다. 소집권자가 소정의 절차를 밟아 주주총회를 소집하였을 때에 비로소 그 총회는 유효한 결의를 할 수 있다. 주주총회의 소집권자는 ① 이사회, ② 소수주주, ③ 감사 또는 감사위원회, ④ 법원, ⑤ 그 밖에 회사가 정관으로 정한 자, ⑥ 총회 자체, 이렇게 여섯이다.

의사록

주주총회의 의사의 경과요령과 그 결과를 기재한 서면을 의사록이라 한다. 주주총회의 의사에 대하여서는 의사록을 작성함을 요하며, 의사록에는 의사의 경과요령 및 그 결과를 기재하여 의장 및 출석한 이사의 기명날인 또는 서명을 요한다(상법 제373조). 의사의 경과요령이라 함은 개회, 제안·심의의 요령, 의결방법 및 폐회 등을 말하며 그 요령만으로써 충분하므로 토의의 내용 전부를 기재할 필요는 없다. 결과라 함은 결의의 결과, 가결되었는가 부결되었는가 하는 것이다. 이사는 의사록을 본점 및 지점에 비치할 의무를 지며 주주 및 회사채권자는 영업시간 중이면 언제든지 의사록의 열람 또는 등사를 청구할 수가 있다(상법 제396조).

1주 1의결권의 원칙

각 주주는 원칙적으로 1주에 대하여 1개의 의결권을 가진다(상법 제369조 제1항). 상법이 특히 인정한 예외의 경우 이외에는 정관 또는 총회의 결의에 의하여서도 1주에 대하여 복수(複數)의 의결권을 인정하거나, 일정 수 이상의 주식을 가진 주주의 의결권을 제한하거나 할 수는 없다. 이것을 1주 1의결권의 원칙이라고 한다. 이 원칙의 예외로서 상법이 의결권이 없는 것으로 하고 있는 것에 자기 주식(상법 제369조 제2항)이 있다. 또한 이 이외의 주식이라도 총회의 결의에 대하여 특별한 이해관계가 있는 주주는 그 결의에 한하여 의결권을 행사할 수 없다(상법 제368조 제3항).

의결권의 대리행사

대리인에 의하여 의결권을 행사하는 제도를 의결권의 대리행사라 한다. 의결권은 원칙적으로는 주주가 스스로 총회에 출석하여 행사하여야 하는 것이다. 그러나 자본적 결합체인 주식회사에 있어서는 개개의 주주 개성은 문제가 아니고 주주 중에는 의결권을 행사하고 싶어도 여러 가지 사정으로

총회에 출석하지 못하는 사람도 적지 않다. 그리하여 대리인에 의하여 의결권을 행사할 수 있음이 인정되고 있으며, 이 경우 그 대리인은 대리권을 증명하는 서면(위임장)을 회사에 제출함을 요한다. 또 1통의 위임장에 의하여 수개의 총회에 관한 포괄대리권의 수여도 가능하다. 실제로는 주주가 총회에 출석하지 않고 자신이 적당한 대리인을 선임하여 의결권을 행사하게 하지도 않는 일이 많으므로, 회사에서 총회의 소집통지와 같이 백지위임장을 주주에게 보내어 회사에 의결권의 대리권 수여를 권유하는 일이 많다.

전자적 방법의 의결권 행사

2009년 상법 개정을 통해 대한민국은 전자적 방법에 의한 의결권 행사, 전자투표제를 도입하였다. 회사는 이사회의 결의로 주주가 총회에 출석하지 아니하고 전자적 방법으로 의결권을 행사할 수 있음을 정할 수 있다(상법 제368조의 4 제1항). 기업이 전자투표 관리기관인 한국예탁결제원과 계약을 맺어 전자투표시스템에 주총의 의안과 의안별 자료, 의결권 제한 내용 등을 올리면 주주들은 주총이 열리기 하루 전까지 온라인으로 투표할 수 있다. 본인 확인을 위해 범용 또는 증권거래용 공인인증서로 로그인해야 한다. 기업은 이 결과를 통보받아 오프라인 주총 결과와 합산한 최종 결과를 시스템에 등록하고, 주주들은 온라인에서 결과를 조회할 수 있다.

특별 이해관계인의 의결권

의결권 없는 주식 및 자기 주식의 경우를 제외하고 주주는 일반적으로는 자유로이 의결권을 행사할 수 있으나, 총회의 결의에 관하여 특별한 이해관계가 있는 자는 의결권을 행사할 수 없다(상법 제368조 제3항). 정관 또는 주주총회의 결의에 의하여서도 이에 반하는 정함은 할 수 없다. 이와 같은 주주의 의결권 행사를 인정하면 회사의 일은 생각하지 않고 자기의 이익만을 위해서 의결권을 행사할 우려가 있으며 결의의 공정을 기할 수가 없기 때문이다. 특별한 이해관계의 의미에 대해서는 다툼이 있으나 특정한 주주의 이해에 특히 관계되는 것이라고 풀이하는 것이 다수설이다. 특별한 이해관계가 있기 때문에 의결권을 행사할 수 없는 주주는 대리인에 의하여 의결권을 행사할 수도 없으며, 타인의 대리인으로서 의결권을 행사할 수도 없다.

보통결의

주주총회의 결의(決議)는 다수결의 원리에 의하여 형성된 주주총회의 의사표시이다. 결의는 그 성립이 선언된 때부터 주주 개인의 의사와 관계없이 주주 전원과 회사의 기관담당자를 구속한다. 결의의 법적 성질에 관하여 결의는 주주들의 의결권 행사가 집적된 것이고, 주주들의 의결권 행사는 의사표시이므로, 이것을 법률행위로 보는 것이 통설이다.

주주총회에서 행하여지는 일반적인 결의방법이 보통결의이다. 기존에는 "총회의 결의는 상법 또는 정관에 다른 정함이 있는 경우 외에는 발행주식의 총수의 과반수에 해당하는 주식을 가진 주주의 출석으로 그 의결권의 과반수로써 하여야(1995년 개정 전 상법 제368조 제1항)" 하였다. 그런데 주주의 수가 많은 회사에서는 정족수를 채우는 것이 반드시 용이하지는 않았으며 또한 보통결의는 총회의 결의사항 중에서도 그다지 중요하지 않은 사항에 대한 결의방법이라는 점에서 정관으로 이 정족수를 배제하는 것이 인정되어 왔다. 실제상 거의 모든 회사가 정관으로 정족수를 배제하고 있었으며 "총회의 결의는 법령 또는 정관에 다른 정함이 있는 경우를 제외하고는 출석한 주주의 의결권이 과반수와 발행주식총수의 4분의 1 이상의 수로써 정하여야 한다."고 하는 규정을 두고 있었다. 1995년 상법 개정 시에는 이러한 현실을 반영하여, "총회의 결의는 이 법 또는 정관에 다른 정함이 있는 경우를 제외하고는 출석한 주주의 의결권의 과반수와 발행주식총수의 4분의 1 이상의 수로써 하여야(상법 제368조 제1항)" 하도록 개정되었다. 정족수에 차지 않았거나 결의의 요건을 지키지 않았거나 하면 결의취소의 소(訴) 문제가 발생한다.

특별결의

주주총회의 결의사항 중에서 중요한 사항에 대해서 취해지는 결의방법을 특별결의라 한다. 이 결의는 출석한 주주의 의결권의 3분의 2 이상의 수와 발행주식 총수의 3분의 1 이상의 수로써 정하여야 한다(상법 제434조). 이 경우의 정족수는 보통결의의 경우와는 달리 정관으로써도 배제할 수 없다. 특별결의를 필요로 하는 사항은 영업 전부 또는 중요한 일부의 양도(상법 제374조 제1항 제1호), 회사의 영업에 중대한 영향을 미치는 다른 회사의 영업 전부 또는 일부의 양수(상법 제374조 제1항의 제3호), 사후설립(상법 제375조), 이사·감사의 해임(상법 제385조 제1항. 제415조), 영업 전부의 임대 등(상법 제374조 제2호), 전환사채의 발행에 관한 사항(상법 제513조 제3항), 정관변경(상법 제433조. 제434조), 자본의 감소(상법 제438조), 회사의 해산(상법 제518조), 계속(상법 제519조) 및 합병(상법 제522조) 등이다. 중대한 영향을 미치는 범위에 대해 이론이 있으나 소규모합병의 경우 합병의 범위를 존속회사가 발행하는 합병신주의 수가 존속회사 발행주식 총수의 10%를 초과하지 않는 경우로 확대하고 있는 점과 균형을 맞추어 10%에 해당하는 영업양도, 양수, 임대의 경우 중대한 영향을 미친다고 보아야 하고 주주총회 특별결의를 하여야 한다고 보는 견해가 있으므로 10% 이상인 경우에는 안전하게 특별결의를 하기 바란다.

특별결의의 특수한 것으로서 총주주의 동의를 요하는 경우가 있다. 즉 주식회사를 유한회사로 조직변경을 하는 경우에는 총주주의 일치에 의한 결의가 필요하다(상법 제604조). 유한회사의 사원은 약간의 경우에 자본충실의무를 부담하고 있으므로(상법 제550조. 제553조), 주식회사나 유한회사로 조직을 변경함으로써 사원책임이 가중되는 결과가 되어 주주 유한책임의 원칙에 반하므로 총주주의 일치에 의한 결의가 요구되는 것이다. 또 이사·감사·발기인·청산인의 책임면제에는 총주주의 동의가 필요한데(상법 제324조. 제400조. 제542조 2항), 이것은 동의가 있으면 되는 것으로서 반드시 총회를 소집해서 결의하지 아니하여도 무방하다.

주주총회결의의 하자

상법은 주주총회 결의의 하자의 내용과 정도에 따라 결의취소소송, 결의무효확인소송, 결의부존재확인소송 등으로 구분하여 규정하고 있다.

주식명의개서를 거부하는 경우

정당하게 주식을 취득하였음에도 불구하고 경영권 분쟁이 있는 경우, 회사의 기존 경영진이 경영권을 지키기 위하여 주식명의개서를 거부하고 주주총회를 소집하여 신주 발행을 추진하거나 전환사채 발행을 추진하는 경우가 있다.

주주명부란 주주 및 주권에 관한 사항을 명백히 하기 위하여 상법의 규정에 의하여 작성되는 장부를 말하며, 주식이 양도된 경우 양수인의 성명과 주소를 주주명부에 기재하는 것을 명의개서라고 한다.

주식의 양도는 지명채권의 양도에 관한 일반원칙에 따라 당사자의 의사표시만으로 효력이 발생하는 것이고, 상법 제337조 제1항에 규정된 주주명부상의 명의개서는 주식을 취득한 자가 회사에 대한 관계에서 주주의 권리를 행사하기 위한 대항요건에 지나지 않고, 회사 이외의 제3자에 대한 관계에서의 대항요건은 아니므로, 회사성립 후 또는 신주의 납입기일 후 6월이 경과하도록 회사가 주권을 발행하지 아니한 경우 그 주식을 취득한 자는 특별한 사정이 없는 한 상대방의 협력을 받을 필요 없이 단독으로 자신이 주식을 취득한 사실을 증명함으로써 회사에 대하여 그 명의개서를 청구할 수 있는 것이고, 이 경우에 명의개서의 청구에 소정 서류의 제출을 요한다고 하는 정관의 규정이 있다 하더라도, 이는 주식의 취득이 적법하게 이루어진 것임을 회사로 하여금 간이 명료하게 알 수 있게 하는 방법을 정한 것에 불과하여 주식을 취득한 자가 그 취득사실을 증명한 이상 회사는 위와 같은 서류가 갖추어지지 아니하였다는 이유로 명의개서를 거부할 수는 없다(대법원 1995.3.24. 선고 94다47728 판결).

그러나 주식을 양도받은 주식양수인들이 명의개서를 청구하였는데도 위 주식양도에 입회하여 그 양도를 승낙하였고 더구나 그 후 주식양수인들의 주주로서의 지위를 인정한 바 있는 회사의 대표이사가 정당한 사유 없이 그 명의개서를 거절한 것이라면 회사는 그 명의개서가 없음을 이유로 그 양도의 효력과 주식양수인의 주주로서의 지위를 부인할 수 없다(대법원 1993.7.13. 선고 92다40952 판결).

위와 같이 명의개서를 부당하게 거절당한 양수인이 취할 수 있는 일반적인 구제수단으로는 ① 회사를 상대로 한 명의개서청구소송 제기(민법 제389조 제2항 전단), ② 임시주주의 지위를 정하는 가처분을 신청(민사집행법 제300조 제2항), ③ 명의개서를 부당거절 한 이사(상법 제401조) 및 회사(민법 제756조)에 대한 손해배상청구, ④ 이사의 과태료 책임 추궁(상법 제635조 제1항 제7호)을 상정할 수 있다.

그리고 명의개서가 부당하게 거절된 이상 그 양수인을 명의개서를 필한 주주와 동일한 지위에 있는 것으로 취급하고 그에 따라 양수인이 명의개서를 하지 않고도 회사에 대하여 주주권을 행사할 수 있다는 것이 판례의 태도이므로 양수인은 명의개서가 되어 있지 않은 상태이더라도 총회결의 취소의 소(상법 제376조) 또는 총회결의 무효 및 부존재확인의 소(상법 제380조)를 제기할 수 있는 원고적격이 인정되므로 부당하게 개최한 주주총회결의에 대한 부존재확인의 소를 제기할 수 있다.

카카오톡(또는 문자)으로 주주총회 또는 이사회 소집을 할 수 있는가?

주주총회 소집

주식회사의 주주총회 소집은 서면과 전자문서 모두 가능하다. 다만, 전자문서로 주주총회 소집통지를 하려면 각 주주에게 서면 대신 전자문서로 주주총회 소집통지를 하는 것에 대하여 사전동의를 받아야 한다(상법 제363조 1항). 대법원은 전자우편(이메일) 이외 휴대전화 문자메시지, 모바일 메시지도 전자문서에 해당한다(대법원 2022.12.16 자 2022그734 결정)고 판시한 바 있다. 따라서 주식회사의 경우 주주의 사전동의를 받은 경우 서면 대신 카카오톡 메시지(또는 문자)로 주주총회 소집통지를 할 수 있다. 반대로 주주의 사전동의 없이 카카오톡 메시지로 주주총회 소집통지를 하였다면 이점을 다투어 해당 주주총회 결의에 절차상 하자가 있다고 주장할 수 있다.

이사회 소집

상법에는 주주총회의 경우와는 달리 이사회 소집방법에 대하여 별도의 제한을 두고 있지 않다. 따라서 각 주식회사의 내부 규정 등으로 이사회 소집방법에 별도의 제한 규정을 두고 있지 않은 한, 주식회사 이사회 소집통지는 서면 이외 카카오톡 메시지로도 가능하다.

52.
정기주주총회의 과정

정기주주총회가 임시주주총회와 다른 점은 매 결산기 이후 3개월 이내에 소집하여야 하며 재무제표 등을 승인하는 것을 주요한 업무로 한다는 점이다. 정기주주총회라 하여 임시주주총회와 본질적으로 다른 것은 아니므로 재무제표 승인 이외에 주주총회 결의사항을 모두 다룰 수 있음은 당연하다.

1. 재무제표의 작성

이사는 매 결산기에 다음의 서류와 그 부속명세서를 작성하여 이사회의 승인을 얻어야 한다.

1) 대차대조표
2) 손익계산서
3) 이익잉여금처분계산서 또는 결손금처리계산서

2. 영업보고서의 작성

1) 이사는 매 결산기에 영업보고서를 작성하여 이사회의 승인을 얻어야 한다.
2) 영업보고서에는 대통령령이 정하는 바에 의하여 영업에 관한 중요한 사항을 기재하여야 한다.

3. 재무제표 등의 제출

이사는 정기총회 회일의 6주 전에 재무제표 및 영업보고서 서류를 감사에게 제출하여야 한다.

4. 감사보고서

1) 감사는 이 서류를 받은 날로부터 4주 이내에 감사보고서를 이사에게 제출하여야 한다.
2) 제1항의 감사보고서에는 다음의 사항을 기재하여야 한다.
① 감사방법의 개요
② 회계장부에 기재할 사항의 기재가 없거나 부실 기재된 경우 또는 대차대조표나 손익계산서의 기재가 회계장부의 기재와 합치되지 아니하는 경우에는 그 뜻
③ 대차대조표 및 손익계산서가 법령 및 정관에 따라 회사의 재산 및 손익상태를 정확하게 표시하고 있는 경우에는 그 뜻
④ 대차대조표 또는 손익계산서가 법령 또는 정관에 위반하여 회사의 재산 및 손익상태가 정확하게 표시되지 아니하는 경우에는 그 뜻과 사유
⑤ 대차대조표 또는 손익계산서의 작성에 관한 회계방침의 변경이 타당한지의 여부와 그 이유
⑥ 영업보고서가 법령 및 정관에 따라 회사의 상황을 정확하게 표시하고 있는지의 여부
⑦ 이익잉여금처분계산서 또는 결손금처리계산서가 법령 및 정관에 적합한지의 여부

⑧ 이익잉여금처분계산서 또는 결손금처리계산서가 회사재산의 상태 기타 의 사정에 비추어 현저하게 부당한 경우에는 그 뜻

⑨ 부속명세서에 기재할 사항의 기재가 없거나 부실 기재된 경우 또는 회계장부·대차대조표·손익계산서나 영업보고서의 기재와 합치되지 아니하는 기재가 있는 경우에는 그 뜻

⑩ 이사의 직무수행에 관하여 부정한 행위 또는 법령이나 정관의 규정에 위반하는 중대한 사실이 있는 경우에는 그 사실

⑪ 감사를 하기 위하여 필요한 조사를 할 수 없었던 경우에는 그 뜻과 이유

5. 재무제표 등의 비치·공시

1) 이사는 정기총회 회일의 1주간 전부터 재무제표 및 영업보고서의 서류와 감사보고서를 본점에 5년간, 그 등본을 지점에 3년간 비치하여야 한다.
2) 주주와 회사채권자는 영업시간 내에 언제든지 제1항의 비치서류를 열람할 수 있으며 회사가 정한 비용을 지급하고 그 서류의 등본이나 초본의 교부를 청구할 수 있다.

6. 재무제표 등의 승인·공고

1) 이사는 재무제표를 정기총회에 제출하여 그 승인을 요구하여야 한다.
2) 이사는 영업보고서를 정기총회에 제출하여 그 내용을 보고하여야 한다.
3) 이사는 재무제표에 대한 총회의 승인을 얻은 때에는 지체 없이 대차대조표를 공고하여야 한다.

7. 이사, 감사의 책임해제

정기총회에서 재무제표 등의 승인을 한 후 2년 이내에 다른 결의가 없으면 회사는 이사와 감사의 책임을 해제한 것으로 본다. 그러나 이사 또는 감사의 부정행위에 대하여는 그러하지 아니하다(상법 제 450조).

정기주주총회를 소집하지 아니한 이사의 책임

주식회사는 매년 1회 일정한 시기에 정기총회를 소집하여 회사 운영에 관한 사항을 보고하여야 한다(상법 제365조 제1항)고 규정하고 있어 정기주주총회를 소집하지 아니하는 경우 이사는 다음과 같은 책임을 지게 된다.

1) 이사가 정기주주총회를 소집하지 아니한 경우 법률상 의무를 위반하였으므로 5백만 원 이하의 과태료에 처해진다(상법 제635조 제1항).
2) 법령을 위반했으므로 이사 해임의 소의 대상이 될 수 있다(상법 제385조 제2항).
3) 주주는 대표소송을 제기할 수 있다(상법 제403조 제1항).
4) 주주는 이사가 주주총회 소집을 게을리하여 회사가 손해를 입은 때에는 그 배상을 청구할 수 있다(상법 제399조 제1항).

53.
주주총회 의결권행사방법

주주 본인이 직접 출석

주주 본인이 직접 주주총회에 참석하는 것으로 주주가 자연인인 경우에는 그 본인이, 주주가 법인인 경우에는 그 대표자가 참석하여 의결권을 행사한다.

기명주식의 경우 주주총회 당일 현재 주주명부에 등재된 주주여야 하며, 주주명부폐쇄 및 기준일을 설정한 경우 기준일 당시 주주명부에 등재된 주주여야 한다.

주주총회에 직접 참석하고자 하는 경우 주주 본인의 신분증과 회사가 주총 소집통지 때 발송한 참석장을 지참하여 참석한다.

주주가 대리인을 출석시켜 의결권 행사

주주는 대리인으로 하여금 그 의결권을 행사하게 할 수 있다. 이 경우에는 그 대리인은 대리권을 증명하는 서면(위임장)을 주주총회에 제출하여야 한다(상법 제368조 제2항).

대리인은 자연인뿐만 아니라 법인도 될 수 있으며 대리인의 자격조건을 정관에 의하여 금지하거나 제한하지 못한다.

주주총회에 출석하지 않고 서면으로 의결권 행사

주주가 총회에 출석하지 않고 서면으로 의결권을 행사할 수 있다(상법 제368조의 3 제1항).

서면에 의한 의결권의 행사란 주주가 주주총회에 출석할 수 없는 경우에 투표용지에 필요한 사항을 기재하여 회사에 제출하여 의결권을 행사하는 방법이다.

이러한 서면투표제를 인정한 것은 소수주주의 회사경영의 참여를 유도하고, 주주총회의 원활한 진행을 위하며, 회사는 주주 수에 크게 구애받지 않고 주주총회의 장소를 구할 수 있도록 하고, 또한 외국인주주가 의결권을 행사함에 있어 편의를 제공하고자 하는 것 등의 장점이 있기 때문이다.

서면결의제도는 강행규정이 아니므로 회사는 그 판단에 따라 서면투표제도를 도입하기를 원하는 경우 정관에 "총회에 출석하지 않고 서면으로 의결권을 행사할 수 있다."는 뜻을 명시하여야 한다.

또한 서면결의를 실시하고자 하는 경우에는 주주가 서면에 의하여 의결권을 행사할 수 있도록 주주에 대한 총회소집통지서에 의결권을 행사하는데 필요한 서면과 참고서류를 첨부하여야 한다.

서면으로 의결권을 행사할 주주는 회사가 보낸 서면결의서에 의안에 대한 찬반 여부를 표기하여 회사에 제출하여야 한다. 제출 방법은 제한이 없으며 제출시기에 대하여는 주주총회 전일까지 회사에 서면결의서가 도달하도록 하면 될 것이다.

물론 서면결의서 제출을 포기함으로써 의결권 행사를 포기할 수도 있다.

총회개최를 생략하고 서면으로 총회를 갈음할 수 있다

2009년 5월 상법개정으로 자본금총액이 10억 원 미만인 회사는 주주 전원의 동의가 있을 경우에는 소집 절차 없이 주주총회를 개최할 수 있고, 서면에 의한 결의로써 주주총회의 결의를 갈음할 수 있도록 하며, 결의의 목적사항에 대하여 주주 전원이 서면으로 동의를 한 때에는 서면에 의한 결의가 있는 것으로 보도록 하고 있다(상법 제363조 제4항).

즉, 주주총회를 열지 않고 주주 전원의 서면동의로써 주주총회의 결의에 갈음할 수 있도록 하여, 총주주의 동의가 있는 한 주주총회라는 형식에 치우치지 않도록 함으로써 탄력적으로 주총결의를 가능하도록 하였다.

54.
임시주주총회

주식회사는 일반적으로 매년 1회 정기주주총회를 소집한다(상법 제365조 제1항). 반면, 임시주주총회는 필요할 때마다 수시로 소집할 수 있다(상법 제365조 제3항).

임시주주총회를 소집해야 하는 사유는 각 회사 사정에 따라 다르지만 경영권 분쟁에 따라 임시주주총회를 소집하는 경우 주의하여야 할 사항은 다음과 같다.

소수주주의 주주총회 소집 청구

주주총회의 소집은 원칙적으로 이사회에서 결정하나(상법 제362조), 경영권 분쟁이 있는 경우 이사회에서 경영권 변경을 위한 주주총회의 소집을 해주기를 기대하기는 어렵다.

임시주주총회를 소집하고자 하는 소수주주는 법원에 임시주주총회소집 청구를 하기 전에 먼저 임시주주총회의 목적사항과 소집 이유를 기재한 서면을 이사회에 제출하고 임시주주총회소집을 요청하여야 한다. 이사회에서 지체 없이 소집 절차를 밟지 아니하는 경우 법원에 임시주주총회소집 허가를 신청한다. 대상회사의 발행주식 총수의 3% 이상을 보유한 주주는 주주총회소집을 청구할 수 있다(상법 제366조). 이때 소수주주가 법원에 임시주주총회 허가 신청 시 의장 선임을 요청하지 않으면 회사 정관 등에서 지정한 사람이 맡게 되므로 기존 경영진이 의장을 맡게 되어 불리하게 진행될 수 있다. 이런 일을 방지하기 위하여 주주총회의 의장을 법원이 이해관계인의 청구나 직권으로 선임할 수 있게 하고 있다(상법 제366조 제2항). 이는 주주총회소집허가의 신청단계에서 임시의장이 될 사람을 특정하여 청구할 수 있도록 한 취지인데, 법원에 임시의장이 될 사람을 특정하여 청구하는 경우 법원에서는 회사에 이에 대한 의견을 물어볼 수가 있으며, 회사의 의견을 반영하여 법원이 소수주주들의 신청과는 다르게 임시의장을 선임할 수도 있다. 따라서 임시주주총회에서 과반수를 확실하게 확보할 수 있는 경우에는 주주총회 소집허가 신청서에 임시의장을 특정하지 않고, 임시주주총회의 목적사항 첫 번째로 "임시의장 선임의 건"을 포함시켜 임시주주총회에서 소수주주들에게 유리한 임시의장을 확실히 선임할 수 있다.

임시주주총회에서 의장의 역할은 매우 중요하다. 의장이 의도적으로 주총 진행과 의결을 방해할 수 있으므로 반드시 우호적인 인사나 적어도 중립적인 인사가 선임되도록 하여야 한다.

소수주주에 의한 주주총회의 소집

법원이 주주총회의 소집을 허가한 경우에는 소수주주는 직접 총회를 소집할 수 있다. 이 경우 소수주주가 주주총회를 소집하는 것이므로, 기준일 및 폐쇄기간 설정, 소집통지 등 소집 절차는 모두 소수주주가 취할 수 있고, 이로 인한 비용은 회사에 대하여 청구할 수 있다.

현 경영진의 방어권 행사에 대한 대응

경영권 분쟁이 있을 때 많은 경우 기존 경영진은 회사 인수 시도에 대하여 신주 또는 전환사채 발행 등으로 지분을 희석하여 방어하는 경우가 대부분인데, 이 경우 신주 등 발행금지 가처분의 신청을 고려할 필요가 있다. 일반적으로 이미 경영권 분쟁이 발행한 상황에서 기존 주주의 신주인수권을 배제하는 방식으로 주식 또는 전환사채 발행이 이루어지는 경우, 자본조달의 고유한 목적보다는 경영권 유지만 목적으로 한 것으로서 법령위반 또는 현저하게 불공정하여 무효라는 판단을 받을 가능성이 높으며, 실제로 법원도 이러한 전제하에 가처분신청을 인용하고 있다(서울고등법원 2006.7.19. 선고 2006나24218 판결).

임시주주총회에서 선임된 사내이사와 감사의 취임을 대표이사가 거부하는 경우

A와 B는 C회사의 주주총회에서 각각 사내이사와 감사로 선임된 후 C회사에 사내이사 및 감사 임용계약의 체결을 요구하였다. 그런데 C회사의 대표이사는 위 주주총회에 하자가 있다는 구실을 들어 이들과의 임용계약 체결을 거부하였다. 주주총회에서의 선임결의에도 불구하고 취임을 거부당한 A와 B는 C회사를 상대로 사내이사 및 감사 지위의 확인을 구하는 소송을 제기하였다.

대법원 전원합의체는 이사, 감사의 지위가 주주총회의 선임결의와 별도로 대표이사와 사이에 임용계약이 체결되어야만 비로소 인정된다고 보는 것은 이사, 감사의 선임을 주주총회에 전속적 권한으로 규정하여 주주들의 단체적 의사결정 사항으로 정한 상법의 취지에 배치된다는 이유로, 주주총회에서 각각 사내이사와 감사로 선임된 A와 B는 C회사의 대표이사와 별도의 임용계약을 체결하였는지 여부와 상관없이 선임결의와 피선임자의 승낙만으로 C회사의 사내이사와 감사의 지위를 취득한 것이라고 판단하였다(대법원 전원합의체 2017.03.23 선고 2016 다 251215 판결).

55.
집중투표제도

소수파 주주가 경영에 참가하는 방법

주식회사의 이사 선임과 관련하여 현행 상법에 도입된 집중투표제도는 대주주의 경영권 독점에 대한 견제 장치로서 최근 주목받고 있는 제도이다.

이사는 주주총회의 보통결의에 의하여 선임하는데 출석한 주주의 의결권의 과반수와 발행주식총수의 4분의 1 이상의 수의 찬성으로 의결한다(상법 제368조 제1항). 이사 선임을 위한 주주총회 결의는 미리 공지된 각 개별 이사 후보마다 찬성과 반대를 물어 찬성이 과반수가 되면 선임된 것으로 한다. 결의 방법이 이러하므로 회사가 제시한 이사 후보는 과반수 주주의 지지를 얻어 모두 선임될 수 있다. 이를 일반화하여 극단적인 경우를 상정해 보면, 51%와 49%의 주식을 가진 양대 주주로 이루어진 회사에서 경영권을 장악하고 있는 51% 보유 주주는 자신이 지명하는 이사 후보 전원을 이사로 선임할 수 있고, 거의 대등한 지분을 가진 2대 주주는 단 1명의 이사도 자신의 의사대로 선임할 수 없다는 결론이 된다. 이러한 불합리함을 해결하고 지배주주가 아닌 주주라도 상당 정도 지분을 보유하고 있을 경우 자신의 뜻에 따른 이사를 1명이라도 선임할 수 있도록 기회를 부여하는 제도가 집중투표제이다.

집중투표는 이사 선임에 있어서 주식 1주에 대하여 선임하고자 하는 이사 수에 해당하는 복수의 의결권을 부여하여 선임결의 투표에서 특정한 이사 후보에게 그 복수의 의결권을 몰아서 행사할 수 있도록 하는 투표이다. 예를 들어 6대 4의 지분구조에서 2대 주주는 3인의 이사를 선임할 경우 일반 투표에서는 1명의 이사도 스스로의 의사에 의해 선임할 수 없지만, 집중투표를 할 경우 자신이 가진 3개의 투표권을 3인 중 1인 이상 후보에 대한 투표를 함에 있어서 집중시킬 수 있어서 자신이 원하는 후보를 당선시킬 수 있는 것이다.

집중투표제를 실시하기 위한 요건은 다음과 같다. 첫째, 2인 이상의 이사를 선임할 때에 한하여 채택할 수 있다. 둘째, 정관에 다른 정함이 없어야 한다. 즉 회사는 정관에서 집중투표제를 배제하는 규정을 둘 수 있다(상법 제382조의 2 제1항). 셋째, 발행주식 총수의 3% 이상에 해당하는 주주가 집중투표에 의한 투표를 할 것을 미리 청구하여야 한다. 이 청구는 주주총회 7일 전까지 서면으로 하여야 한다(상법 제382조의 2 제1항, 제2항).

이사선임을 위한 주주총회의 실무에서 보면 소수파 주주가 자신이 선호하는 이사를 선임하기 위해서는 집중투표와 함께 주주제안권을 활용할 필요가 있다. 이사 후보의 선정은 원칙적으로 주주총회를 준비하고 소집하는 회사 경영진의 권한이지만, 상법이 부여한 또 다른 소수주주권인 주주제안권에 의하여 소수파 주주들은 자신의 후보를 세울 수 있고, 집중투표로 의결권을 결집하여 다수 주주의 경영진 구성권에 도전할 수 있는 것이다. 집중투표를 할 경우 각 주주는 1주마다 선임할 이사의 수와 같은 수의 의결권을 가지며, 그 의결권은 이사 후보자 1인 혹은 수인에게 집중하여 혹은 나누어서 투표하는 방법으로 행사할 수 있다. 투표 결과 최다수를 얻은 자로부터 순차적으로 이사에 선임된 것으로 한다(상법 제382조의 2 제4항).

집중투표제는 대주주의 경영권 독점에 대한 유력한 견제장치이며, 향후 기업의 주식분산이 확산되면서 주주제안권 제도와 함께 소수주주의 경영 참여를 위한 유력한 방법으로 적극 활용될 것으로 예상된다.

사례)

질문)

S주식회사는 의결권 있는 주식을 총 100주 발행하였고, 최대주주인 A가 51%, 2대주주인 B가 49%를 보유하고 있다. A는 갑, 을, 병을 이사 후보로 추천하였고, B는 정, 무, 기를 이사 후보로 추천하였다.

S주식회사가 정관에 의해 3명의 이사를 선임하려고 하는데 B가 지지하고 있는 이사 후보를 선임할 수 있을까?

답변)

집중투표제에 의할 경우 각 주주는 자신이 보유하는 주식의 수에 선임할 이사의 수를 곱한 만큼의 의결권을 갖기 때문에 A는 153개(51주*3인)의 의결권을, B는 147개(49주*3인)의 의결권을 갖게 된다.

A가 자기의 의결권을 후보 갑과 을에게 각 77개 및 76개씩 나누어 행사하는 반면, B는 후보 정에게 의결권의 전부 또는 적어도 76개 이상을 투표한다면 B는 정을 이사로 선임할 수 있다.

만약에 A가 욕심을 부려 갑, 을, 병을 모두 이사로 선임하기 위해 3명의 후보에 대하여 각 51개의 의결권을 행사하고, B가 정, 무에게 각 77개 및 70개의 의결권을 투표한다면 B는 다득표순에 따라 2인의 이사를 선임할 수도 있다.

따라서 현실에서는 집중투표제를 도입하는 경우 지금까지처럼 최대주주 A가 원하는 대로만 이사회를 구성할 수 없으며 2대주주를 배려해 줄 수밖에 없게 된다.

56.
주권의 발행

회사는 성립(설립등기) 후 또는 신주의 납입기일 후 지체 없이 주권을 발행하여야 한다(상법 제355조). 이때 "지체 없이"란 6월 이내라고 해석된다(상법 제335조 제3항). 주권은 요식증권으로 일정한 사항을 기재하고 대표이사가 기명날인하여야 한다. 한편, 주권의 발행은 대표이사의 권한에 속하므로 이사회의 결의를 거칠 필요는 없다(대법원 94다24039판결).

주권은 두 가지 기능을 가진다. 첫째는 주식거래의 수단으로서의 기능이다. 주식회사의 주식은 주권을 교부함으로써 양도할 수 있도록 하여 주식의 유통성을 보장하고 있다.

둘째는, 주식의 소유를 증명하는 수단이다. 법인등기부에는 발행주식총수만 기재될 뿐, 누가 몇 주를 가지고 있는지는 공시되지 않는다. 주식의 소유관계는 결국 회사의 주주명부와 개별 주주가 소지하고 있는 주권을 통하여 그 확인이 가능하다.

그런데 현재 우리나라의 실정을 보면, 상장회사를 제외하고는 대부분 설립 후 몇 년이 지나도록 주권을 발행하고 있지 않다. 그 이유는 주권 인쇄에 비용이 소요될 뿐만 아니라 형식만 주식회사일 뿐 실제로는 소규모 가족회사인 경우가 대부분을 차지하고 있기 때문이다.

현재 실무에서는 주권이 발행되지 않는 경우 그 양도는 양도증서(주식양도양수 계약서)를 작성하여 양도하고 있고, 주식의 소유관계를 증명하는 역할은 회사가 발행한 "주권보관증명서" 내지 "주권미발행확인서"로 대체하는 것이 관행화되어 있다. 그러나 상법상으로는 주권발행은 강행규정이며, 적어도 설립등기 또는 납입기일 후 6월이 경과하기 전에 주권발행 없이 한 주식거래는 원칙적으로 회사에 대하여 효력이 없으므로 주의하여야 한다(상법 제335조 제3항).

비규격 주권발행(일반법인이 자체적으로 주권을 발행하는 경우)

통일규격의 주권발행이 강제되는 것은 상장회사 등의 경우에만 한하므로, 일반법인의 경우에는 자체 제작한 주권을 발행해도 된다. 보통은 전문 인쇄업체에 의뢰하여 주권을 인쇄하여 발행하는 것이 보통이다.

인터넷 검색 등을 통하여 주권인쇄업체를 선정한다. 이때 주권에 인쇄할 내용들, 즉 회사의 상호, 회사의 설립 연월일, 회사가 발행할 주식의 총수, 1주의 금액, 주식의 종류, 주식발행연월일 등의 확인을 위하여 회사 등기부등본을 이메일이나 팩스로 보내주고, 주권의 종류와 수량 등에 관하여 협의한다.

주권에 법인인감(날인)을 삽입할 경우 스캔을 해서 이메일로 보내든가 퀵서비스를 이용하여 보내주면 된다. 회사의 로고 등도 삽입할 수 있다. 주권에는 장당 4백 원의 수입인지를 붙여야 한다(인지세법 제3조 제1항). 주권에 수입인지를 직접 인쇄할 경우는 주권 인쇄 전에 관할세무서에 주권의 장수만큼 인지세를 지불하고 수입인지번호를 받은 후 이를 인쇄할 수도 있다.

인쇄업체로부터 주권을 납품받은 후 이를 주주에게 정확하게 전달하여야 한다.

주권은 유가증권이기 때문에 지폐나 수표처럼 유통되고, 제3자가 선의취득 하는 경우 문제가 발생할 수가 있으므로 주주에게 정확히 전달하고 수령증을 받아놓아야 한다(상법 제336조 제2항).

통일규격유가증권 주권발행

통일규격유가증권을 발행하기 위해서는 반드시 발행대행기관을 통하여야 한다. 이때의 발행대행기관은 통상 명의개서대리인을 말하며, 현재 명의개서대리인(명의개서대행기관)은 한국예탁결제원, 하나은행, 국민은행이 있다.

명의개서대행기관에서는 발행회사의 주주를 관리하기 위한 증권사무(주주명부 및 주권대장 기록 유지, 증권 발행, 명의개서 등 제청구 업무처리, 주주총회 및 증자업무 등) 일체를 대행 처리해 주므로 이용이 편리한 명의개서대행기관을 선정하여 증권대행서비스를 신청하면 된다.

증권용지의 제작은 조폐공사가, 인쇄용지에 상호 등 주권내용의 인쇄(가쇄)는 예탁결제원에 등록된 가쇄소에서 담당한다. 가쇄소는 언제라도 유통될 수 있는 예비증권을 인쇄하는 곳이므로 예탁결제원이 미리 등록자격을 엄격히 심사하여 해당 업체를 공표하고 있다.

주식 소유현황을 확인하는 방법

상장회사의 주식은 증권회사를 통하여 취득하고, 증권회사의 개인별 계좌에 예탁되므로 확실하게 주식의 보유사실을 확인할 수 있다.

하지만 비상장회사의 주식은 개인간의 거래 등으로 취득하므로 이를 확인하기가 쉽지 않다.

비상장회사의 주식의 소유관계는 회사에 비치된 주주명부를 통하여 확인할 수 있다.

주주명부란 주주에 관한 현황을 명백히 하기 위하여 상법의 규정에 의하여 회사가 작성·비치하여야 하는 장부이다(상법 제396조).

주주명부에는 주주의 성명과 주소, 주주별 주식의 종류와 수 등이 기재되므로 주주명부를 통하여 누가 몇 주의 주식을 소유하고 있는지 확인할 수 있다. 한편, 주주명부는 회사의 본점에 비치하여야 하며 주주 및 회사채권자는 영업시간 내에는 언제든지 주주명부의 열람 및 등사를 청구할 수 있다.

대법원판결(94다24039, 1996.1.26. 선고)

[1] 대표이사가 주권발행에 관한 주주총회나 이사회의 결의 없이 주주명의와 발행연월일을 누락한 채 단독으로 주권을 발행한 경우, 특별한 사정이 없는 한 주권의 발행은 대표이사의 권한이라고 할 것이고, 해당 회사 정관에 주권의 발행에 관하여 주주총회나 이사회의 의결을 거치도록 되어 있지 아니하며, 그리고 기명주권의 경우에 주주의 이름이 기재되어 있지 않다거나 또한 주식의 발행연월일의 기재가 누락되어 있다고 하더라도 이는 주식의 본질에 관한 사항이 아니므로, 주권의 무효사유가 된다고 할 수 없다.

[2] 설사 대표이사가 정관에 규정된 병합 주권의 종류와 다른 주권을 발행하였다고 하더라도 회사가 이미 발행한 주식을 표창하는 주권을 발행한 것이라면, 단순히 정관의 임의적 기재사항에 불과한 병합 주권의 종류에 관한 규정에 위배되었다는 사유만으로 이미 발행된 주권이 무효라고 할 수는 없다.

대법원 1996.6.25. 선고 96다12726 판결【주주권확인】

【판시사항】
[1] 상법 제335조 제2항 소정의 주권발행 전에 한 주식양도의 효력

【판결요지】
[1] 상법 제335조 제2항 소정의 주권발행 전에 한 주식의 양도는 회사 성립 후 또는 신주의 납입기일 후 6월이 경과한 때에는 회사에 대하여 효력이 있는 것으로서, 이 경우 주식의 양도는 지명채권의 양도에 관한 일반원칙에 따라 당사자의 의사표시만으로 효력이 발생하는 것이고, 주권이 발행된 경우의 기명주식 양도의 절차를 밟지 아니하였다고 하여 주식양도의 효력이 없다고 할 수 없다.

57.
주식의 양도제한

주식은 타인에게 자유롭게 양도할 수 있다. 하지만 소수주식이라도 사장에게 비우호적인 사람에게 간다면 소수주주권리에 의한 문제가 발생할 수 있다.

이와 같은 사유로 인하여 주식양도를 제한하고자 하는 경우에는 정관이 정하는 바에 따라 이사회의 승인을 얻도록 할 수 있다(상법 제335조).

정관에 규정을 두어 주식의 양도를 금지할 수 있도록 한 취지는 소규모 주식회사에서 주주 상호 간의 인적 유대관계를 보호하고, 주주가 바라지 않는 제3자가 주주로 참여하는 것을 자율적으로 막기 위함이다.

주식양도의 제한 규정에 위반하여 이사회의 승인을 얻지 아니한 주식의 양도는 회사에 대하여 효력이 없다.

주식 양도의 제한 규정이 정관에 있는 경우에 주식을 양도하고자 하는 주주는 회사에 대하여 양도의 상대방 및 양도하고자 하는 주식의 종류와 수를 기재한 서면으로 양도의 승인을 청구할 수 있다.

회사는 청구가 있는 날로부터 1월 이내에 주주에게 승인 여부를 서면으로 통지하여야 한다.

회사가 기간 내에 주주에게 거부의 통지를 하지 아니한 때에는 주식의 승인에 대하여 이사회의 승인이 있는 것으로 본다.

만약 회사가 주주에게 양도 승인 거부의 통지를 한 경우, 주주는 통지를 받은 날로부터 20일 이내에 회사에 대해 양도의 상대방을 지정하거나 또는 회사가 주식을 매수할 것을 청구할 수 있다(상법 제335조의 2).

여기서 문제가 되는 것은 주식의 가격이다. 회사가 주식의 양도를 승인한 경우라면, 주식의 가격은 주식의 양도인과 양수인이 결정하면 된다. 하지만 회사가 주식의 양도를 불승인한 경우 어떻게 가격을 결정할까? 주주로서는 많은 가격을 받고 주식을 팔고 싶어 할 것이고, 회사는 최저의 비용으로 주식을 인수하려고 할 것이다. 양측이 생각하는 가격이 일치한다면 아무런 문제도 없다. 만약 회사와 주주 간에(또는 회사가 지정한 양수인과 주주 간에) 주식매매가격에 대한 합의가 이루어지지 않는다면, 법원이 결정할 수 있도록 법에 규정돼 있다(상법 제335조의 5, 제374조의 2). 법원은 보통 감정평가법인의 감정에 따라 적정한 가격을 산정한다.

정관에 정하지 않고 당사자 간에 주식양도제한약정을 맺은 경우

정관에 주식양도의 제한 규정이 없으나 주주 간에 양도제한의 약정을 맺거나 주주와 회사 간에 양도제한의 약정을 맺는 경우가 있다.

이 경우에는 약정주주 간 또는 약정한 회사와 주주 간에 채권적효력만이 인정된다.

따라서 약정을 무시하고 제3자에게 주식을 양도한 경우 양도의 효력이 발생된다. 다만 약정 상대방은 경우에 따라 위약 당사자에게 위약에 대한 손해배상을 청구할 수 있을 것이다.

주식의 양도 금지

대법원은 "상법 제335조 제1항 단서는 주식의 양도를 전제로 하고, 다만 이를 제한하는 방법으로서 이사회의 승인을 요하도록 정관에 정할 수 있다는 취지이지 주식의 양도 그 자체를 금지할 수 있음을 정할 수 있다는 뜻은 아니기 때문에, 정관의 규정으로 주식의 양도를 제한하는 경우에도 주식양도를 전면적으로 금지하는 규정을 둘 수는 없다. 설립 후 5년간 일체 주식의 양도를 금지하는 내용으로 이를 정관으로 규정하였다고 하더라도 주주의 투하자본회수의 가능성을 전면적으로 부정하는 것으로서 무효"라고 판시했다(대법원 2020.09.26. 선고 99다48429판결).

> **사례)**
> 중견기업 S사는 정관에 기존 주주 외의 제3자에게 주식을 양도하고자 하는 경우에는 이사회의 승인을 얻도록 제한을 두고 있다. S사의 대표이사는 특수관계인을 포함하여 총 주식의 41%를 소유하고 있는데 다른 주주들이 합심하여 51%의 주식을 A에게 매각하기로 하였다.
> 이사회에서 거절될 것을 우려하여 100주만 먼저 이사회에 양도 승인을 얻어 A가 주주가 된 이후에 나머지 주식을 명의개서 하여 최대주주의 지위를 확보하고 주주총회를 소집하여 경영권을 장악하였다.

58.
주식 지분비율에 따른 권한

비상장 일반중소기업의 경우 대개 사장의 지분비율이 충분하기 때문에 경영권에 문제가 없으나, 필요한 핵심인력을 스카우트하는 경우 주식을 무상으로 증여하거나, 외부 자금을 유치하는 경우 지분비율 하락에 따른 문제가 나타날 수 있으므로 지분비율 관리에 유의하여야 한다.

발행주식총수의 3분의 2 이상 보유 시

가장 안정적으로 경영권을 확보할 수 있다. 주주총회의 특별결의는 참석주식수의 3분의 2 이상의 찬성과 발행주식총수의 3분의 1 이상의 찬성이 필요한데, 3분의 2 이상을 가지고 있으면 주총 특별결의를 가능하게 하는 주식수이다.

1) 정관의 변경(상법 제434조)
2) 영업의 전부 혹은 중요한 일부를 양도(상법 제374조 제1항 제1호)
3) 영업전부의 임대 또는 경영위임, 타인과 영업의 손익 전부를 같이 하는 계약이나 이에 준하는 계약을 체결, 변경 또는 해약하는 행위(상법 제374조 제1항 제2호)
4) 다른 회사의 영업 전부를 양수(상법 제374조 제1항 제3호)
5) 이사 또는 감사의 해임(상법 제385조 제1항, 415조)

6) 액면에 미달하게 신주 발행(상법 제417조 제1항)

7) 자본의 감소(상법 제438조 제1항)

8) 합병계약서의 승인(상법 제522조 제3항)

9) 주식의 분할(상법 제329조의 2)

10) 주식매수선택권 부여(상법 제340조의 2 제1항)

11) 해산의 결의(상법 제518조) 등

발행주식총수의 50% 초과 보유 시

주주총회의 결의는 상법 또는 정관에 다른 정함이 있는 경우를 제외하고는 출석한 주주의 의결권의 과반수와 발행주식총수의 4분의 1 이상의 수로써 하여야 한다(상법 제368조).

따라서 과반수를 초과하는 주식수를 갖고 있으면 보통결의를 가결할 수 있는 요건을 충족하게 된다.

1) 이사나 감사의 선임(상법 제382조 제1항, 409조 제1항)

2) 재무제표의 승인(상법 제449조)

3) 주식배당(상법 제462조의 2)

4) 이사의 보수 결정(상법 제388조)

5) 총회의 연기 또는 속행 결정(상법 제372조) 등

3% 이상의 지분 보유 시

회계장부열람권 등 소수주주에게 상법상 여러 가지 권한을 부여해 놓았다. 소수주주의 요건은 발행주식총수의 100분의 3 이상이다. 물론 주주 1인이 단독으로 소유해도 되며, 여러 주주가 합쳐서 100분의 3 이상을 보유해도 된다.

1) 주주제안권(상법 제363조의 2)
2) 임시주주총회 소집청구권(상법 제366조)
3) 집중투표청구권(상법 제382조의 2)
4) 이사, 감사, 청산인 해임청구권(상법 제385조, 415조, 539조)
5) 회계장부열람청구권(상법 제466조)
6) 회사의 업무, 재산상태 조사권(상법 제467조)

1% 이상 주주의 권리

1) 이사, 청산인의 위법행위 유지청구권(상법 제402조, 542조)
2) 대표소송제기권(상법 제403조)
3) 주주총회의 소집 절차나 결의방법의 적법성을 조사하기 위한 주주총회 전의 감사인의 선임청구권(상법 제367조 2항)

1주 이상 주주의 권리

1) 이사, 감사에 대한 손해배상청구 및 이익반환에 대한 대표소송권(상법 제467조의 2)

2) 설립무효소권(상법 제328조)

3) 주식교환무효소권(상법 제360조의 14)

4) 총회결의취소의 소권(상법 제376조)

5) 신주발행무효소권(상법 제429조)

6) 감자무효소권(상법 제445조)

7) 반대주주의 주식매수청구권(상법 제374조의 2)

소수주식 강제 매수·매도

2011년 상법 개정(2012.4.15. 시행)으로 지배주주(회사 발행주식 총수의 95% 이상 보유)가 소수주주의 주식을 강제로 매수할 수 있고, 반대로 소수주주도 지배주주에 대하여 그 주식을 매입해 줄 것을 청구할 수 있는 소수주식의 강제매수 및 매도제도가 신설되었다.

특정주주가 주식의 대부분을 보유하는 회사의 경우 소수주주들로 인하여 주주총회운영 등과 관련하여 불필요한 관리비용이 들므로 발행 주식 총수의 95% 이상을 보유하는 지배주주가 소수주주의 주식을 공정한 가격에 강제로 매입할 수 있도록 하였다(상법 제360조의 24).

한편, 지배주주가 있는 회사의 소수주주로서도 정상적인 주식양수양도로는 출자금 회수의 길이 쉽지 않기 때문에 지배주주로 하여금 소수주주의 주식을 매입하게 함으로써 회사의 지분을 정리할 수 있도록 허용할 필요가 있다. 그에 따라 개정상법은 소수주주도 지배주주에 대하여 주식매수청구권을 행사할 수 있게 하여 소수주주 보호방안을 마련하였다(상법 제360조의 25).

소수주식의 강제매수·매도에 있어 매매가격은 주주와 지배주주 간의 협의로 결정되나 매수·매도 청구를 받은 날로부터 30일 이내에 협의가 이루어지지 않으면 소수주주 또는 지배주주가 법원에 매매가액의 결정을 청구할 수 있으며, 법원은 회사의 재산상태와 그 밖의 사정을 고려하여 공정한 가액으로 산정하여야 한다.

59.
신주발행

신주발행이란 주식회사의 성립 후 발행할 주식의 총수 중 미발행 부분에 관하여 새로 주식을 발행하는 일을 말한다.

전환주식 또는 전환사채의 전환(상법 제346조. 제513조), 준비금의 자본전입(상법 제461조 제2항), 흡수합병(상법 제523조 제3호)의 경우에 발행하는 특수한 경우도 있으나, 보통은 자금조달을 목적으로 한다.

신주발행은 정관(定款)의 변경이 아니고 정관에서 주주총회의 결의를 요한다는 뜻의 규정이 없는 한 이사회의 결의로서 발행할 수 있다. 이 결의에서 결정할 사항은 정관에 따라 규정이 없는 한 발행할 주식의 종류와 수, 신주의 발행가액과 납입기일, 신주의 인수방법, 현물출자를 하는 사람의 성명과 목적인 재산의 종류·수량·가액과 이에 대하여 부여할 주식의 종류와 수 등에 관하여 결정한다(상법 제416조). 이 경우 액면미달의 발행(할인발행)도 할 수 있으나 그 경우에는 반드시 주주총회의 특별결의 기타 요건을 갖추어야 한다(상법 제417조).

신주발행의 절차를 보면, 정관에 주주의 신주인수권을 제한해 놓지 않은 이상 주주는 그가 가지는 주식의 수에 따라 신주의 배정을 받을 권리가 있으므로, 회사는 일정한 기일을 정하고 그 기일의 2주일 전에 신주인수권자에게 그 사람이 인수권을 가진 주식의 종류와 수 및 그 기일까지 주식인수의 청약을 하지 않으면 그 권리를 잃는다는 뜻의 통지를 해야 하며, 무기명주식의 주권을 발행한 때에도 역시 위의 사실을 공고하여야 한다(상법 제419조 제1항·제2항). 이와 같은 통지 또는 공고에도 불구하고 그 기일까지 주식인수 청약을 하지 않을 때에 신주인수권자는 권리를 잃는다(상법 제419조 제3항). 신주인수권자에 의하여 인수되지 않은 주식 또는 정관에 공모하기로 정한 주식에 관하여는 주주를 모집하는데, 이 경우의 주식인수의 청약·배정 등에 관해서는 설립의 경우에 준한다(상법 제425조).

현물출자를 하는 사람이 있는 경우에는 법원에 대하여 검사인의 선임을 청구하여 그 사항을 조사하도록 하며, 법원은 검사인의 보고를 들어 부당하다고 인정한 때에는 그 변경통고를 할 수 있고, 또 그 사람은 통고 후 2주일 이내 주식인수를 취소할 수 있다(상법 제422조). 신주인수인은 납입기일에 인수가액(引受價額)의 전액을 납입하고 또 현물출자의 전액이행을 하여야 한다(상법 제305조, 제421조, 제425조). 이와 같은 이행이 끝나면 납입기일의 다음 날부터 주주의 권리의무가 생긴다. 그러나 납입기일까지 그 이행을 하지 않은 사람은 권리를 잃게 된다(상법 제423조 제1항·제2항). 실권된 주식 또는 처음부터 인수되지 않은 주식은 미발행주식이 되고, 후에 다시 신주발행을 하게 된다. 신주발행이 효력을 발생하면 회사의 발행주식 총수에 변경이 생기므로 회사는 그것에 대한 변경등기를 하여야 한다(상법 제317조 제3항). 신주발행으로 인한 변경등기가 있은 후에 아직 인수되지 않은 주식이 있거나 청약이 취소된 주식이 있을 때에는 이사(理事)가 이를 공동으로 인수한 것으로 본다(상법 제428조 제1항).

신주발행유지청구권

신주발행유지청구권(新株發行留止請求權)이란 회사가 법령 또는 정관에 위반하거나 현저하게 불공정한 방법에 의해 주식을 발행함으로써 주주가 불이익을 받을 염려가 있는 경우 주주가 회사에 대해 발행을 중단할 것을 청구하는 권리를 말한다(상법 제424조). 유지청구는 신주발행의 효력이 생기기 전인 납입기일까지 하여야 하며 신주발행유지청구의 방법에는 제한이 없으므로 의사표시만으로도 할 수 있다. 신주발행유지의 가처분을 무시한 신주발행의 경우와 신주발행 유지의 訴에서 원고가 승소한 경우 그 신주발행은 무효이다.

신주발행무효의 소와 비교

신주발행유지청구권은 사전적 구제 수단이고 신주발행무효의 소는 사후적 구제 수단이다.

신주발행무효의 소

신주발행을 사후에 무효로 하는 경우 거래의 안전과 법적 안정성을 해할 우려가 큰 점을 고려할 때 신주발행무효의 소에서 그 무효원인은 가급적 엄격하게 해석하여야 한다. 그러나 신주발행에 법령이나 정관의 위반이 있고 그것이 주식회사의 본질 또는 회사법의 기본원칙에 반하거나 기존 주주들의 이익과 회사의 경영권 내지 지배권에 중대한 영향을 미치는 경우로서 주식에 관련된 거래의 안전, 주주 기타 이해관계인의 이익 등을 고려하더라도 도저히 묵과할 수 없는 정도라고 평가되는 경우에는 그 신주의 발행을 무효라고 보지 않을 수 없다.

제3자배정에 의한 신주발행 시 유의점

1. 제3자배정의 의미

회사는 신기술도입, 재무구조개선 등의 경영상 목적으로 정관이 정하는 바에 따라 주주 외의 자에게 신주를 배정할 수 있다(상법 제418조 제2항). 법문상 주주 외의 자에게 배정할 수 있다고 함으로써 기존주주는 제3자배정의 대상이 아닌 것으로 이해될 우려가 있다. 그러나 판례 및 학설은 제3자배정의 의미는 기존 주주가 보유한 지분율에 따른 배정을 무시하고 정관소정의 요건에 따라 임의적으로 배정함을 의미하는 것이지 기존 주주에게는 배정할 수 없다는 의미가 아니다. 관련 판례를 소개하면 다음과 같다.

신주 등의 발행에서 주주배정방식과 제3자배정방식을 구별하는 기준은 회사가 신주 등을 발행하면서 주주들에게 그들의 지분비율에 따라 신주 등을 우선적으로 인수할 기회를 부여하였는지 여부에 따라 객관적으로 결정되어야 하고, 신주 등의 인수권을 부여받은 주주들이 실제로 인수권을 행사함으로써 신주 등을 배정받았는지 여부에 좌우되는 것은 아니다(대법원 2012.11.15. 선고 2010다49380판결).

2. 정관규정의 엄격성

제3배정을 남용하면 기존주주의 지분율은 불안정할 수밖에 없다. 따라서 제3자배정을 할 경우에는 정관에 그 요건이 구체적으로 기재되어 있어야 한다. 예컨대 제3자에게 배정할 주식의 종류와 수, 부여대상 등이 정관에 기재되어 있어야 하며, 단순히 "이사회의 결의로 제3자에게 부여할 수 있다."는 표현은 백지위임으로서 무효라고 해석한다. 한편 제3자배정에 이의를 제기할 경우에는 주주, 이사 또는 감사에 한하여 신주발행 한 날로부터 6개월 이내에 소(訴)만으로 이를 주장할 수 있다(상법 제429조).

3. 주주배정 후 실권주 재배정과의 구별

주주배정 후 발생된 실권주를 제3자에게 재배정할 수 있는바, 이는 주주배정의 후속절차이므로 비록 결과적으로 제3자에게 배정하더라도 이는 제3자배정이 아니다. 따라서 정관에 근거규정이 있어야 하는 것은 아니다.

회사가 주주배정방식에 의하여 신주를 발행하려는데 주주가 인수를 포기하거나 청약을 하지 아니함으로써 그 인수권을 잃은 때에는(상법 제419조 제3항) 회사는 이사회 결의로 인수가 없는 부분에 대하여 자유로이 이를 제3자에게 처분할 수 있고, 이 경우 실권된 신주를 제3자에게 발행하는 것에 관하여 정관에 반드시 근거 규정이 있어야 하는 것은 아니다(대법원 2012.11.15. 선고 2010다49380판결).

4. 기존주주의 보호절차

제3자배정을 할 경우에는 기존주주에 대해 납입기일 2주 전까지 신주발행사항을 통지 내지 공고해야 한다(상법 제418조 제4항). 이는 기존 주주에게 지분율 변동을 예측케 함으로써 불안정성을 해소하려는 노력으로 이해한다. 그러나 실무에서는 등기선례에 근거하여 기존주주 전원의 동의를 받아 동 절차를 생략하는 것이 보편적이며, 주권상장법인의 경우에는 제3자배정 내용이 금융위원회에 제출한 주요사항보고서에 기재되고 동 내용이 금융위원회와 거래소에 공시된 경우에는 주주에 대한 통지 내지 공고를 할 필요가 없다(자본시장과 금융투자업에 관한 법률 제165조의 9).

60. 자기주식취득

　자기주식취득이란 회사가 회사에서 발행한 주식을 다시 사들이는 것을 말한다. 2011년 상법 개정으로 비상장법인의 자기주식취득이 전면 허용되어 주주이익금 환원, 가지급금 상환, 차명주식의 정리, 가업승계, 핵심 임직원에 대한 주식보상, 주식매입을 통한 경영권 방어 등에 대한 해결책으로 활용되고 있으므로 제대로 알아야 할 필요가 있다. 자기주식취득은 이익배당과 경제적 실질이 같다. 회사가 주주에게 돈을 주고 자기주식을 사는 것은 회사가 이익배당을 통해서 주주에게 돈을 지급하는 것과 같은 효과를 내기 때문이다. 이러한 이유로 자기주식취득은 이익배당과 비슷한 절차를 거치게 된다.

　상법상 자사주 매입은 주주평등의 원칙에 따라 모든 주주에게 제안(상법 제341조)하여야 하며, 그 가격은 상속세 및 증여세법 제60조, 제63조에 따라 결정되어야 한다. 또한 회사는 자사주 매입의 목적(재매각, 소각)을 명확히 하여야 한다.

주의해야 할 점

　회사는 자기주식을 취득한 다음 처분(거래나 매매)하거나 소각할 수 있다. 그런데 회사가 자기주식을 취득한 후 어떻게 처리하나(자기주식취득의 목적)에 따라 주식을 매각한 주주의 세금부담이 달라지게 된다.

구 분	취득 후 소각목적	취득 후 거래목적
소득 성격	배당소득(의제배당)	양도소득
거래 성격	자본거래	자산거래
세율	소득세율 6%~45% (지방소득세 별도)	비상장주식 양도소득세율 10%~20% (대주주의 경우 20%~30%) (지방소득세 별도)

    회사가 자기주식을 취득하는 데 있어 매입의 목적을 재매각으로 하여 주주가 매각차익에 대하여 양도소득세를 납부하였더라도, 소규모 비상장법인은 제3자와 거래가 어려워 나중에 주식을 소각할 가능성이 큰데, 이 경우 자기주식을 애초에 소각목적으로 취득한 것으로 보고 배당(의제배당)으로 간주하여 고율의 세액 추징이 발생할 가능성이 높다. 이런 경우를 대비하여 회사에 자기주식을 매각하고자 하는 주주는 소각할 때 발생할 수 있는 추가세금을 회사에서 부담하겠다는 확인서를 받아둘 필요가 있다.

    회사는 배당가능이익에 미치지 못할 우려가 있는 경우에는 자기주식을 취득해서는 아니 되며, 이러한 우려에도 자기주식을 취득한 경우 이사는 회사에 대하여 연대하여 그 미치지 못한 금액을 배상할 책임을 진다. 이와 관련하여 법원은 배당가능이익으로 자기주식을 취득할 수 있다는 것은 단순히 회계장부상 배당가능이익 금액의 범위 내에서 자기주식을 취득할 수 있다는 의미가 아니라 배당가능이익을 재원으로 자기주식을 취득할 수 있다는 것으로 설명하고 있다. 이러한 법원의 판단은 회사가 비록 이익잉여금이 있다고 하더라도 자기주식 취득대금을 지급할 재원이 없어서 차입을 통하여 지급하는 것은 자본충실의 원칙과 주주평등의 원칙에 위배한다고 볼 수 있다고 보는 것이다. 전년도에는 배당가능이익이 있었더라도 금년에 적자가 많이 나서 배당가능이익이 부족해지면 금년에 자기주식을 취득하면 안 된다는 것을 의미한다.

또한 유관기관은 대주주나 특수관계인으로부터 업무와 관계없이 자기주식을 취득한 경우 주주에게 우회적 자금대여 의도가 있었다고 보아 상법에서 정한 절차를 준수했음에도 업무무관가지급금에 해당한다고 판단한 바 있으므로 대주주나 특수관계인의 보유 주식을 자기주식으로 취득하는 것은 각별히 주의하여야 한다.

자기주식취득 절차

1. 사전 검토

사전에 배당을 어떤 방식으로 할 것인지 계획을 수립한 후 배당가능이익 범위 내인지 검토한다. 배당가능이익은 자기주식 취득시점에 존재하여야 하며, 해당 시점에 배당가능이익이 없는 것이 뒤늦게 밝혀진 경우에는 배당을 결의한 이사들이 손해배상책임을 져야 한다.

회사가 자기주식을 취득할 취득가액의 총액은 배당가능이익(즉, 직전 결산기의 대차대조표상의 순자산액에서 자본금의 액, 그 결산기까지 적립된 자본준비금과 이익

준비금의 합계액, 그 결산기에 적립하여야 할 이익준비금의 액 및 미실현이익 등의 금액을 뺀 금액)의 범위를 초과해서는 아니 된다(상법 제462조 제1항).

2. 자기주식취득 시행결의

자기주식을 취득하려는 회사는 주주총회의 결의로 결정한다. 다만, 이사회의 결의로 이익배당을 할 수 있다고 정관으로 정하고 있는 경우에는 이사회의 결의로 주주총회의 결의를 갈음할 수 있다. 자기주식을 취득하려는 회사는 미리 주주총회의 결의로 취득할 수 있는 주식의 종류 및 수, 취득가액의 총액의 한도, 그리고 1년을 초과하지 아니하는 범위에서 자기주식을 취득할 수 있는 기간 등을 결정하여야 한다. 이러한 결정을 근거로 회사가 자기주식을 취득하려는 경우에는 이사회의 결의로써 자기주식 취득의 목적, 취득할 주식의 종류 및 수, 주식 1주를 취득하는 대가로 교부할 금전이나 그 밖의 재산의 내용 및 그 산정 방법, 주식 취득의 대가로 교부할 금전 등의 총액, 20일 이상 60일 내의 범위에서 주식양도를 신청할 수 있는 기간 및 양도신청기간이 끝나는 날부터 1개월의 범위에서 양도의 대가로 금전 등을 교부하는 시기와 기타 주식 취득의 조건 등을 정한다.

3. 모든 주주에게 통지 또는 공고

회사는 이러한 이사회 결정사항과 회사의 재무 현황, 자기주식 보유 현황, 이사회 결의사항을 양도신청기간이 시작하는 날의 2주 전까지 각 주주에게 서면(내용증명)으로 통지하여야 한다. 이러한 통지를 받고 회사에 주식을 양도하려는 주주는 양도신청기간이 끝나는 날까지 양도하려는 주식의 종류와 수를 적은 서면으로 주식양도를 신청하게 되며, 양도신청기간이 끝나는 날이 회사와 그 주주 사이의 주식 취득을 위한 계약 성립시기가 된다. 즉, 회사의 통지가 청약으로, 주주의 신청이 승낙으로 의제되는 것과 같은 효과가 생기는 셈이다. 다만, 주주가 신청한 주식의 총수가 회사가 취득할 주식의 총수를 초과하는 경우 계약 성립의 범위는 취득할 주식의 총수를 신청한 주식의 총수로 나눈 수에 주주가 신청한 주식의 수를 곱한 수로 정하게 된다.

취득 후 처분

자기주식을 취득한 후에는 회사는 주식을 계속 보유하거나 제3자에게 매각하거나 소각할 수 있다. 자기주식의 처분에 관한 사항은 이사회가, 이사회가 없는 경우 대표권이 있는 이사가 결정한다.

1. 제3자에게 매각

정관에 별도의 규정이 없다면 이사회 또는 대표권 있는 이사는 처분할 주식의 종류와 수, 처분할 주식의 처분가액과 대가의 지급일, 주식을 처분할 상대방 및 처분방법을 결정하여 매각할 수 있다.

2. 자기주식소각

자기주식소각도 이사회 또는 대표권이 있는 이사가 결정한다. 단, 주식소각 후 발행주식수 변경등기를 해야 한다.

배당가능한 이익과 무관하게 자기주식을 취득할 수 있는 경우

　회사의 합병 또는 다른 회사의 영업 전부의 양수로 인한 경우, 회사의 권리를 실행함에 있어 그 목적을 달성하기 위하여 필요한 경우, 단주(端株)의 처리를 위하여 필요한 경우, 주주가 주식매수청구권을 행사한 경우에는 배당 가능한 이익과 무관하게 자기주식을 취득할 수 있다(상법 제341조의 2).

61.
주주제안권

　주주총회의 목적사항을 무엇으로 할 것인지의 결정은 이사회에서 정하도록 하고 있다. 그러나 그렇게만 할 경우 회사의 지배주주나 이들에 의해 선임된 경영진이 아닌 주주들은 회사 경영에서 소외되고, 주주총회에 대하여 무관심하게 된다.

　주주제안권(Shareholder Proposal Right)은 주주에게 주총에서 논의될 의안을 제출할 수 있는 권리를 부여하는 것으로, 회사 경영에 대한 일반주주들의 적극적인 참여를 유도하고 형식적인 주주총회를 활성화시켜 경영진의 독주를 견제하면서 회사경영의 민주화를 이루기 위하여 도입되었다.

　주주제안이 가능한 지분율은 비상장법인의 경우 3%, 상장법인의 경우 자본금 1천억 원 미만 기업은 1.0%, 1천억 원 이상 기업은 0.5%이며, 상장법인의 경우에는 주주가 6개월 이상 그 주식을 보유하고 있어야 한다.

　주주제안을 하고자 하는 주주는 주주총회 회일의 6주 전에 서면 또는 전자문서로 회사의 이사에게 제안하여야 하고, 이사는 이를 이사회에 보고하여야 한다. 여기서 6주를 계산할 때 정기주주총회의 경우에는 직전 연도의 정기 주주총회일에 해당하는 그해의 해당일을 기준으로 한다. 제안의 기간이 6주에 미달하는 경우의 효과에 관하여, 회사는 그 제안을 총회에 상정할 수 없다는 견해가 있으나, 위 기간은 회사의 준비를 위한 것이므로 회사가 그 제안을 채택할 의무는 없지만 이를 채택하여 총회에 상정하는 것은 무방하다.

주주제안이란 총회에서 결의될 사항을 제안하는 것이므로 당연히 주주총회의 권한에 속하는 결의사항에 한정된다. 따라서 경영정책의 결정에 관한 사항과 기타 업무집행에 관한 사항과 같이 이사회의 권한에 속하는 사항에 대해서는 원칙적으로 주주제안의 대상이 되지 않는다. 다만 이사회의 권한사항이라고 하더라도 정관에 의하여 주주총회의 결의사항으로 할 수 있는 것은 주주제안의 대상이 될 수 있다고 본다.

요건을 갖춘 주주로부터의 주주제안이 있는 경우 해당 주식회사의 이사는 이를 이사회에 보고하고, 주주제안의 내용이 법령 또는 정관을 위반하는 경우와 그밖에 대통령령으로 정하는 경우를 제외하고는 주주총회의 목적사항으로 하여야 한다(상법 제363조의 2).

대통령령으로 정하는 주주제안의 거부 사유는 다음과 같다.

1) 주주총회에서 의결권의 100분의 10 미만의 찬성밖에 얻지 못하여 부결된 내용과 동일한 의안을 부결된 날부터 3년 이내에 다시 제안하는 경우
2) 주주 개인의 고충에 관한 사항
3) 주주가 권리를 행사하기 위해서 일정 비율을 초과하는 주식을 보유해야 하는 소수주주권에 관한 사항
4) 임기 중에 있는 임원의 해임에 관한 사항(상법 제542조의 2 제1항에 따른 상장회사만 해당)
5) 회사가 실현할 수 없는 사항 또는 제안 이유가 명백히 거짓이거나 특정인의 명예를 훼손하는 사항(상법시행령 제12조)

회사는 주주제안권이 행사된 경우에 그 제안권행사가 요건을 갖추고 있는가를 검토하고, 또 제출된 제안이 배제사유에 해당하는지를 판단하여야 한다. 제안권행사의 적법성 유무에 대한 회사의 판단은 대표이사가 해야 한다는 견해도 있지만 이사회에서 해야 할 것이다. 이사회는 그 제안권행사가 요건을 갖추고 있는지 여부와 제안내용이 배제사유에 해당하는지 여부를 심의한 결과 적법한 절차에 따르고 하자가 없는 경우에는 반드시 '주주총회의 목적사항'으로 채택해야 한다. 이사회가 그 요건에 흠결이 있거나 내용에 배제사유가 있다는 판단을 내리면, 그 검토결과를 배제사유와 함께 제안한 주주에게 통지하는 것이 바람직하다.

62. 과점주주의 의무

과점주주란 지배주주 또는 대주주라고도 한다. 주주 또는 그와 대통령령으로 정하는 친족이나 특수관계인이 소유하는 주식의 합계 또는 출자액의 합계가 당해 법인의 발행주식총수 또는 출자총액의 100분의 50을 초과하는 경우를 과점주주라고 한다(국세기본법 제39조). 주식회사에서 회사를 지배하려면 주식 총수의 과반수를 소유해야 하고, 과점의 한계는 보통 50% 이상이다.

과점주주의 2차 납세의무 제도

주식회사의 주주는 원칙적으로 유한책임만 지는 것이나, 주주가 회사의 주식을 과점주주가 될 정도로 많이 보유하는 경우 당해 법인의 재산이 실질적으로 과점주주 소유의 재산과 다를 바 없다는 점을 감안하여 2차 납세의무를 지운다.

1. 국세

법인(상장법인 제외)의 재산으로 그 법인에게 부과되거나 그 법인이 납부할 국세·가산금 등에 충당하여도 부족한 경우에는 그 국세의 납세의무 성립일 현재 과점주주 중 일정한 관계에 해당하는 자는 그 부족액에 대하여 제

2차 납세의무를 진다. 다만 그 부족액을 발행주식총수로 나눈 금액에 과점주주가 실질적으로 권리를 행사하는 주식수를 곱하여 산출한 금액을 한도로 한다(국세기본법 제39조).

2. 지방세

법인(상장법인 제외)의 재산으로 그 법인에게 부과되거나 그 법인이 납부 또는 납입할 지방자치단체의 징수금에 충당하여도 부족한 경우에는 그 지방자치단체의 징수금의 과세기준일 또는 납세의무 성립일(이에 관한 규정이 없는 세목에 있어서는 납기 개시일) 현재 과점주주 중 일정한 관계에 해당하는 자는 그 부족액에 대하여 제2차 납세의무를 진다. 다만 그 부족액을 발행주식총수로 나눈 금액에 과점주주가 실질적으로 권리를 행사하는 주식수를 곱하여 산출한 금액을 한도로 한다(지방세기본법 제46조).

또한 지방세법에서는 법인의 주식 또는 지분을 취득함으로써 과점주주가 된 때에는 그 과점주주는 당해 법인의 부동산·차량·기계장비·항공기·선박·입목·광업권·어업권·골프회원권·승마회원권·콘도미니엄회원권 또는 종합체육시설이용회원권을 취득한 것으로 본다고 하여 취득세를 납부하도록 하고 있다. 이때 총가액을 그 법인의 주식 또는 출자의 총수로써 나눈 가액에 과점주주가 취득한 주식 또는 출자의 수를 곱한 금액을 과세표준액으로 한다. 다만, 법인설립 시에 발행하는 주식 또는 지분을 취득함으로써 과점주주가 된 경우에는 그러하지 아니하다(지방세법 제7조 제5항).

사례)

중소기업 A사의 대표이사 B는 친구의 제안을 받아 신규사업을 시작하였다. 어느 정도 성과가 나타나는 시점에서 친구와 의견이 맞지 않아 신규사업 부문을 분사하게 되었는데 분사 후 분사회사에 대한 A사의 지분율은 70%이고 친구가 30%를 보유하게 되었다.

A사는 분사된 회사에 대하여는 경영에 관여하지 않았으며 친구가 전적으로 경영을 하였는데 경영을 잘못하여 분사 2년 만에 문을 닫게 되었다. A사는 분사회사의 지분을 대손처리 하고 마무리 지었는데 1년 후 느닷없이 A사에 분사회사가 납부하지 않았던 각종 체납세금에 대한 납부고지서가 날아왔고, 과점주주로서 이를 납부할 수밖에 없었다.

63.
회사 설립·증자 시 지분율에 관한 유의사항

회사를 설립하거나 증자할 때 사장이 영업력, 기술력뿐만 아니라 자금도 풍부하다면 더 바랄 것이 없으나 대부분의 경우 자금이 부족한 것이 현실이다.

이때 지인이나 친인척들로부터 자금을 조달한다면 별다른 문제가 없을 수 있으나, 자금을 대주는 별도의 전주가 있는 경우에는 향후 문제 발생의 소지가 있다.

대개의 경우 사장은 본인의 영업력이나 기술력을 인정받기를 원하기 때문에 회사에 자금을 납입하지 않거나 소액만 납입하더라도 경영권을 보장받을 수 있는 지분비율을 받기를 원한다.

따라서 전주는 자금을 납입한 것에 비해 적은 비율의 주식을 받게 된다.

이때 주의하여야 할 것은 현행 상법상 현금 또는 현물의 출자를 제외한 신용 또는 노무의 출자를 인정하지 않기 때문에 신용 또는 노무의 출자를 대가로 지분을 배분받는 것이 법의 원리에 어긋난다는 것이다(상법 제295조).

따라서 혹시라도 발생할 수 있는 문제의 소지를 피하기 위하여는 설립회사의 통장으로 전주가 직접 주식납입대금을 입금하도록 하지 말고, 사장의 개인 통장으로 전주의 자금을 받아 설립회사의 통장에 사장이 직접 주식대금을 납입하는 형식을 취하는 것이 좋을 것이다.

또한 외부 자금을 유치할 때 향후 경영권에 영향을 미칠 수 있는 정도의 투자를 받는 경우에는 투자가가 주식을 제3자에게 양도하는 경우에 사장이 주식을 우선 매수할 수 있도록 하는 우선인수권을 가질 수 있도록 투자계약서에 명시할 필요가 있다.

사례)

유망 중소기업 B사의 대표이사 K는 코스닥 등록업체 S사에서 제3자 배정방식으로 투자를 받아 최대주주 지위를 잃게 되자 S사의 대표이사와 3년 후에 지분 일부를 양도받아 다시 최대주주가 될 수 있도록 하는 이면계약서를 체결하였다. 2년 후에 S사가 경영상의 문제로 상장폐지 되면서 S사가 보유하고 있던 B사의 주식을 제3자가 취득하게 되었다. 주식을 취득한 제3자가 이면계약서가 있었음을 모른다고 주장함에 따라 선의 취득이 인정되어 이면계약서가 효력을 상실하였고 결국 경영권을 잃게 되었다(우선인수권이 없어 경영권을 상실한 사례).

64.
주주 배당

배당(配當·dividend)이란 '주식회사가 주주총회의 결의에 의해 소유주식 수 비율에 따라 주주에게 이익금을 분배하는 것'을 말한다. 다시 말해 주주가 기업에 출자한 자본의 대가로 받는 이익배분이다. 기업은 1년 동안 영업을 하고 난 결과를 갖고 이듬해 주주총회에서 주주들에게 얼마를 되돌려줄지 결정하게 된다.

통상 12월이 결산법인인 기업의 경우 3개월 이내에 주주총회를 개최하고 여기서 배당률이 결정되면 4월까지 배당을 마치게 된다.

주주배당에는 현금배당과 주식배당이 있다.

현금배당은 말 그대로 기업이 1년 동안 장사를 잘해 남긴 이익을 현금으로 주주들한테 돌려주는 것이다.

주식배당은 현금 대신 그 회사 주식을 새로 발행해 나눠주는 것이다. 주주에게 배당할 현금이 부족하거나 회사의 자본금 규모를 늘려야 하는 경우 주로 이용한다.

유통주식 수가 적은 경우 주식의 유동성을 높일 수 있는 장점도 있다.

주주배당은 주주 달래기 수단으로 많이 이용된다. 특히 비상장 중소기업의 경우 주식 매매를 통한 자금회수나 양도차익 실현이 어려우므로 주주 이익 보상 차원에서도 배당이 가능하다면 배당을 할 수 있다.

하지만 배당을 많이 한다고 해서 무조건 주주들에게 좋기만 한 것은 아니다.

　기업 입장에선 벌어들인 이익을 당장 주주들에게 나눠주는 것보다 미래 성장을 위한 투자재원으로 남겨두는 것이 바람직할 수 있다.

　주주들로서도 장기적인 관점에서 보면 당장 배당 몇 푼 더 받는 것보다 기업이 경쟁력을 키우도록 하는 게 더 좋을 수 있다. 나중에 더 큰 파이를 나눠 가질 수 있기 때문이다.

　배당의 재원은 회사의 이익금이다.

　여기서 이익이란 기업이 그동안 벌어서 쌓아놓은 유보이익까지 포함한다. 해당연도에는 적자를 냈더라도 유보이익이 있으면 배당이 가능하다.

　현금배당을 하는 경우 배당소득세를 회사가 원천징수하고 지급하는데, 현재 14%의 소득세율이 적용되므로 지방소득세 1.4%를 포함하여 15.4%를 제외하고 지급한다.

　주식배당을 하는 경우에는 금전을 지급하는 것이 아니므로 실무상으로는 주식을 교부하면서 원천징수세액 상당액을 주주로부터 징수하여야 한다.

　일반적인 경우 별도로 세금 신고를 할 필요가 없으나 이자소득과 배당소득의 합계금액이 2천만 원을 초과하는 주주의 경우에는 종합소득신고를 별도로 하여야 한다.

　배당소득에 대하여 종합과세 하는 경우에는 이중과세 문제를 해결하기 위하여 법인에서 1차적으로 법인세를 부담한 것으로 보아 이를 소득에 추가하여 배당소득을 계산하고 계산된 세금에서 차감하는 배당세액공제제도를 두고 있다.

　이중과세란 법인이 영업활동을 통해 얻은 이익에 대해 먼저 법인세가 부과되고 남은 잉여금을 법인의 주인인 주주에게 배당할 때 소득세가 과세되는 것을 말한다.

따라서 종합소득신고를 하여야 할 경우에도 배당소득에 대하여는 배당세액공제가 있으므로 실제 납부할 세금은 20% 전후라고 생각하면 될 것이다.

개인주주에 대한 배당세액공제(소득세 이중과세 조정)

법인단계에서 이미 법인세가 과세된 소득을 주주에게 배당할 때 그 배당소득에 대하여 다시 과세되는 중복과세문제를 조정하기 위한 제도이다.

법인단계에서 과세된 법인세(gross-up 금액)를 배당소득총수입금액에 + 가산하여 = 배당소득금액을 계산한 후 그 gross-up 금액을 다시 배당세액공제로 산출세액에서 차감함으로써 이중과세 문제를 조정한다.

배당세액공제대상 및 공제액의 계산

1) 종합소득금액에 배당가산(gross-up) 된 배당소득금액이 합산되어 있는 경우에는 그 가산한 금액을 종합소득 산출세액에서 공제하며 이를 '배당세액공제'라 한다.
2) 배당세액공제의 대상이 되는 배당소득금액은 종합소득과세표준에 포함된 배당소득금액으로서 종합과세기준금액(2천만 원)을 초과하는 것으로 하며 배당세액공제액 계산은 다음과 같이 1, 2호 중 적은 금액으로 한다.

① 배당세액공제액 = 배당가산액(gross-up) 대상 배당액 중 금융소득 2천만 원 초과하는 부분×배당가산율 11%)

② 한도액 = 종합소득산출세액(아래 ㉠, ㉡중 큰 금액) - 분리과세 시 산출세액

㉠ (2천만 원×14%) + (2천만 원 초과 금융소득+배당가산액+다른 종합소득금액-종합소득공제) × 기본세율

㉡ (비영업대금이익×25%) + (비영업대금이익 외의 금융소득×14%) + (다른 종합소득금액-종합소득공제) × 기본세율

한편, 법인 주주는 gross-up 제도가 아니라, 익금불산입(기타) 신고조정으로 이중과세를 조정한다.

65.
비상장주식의 매매 및 세금

비상장회사의 경우 주주들이 회사 주식을 매매하고자 할 때 주식 실물 발행여부, 통일주권 발행여부에 따라 회사에서는 다음과 같이 처리한다.

첫째, 주권을 발행하지 않은 경우

주주 요청에 따라 본인신분과 주식양수도계약서를 확인하고 주주명부 변경 후 주식보관증을 발급하여 준다.

둘째, 비규격 주권을 발행한 경우

주주 요청에 따라 주권실물과 본인신분을 확인한 후, 주주명부를 변경하고 주권실물 이면에 관련 사항(양도 연월일, 보유자명)을 기재하고 날인하여 교부한다.

셋째, 통일규격유가증권을 발행한 경우

주식을 발행하면 보통 예탁결제원에 맡겨 유통시키는 것이 일반적이므로 회사에서는 크게 신경 쓸 것이 없다.

비상장주식 매매에 따른 세금

비상장주식 매매 시 주식매도자는 증권거래세와 양도소득세 및 양도소득세에 대한 지방소득세를 납부하게 된다.

1. 증권거래세

비상장주식 증권거래세율은 양도한 금액의 1만 분의 35이다(증권거래세법 제8조).

증권거래세는 양도한 금액(=1주당 매도가격×주식수)의 0.35%를 양도일이 속하는 반기의 말일부터 2개월 이내에 거주지 관할세무서에 납부하여야 한다.

2. 양도소득세

양도소득세는 양도차익 즉 매도가격이 매수가격보다 클 때 그 차익에 대해 납부하는 세금으로, 소득세법 개정에 따라 2020년 1월 1일부터는 비상장주식 중 중소기업의 경우는 세율이 소액주주 10%, 대주주 20%(양도소득 3억 초과하는 금액에 대하여는 25%)이고, 중소기업 외의 법인인 경우에는 소액주주 20%, 대주주 20%(양도소득 3억 초과하는 금액은 25%, 1년 미만 보유주식은 30%)이다.

양도소득세 납부액 산출식을 간단히 나타내 보면

양도소득세 = (양도가액-양도소득 필요경비-양도소득 기본공제) × 10% (또는 20%, 30%)

- 양도가액 = 1주당 매도금액 × 주식수
- 양도소득 필요경비 = 매도한 주식을 취득하기 위해 들어간 비용(주식의 매입가뿐만 아니라 매입을 위해 들어간 비용이 있다면 이도 포함된다)
- 양도소득 기본공제 = 당해 연도 양도소득 금액 산출 시 2백50만 원 공제(기본공제는 1년마다 발생한 양도소득에 대해 1번씩 공제받을 수 있다)
- 양도소득의 납부 시기

양도일이 속하는 분기의 말일부터 2개월 이내에 예정신고를 하고 예정신고세액을 납부하여야 한다. 2010년 세법개정으로 예정신고 및 납부를 정해진 기간 내에 하지 않는 경우 20%의 무신고가산세가 부과되므로 주의하여야 한다.

3. 지방소득세

양도소득세 납부 시 양도소득세의 10%를 관할 구청에 신고·납부하여야 한다.

한국의 현행 상속세율은 10~50%의 5단계 누진세율 구조다. 기업 상속은 최대주주 등의 주식을 대기업의 경우 할증 평가(20%)하고 있어 최대 60%의 상속세율을 적용받기도 한다(중소기업은 할증 배제).

법망을 피해서 상속세 없는 상속이 이루어지는 것을 막을 수 없다. 극단적으로 세상에는 상속세가 전혀 없는 나라(선진국인 호주, 스웨덴, 싱가포르도 상속세가 없다)도 있기 때문에 국적만 갈아타도 상속세는 전혀 내지 않게 된다.

중소기업 대주주인 경우 주식을 매도할 때 27.5%의 세금을 부담하므로 고율의 상속세를 부담하는 것보다 유리한 부분이 있다. 최근 재산이 많은 일부 사업주들 중에서는 회사를 매각하고 상속세가 없는 싱가포르, 호주 같은 해외 선진국으로 이민을 가서 재산을 물려주는 것을 고려하는 사례가 늘고 있다.

66.
비상장주식의 가치 평가

비상장기업의 주식은 상장기업과 달리 주식시장에서 거래되지 않으므로 시장가격이 형성되지 못한다.

특히 대부분의 중소기업 비상장주식은 매수하려는 매수자가 거의 없고, 매수자가 나서더라도 협의에 따라 가격이 결정되므로 객관적으로 인정되는 주식가치를 산정하기가 어렵다.

따라서 상속세 및 증여세 납부를 위한 세액 산정을 위한 가치평가방식이 비상장주식의 가치를 객관적으로 평가하는 데 유용한 방안이 될 것이다.

비상장주식의 기본 평가 방법

비상장주식은 상속개시일 또는 증여일 전후 6개월(증여재산의 경우는 평가기준일 전 6개월부터 평가기준일 후 3개월) 이내에 불특정다수인 사이에 자유롭게 거래가 이루어지는 경우에 통상적으로 성립된다고 인정되는 가액 또는 수용·경매·공매가액이 확인되는 경우에는 이를 시가로 보아 평가한다(상속세 및 증여세법 제60조).

비상장주식의 보충적 평가방법

1주당 순손익가치와 순자산가치를 각각 3과 2의 비율로 가중평균 한 가액으로 평가한다(상속세 및 증여세법 시행령 제54조).

1주당 평가액 = (1주당 순손익가치×3+1주당 순자산가치×2) ÷ 5

1. 순손익가치의 평가

> 순손익가치=1주당 최근 3년간 순손익액의 가중평균액 ÷ 3년 만기 회사채의 유통수익율을 고려하여 기획재정부장관령으로 정하는 이자율

- 기획재정부장관이 고시하는 이자율: 10%(2010.11.5.~현재)
- 1주당 최근 3년간 순손익액의 가중평균액의 계산 방법
  = [(평가기준일 이전 1년이 되는 사업연도의 1주당 순손익액×3)
  +(평가기준일 이전 2년이 되는 사업연도의 1주당 순손익액×2)
  +(평가기준일 이전 3년이 되는 사업연도의 1주당 순손익액×1)] ÷ 6

2. 순자산가치의 평가

> 순자산가치=당해 법인의 순자산가액 ÷ 평가기준일 현재의 발행주식 총수

- 순자산가액이란 평가기준일 현재의 당해 법인의 자산총액에서 부채총액을 차감한 가액에서 영업권 평가액을 합한 금액을 말한다. 자산의 평가는 평가기준일 현재의 시가에 의하며, 시가가 불분명한 경우 보충적 평가방법에 의하여 평가하되, 그 가액이 장부가액보다 적은 경우에는 장부가액으로 평가한다.

3. 최대주주 등의 주식에 대한 할증평가

최대주주 또는 최대출자자 및 그의 특수관계인에 해당하는 주주의 주식에 대해서는 그 평가액에 20%를 가산한다. 다만 대통령령으로 정하는 중소기업 및 평가기준일이 속하는 사업연도 전 3년 이내의 사업연도부터 계속하여 「법인세법」 제14조 제2항에 따른 결손금이 있는 법인의 주식 등 대통령령으로 정하는 주식은 할증평가를 배제한다.

사례)

2024년 현재 사업연도가 15년이 된 A사의 가치를 평가하는 경우

재무상태표	자산가액	부채가액	영업권평가액	발행주식총수
2024년	100억	50억	10억	10만 주
손익계산서	2023년	2022년	2021년	
순손익액	24억	16억	10억	
1주당 순손익액	24,000원	16,000원	10,000원	

순자산가액 = 100억 − 50억 + 10억 = 60억
1주당 순자산가치 = 60억/10만 주 = 60,000/주
1주당 순손익액의 가중평균액 = (24,000×3+16,000×2+10,000×1) ÷ 6
　　　　　　　　　　　　　　 = 19,000/주
1주당 순손익가치 = 19,000 / 10% = 190,000/주
1주당 평가액 = (60,000×2+190,000×3) ÷ 5 = 138,000/주

67.
주주 간 협약

회사 설립 시 주주 간 협약

회사 설립 시 경영권행사, 주식지분 배분 등과 관련하여 주주 간에 협약이 체결되는 경우가 있다. 예컨대 A는 기술력을 제공하고, 대신 B는 자본을 조달하되 지분은 50:50으로 하는 식이다. 원래 주식지분은 돈을 투자한 비율에 따라 배분하는 것이 원칙이지만 간혹 기술력이나 영업력을 가진 자를 영입하기 위하여 돈의 투자와 관계없이 지분을 배분하는 경우도 많이 있다.

이렇게 실제 자본을 투자하는 비율과 주주 지분율이 다르거나 경영권행사에 관한 별도의 약정이 있는 경우 실무에서는 그러한 사항을 명확히 하기 위하여 "주주 간 협약서" 내지 "투자약정서" 등을 체결하는 경우가 흔하다. 주주 간 협약서는 특별한 양식이 있는 것이 아니라 ① 회사 설립에 관한 전반적인 사항, ② 주주 각자가 부담하는 투자금이나 기술력 내지 영업력, ③ 지분 배분, ④ 경영권행사에 관한 사항, ⑤ 이익금의 배당에 관한 사항, ⑥ 불이행 시 손해배상에 관한 사항 등을 기재하면 된다.

회사 설립 시 주주 간 협약의 효력

주주 간 협약서의 상당 부분은 상법상 무효인 경우가 많다. 예컨대 주식비율에도 불구하고 경영권은 누가 행사한다거나 주식지분율에도 불구하고 누구에게는 얼마의 배당을 보장하기로 한다는 조항은 상법상으로는 그 효력을 강제하지 못한다. 상법은 단체법이기 때문에 무색투명하게 처리될 뿐 개인 간의 약정으로 이를 좌지우지하지 못하기 때문이다.

따라서 주주 간 협약서에서 경영권을 보장해 주기로 하였다 하더라도 회사의 경영권은 결국 주주총회에서 의결권행사를 통하여 실행되므로 협약서의 내용에 반하여 경영권이 행사되더라도 상법상으로 이를 제지할 방법은 없다. 다만, 이러한 주주 간의 협약도 민법상 계약으로는 유효하므로 그 협약사항이 제대로 이행되지 않으면 상대방 주주에게 손해배상의 책임을 물을 수 있어 간접적으로 이를 강제할 수는 있다.

주주 간 계약

주주 간 계약(Shareholder' Agreement; SA)이란, 주주들 사이에서 회사의 운영, 회사의 의사결정 및 의결권 행사, 주식의 처분의 제한, 경업금지 의무, 배당 정책, 비밀유지의무 등 회사의 경영과 관련하여 별도 합의 내용을 담는 약정이다.

주주 간 계약은 주로 이미 회사를 경영해 오던 기존 주주가 신주발행, 전환사채를 발행하는 방식 등으로 새로운 주주를 받아들이게 될 때 기존 주주와 새로운 주주 사이에 새로운 합의가 필요하여 맺게 되는 계약이다. 이는 투자 계약과 별도로 체결되기도 하고, 투자 계약에 주주 간 계약의 조항이 포함되는 경우도 있다.

주주 간 회사의 운영이나 의사결정 및 이해상충 행위의 금지 등 계약상 구속되는 의무와 권리를 정함으로써 주주 간 계약을 체결한 당사자가 회사 경영에만 집중하도록 하는 한편, 향후 발생할 분쟁을 예방하고자 하는 목적으로 주주 간 계약을 체결하게 된다.

주주 간 계약의 효력

이러한 주주 간 계약은 유효한가? 회사에 대해서는 효력이 미치지 못하고 주주 간 계약을 체결한 당사자 사이에서는 효력이 미친다.

주주 간 계약에서 가장 많이 다뤄지는 것이 '주식양도 제한'이다. 즉 대부분 창업자가 제3자에게 양도할 수 없도록 하거나(lock up), 양도하는 경우 다른 주주에게 우선매수권(first refusal), 공동매도권(tag along), 동반매도권(drag along)을 부여하는 내용의 주주 간 계약을 체결하는 경우가 있다. 이것을 '주식양도 제한'의 주주 간 계약이라고 부른다. 투자자 입장에서 기존 창업자의 역할은 매우 중요하고 기존 창업자가 투자 유치 직후 지분을 매각하게 된다면 투자의 의미 자체가 사라질 수 있다. 이에 주식양도 제한 규정을 넣어 창업자가 지속하여 회사에 머무르고 투자자와 같은 방향을 보며 갈 수 있도록 구속하는 것이다.

그런데 주식양도 제한의 약정이 유효한 경우라고 하더라도 그것은 계약당사자(주주) 사이에서만 효력을 가진다. 주식양도 제한 약정을 위반하여 제3자에게 주식을 양도한 경우 당사자 간에 계약상 손해배상 등의 책임은 있을 수 있더라도 그 주식양도 자체는 유효하므로 주식을 양수한 자가 회사에 대해 명의개서를 요구하는 경우 회사는 주주 간 주식양도 제한 약정을 이유로 이를 거절할 수 없다는 점을 주의할 필요가 있다.

주주 간 계약서는 특별한 양식이 정해져 있는 것이 아니기 때문에 각 회사 상황에 맞게 구체적으로 상세하게 작성하는 것이 바람직하다. 평상시에는 별다른 문제가 없지만 주주들 간에 이해관계가 크게 엇갈리게 되면 주주 간 계약이 처음 판단 기준이 될 수밖에 없다. 계약서 작성 시부터 이러한 분쟁 발생을 고려해 각 규정이 만들어져야 하는 이유다.

각서의 작성

각서란 어떤 내용에 대해 상대방과의 약속을 지키겠다는 내용을 서약서의 형태로 작성한 문서를 말한다.

각서는 상황에 따라 형식과 내용이 달라질 수 있는데, 일반적으로 사용되는 각서에는 지불각서, 이행각서, 양해각서, 포기각서 등이 있다.

각서는 상황에 따라 서식명과 작성하는 내용 또한 달라진다. 뿐만 아니라 꼭 기본적인 각서 문서가 아니더라도 상호 간의 혼합적인 서식을 활용할 수 있으며, 경우에 따라서는 연대보증에 관한 사항도 각서에 포함될 수 있다. 따라서 각서라는 것은 상대방과의 일종의 약속이며, 문서화로 증명하는 증서라고 할 수 있다.

1. 각서의 효력은 당사자에게만 있다

각서는 문서를 체결한 당사자 간에만 효력이 있으며, 각서를 작성한 후, 각서의 내용을 상대방이 지키지 않는다고 해서 법적인 구속력을 기대할 순

없다. 따라서 각서는 당사자가 각서에 나와 있는 내용대로 약속을 지킬 때 그것이 유효하게 되는 것이다. 따라서 단순히 각서를 작성했다고 해서, 제3자에게 명확한 권리주장을 할 수 없게 된다.

2. 각서가 명확한 효력을 갖기 위해서는 공증 절차가 필요하다

각서는 법적 구속력이나 제3자에게 대항능력은 없지만, 소송상의 증거나 소제기의 근거, 채권채무관계의 근거로서 증거 능력을 갖기 위해서는 보완이 필요하며, 이러한 경우 공증을 하여 법적 구속력을 갖게 만드는 것이다. 공증사무소에서 법무사 또는 변호사의 공증을 받으면, 법원에 제시할 증거 능력이 된다. 그러나 이 경우도 이 자체만으로는 법적대항능력이 있는 것은 아니며, 재판 또는 고소 시 그런 사실이 있다는 것을 제3자(법무사, 변호사 등)가 증명해 주는 것일 뿐, 이행을 않을 시는 별도로 소송을 제기해야 한다. 각서 하단에 각 당사자와 이해관계에 있지 않은 제3자를 한 사람 내지 두 사람 정도 입회인으로 같이 기재하면서 각서를 써서 나누어 갖는 방법도 있다.

3. 채권 채무 관계는 각서와 함께 어음공증을 받는다

보통 일반 약속이나 단순한 사실 등은 각서로 쓰고 공증을 하지만(이 경우는 공증비용도 저렴하고, 간단함) 채권채무관계는 각서와 함께 어음공증을 받아 두는 것이 좋다.

공증서류는 민사재판이나 형사재판에서 강력한 증거력이 있으므로 분쟁 발생 시 그 해결에 유리할 뿐만 아니라, 이로 인하여 공증을 한 경우 분쟁이 발생하지 않게 되는 효과가 있고, 일정한 금전, 대체물, 유가증권 등의 지급을 목적으로 하는 법률행위에 관하여는 공정증서를 작성하면 지급이 이행되지 않을 경우 복잡하고 번거로운 재판절차를 거치지 않고 공정증서를 작성한 공증사무소에서 집행문을 부여받아 바로 강제집행을 할 수 있다는 장점이 있다.

68.
중소기업 사장과 주주관계

주식회사는 주식의 발행을 통하여 자본을 조달하는 회사로서 모든 주주가 주식 인수가액에 한하여 출자의무를 부담할 뿐 회사의 채무에 대해서는 아무런 책임을 지지 않는 회사를 말한다.

주주들은 보유주식 수에 비례하는 주주로서의 권리를 소유하는데, 많은 주주들을 대신하여 회사를 경영하는 대리인이 사장(대표이사)이다.

사장을 포함한 경영진과 주주관계에 있어 기업이 처해 있는 상황에 따라 많은 차이가 있다.

대기업이나 중견기업의 경영자는 사업이 커짐에 따라 사업에 대한 Risk는 작아지는 반면에 향유하는 이익은 커진다. 일부 대기업의 경우 경영자가 더 많이 가지려고 탈·편법을 동원하고, 낮은 지분율로 너무 많은 권한을 행사하여 국민들의 눈살을 찌푸리게 하기도 한다.

그러나 중소기업의 경영자는 해야 하여야 할 역할은 많고, Risk는 높은 반면에 향유하는 이익은 작다 보니 주주 관리를 소홀히 하는 경향이 있다.

대부분의 중소기업은 개인사업의 형태로 시작되거나, 창업자가 본인의 자금과 주변 지인들로부터 자금을 조달하여 설립되는 형태를 취하고 있다.

이에 따라 경영자가 오너쉽을 강하게 발휘하는 형태이다.

중소기업의 사장은 실질적으로 회사에 대하여 무한책임을 부담한다.

영업, 기획, 자금조달, 인력운영, 미래 대비 등 회사의 모든 부분에 대한 책임을 진다.

대출에 대한 연대보증뿐만 아니라 임직원들에 대한 급여 지급 등도 책임지게 된다.

원칙적으로 주식회사는 본인이 보유하고 있는 주식에 대한 권리와 책임만을 부담하여야 하는 데, 대표이사는 현실적으로 보유주식 수에 상관없이 무한책임을 지고 있는 것이 현실이다.

회사가 망하는 경우 대표이사는 보유주식이 백지가 되는 것에 그치지 않고, 빚더미에 앉게 되어 일부의 경우에는 가정이 파탄 나고 노숙자로 전락하기도 한다.

대부분의 중소기업 사장들은 이와 같은 위험을 항상 안고 사업을 함에 따라 갖은 어려움을 거쳐 회사가 성장하게 되면 본인의 그동안의 역할에 대한 보상을 받기를 원한다.

이에 따라 대부분의 중소기업의 경우에는 주주에 대한 배려가 상대적으로 소홀하다.

하지만 경영자나 주위의 지인들이 대부분의 주식을 보유하는 경우에는 문제 발생 우려가 적다.

기존의 주주들은 해당기업의 대표이사가 얼마나 힘들게 사업을 해왔는지 알기 때문에 어느 정도의 보상을 용인해 준다.

하지만 벤처캐피털 등의 외부자금을 수혈하는 경우 불협화음이 발생할 수 있다.

중소기업의 경영자는 기존대로 생각하고 회사를 운영하려고 하는데 반해 외부 주주들은 견제를 하려고 하기 때문이다.

따라서 외부 자금을 수혈받고자 하는 경우에는 사장의 인식 전환 및 이에 대한 대비가 필요할 것이다.

69.
투자유치

회사가 성공하기 위해 필요한 요소는 여러 가지가 있다. 회사가 처한 상황에 따라 다르겠지만 우수한 기술력과 인적자원, 생산능력, 경영능력, 영업력 등이 필요할 것이다. 그리고 이러한 요소들 못지않게 중요한 요소가 바로 자금이다.

사업을 하면서 벤처캐피탈(Venture Capital), 벤처 투자 같은 말을 많이 들어보았을 것이다. 2000년대 초반까지만 해도 벤처캐피탈은 생소한 단어였는데 최근에는 사업체를 운영하는 경영자들에게 익숙한 단어가 되었다.

투자를 받는 입장에서는 큰 차이가 없을 수 있지만 벤처캐피탈로 대표되는 투자회사는 벤처캐피탈, 경영참여형 사모펀드(PEF), 신기술사업금융회사, 액셀러레이터, 개인 투자조합 등으로 좀 더 세분화할 수 있다. 각 투자회사가 적용받는 법률이 다르고 투자를 하는 성격도 조금씩 다르다.

그렇기에 각 투자회사가 어떠한 관점과 프로세스를 가지고 투자를 집행하는지, 우리 회사의 현재 상황에 맞는 투자회사는 어떠한 곳들이 있는지를 파악하고 접근한다면 투자를 받을 수 있는 확률이 올라갈 것이다.

투자를 받기 위해서 회사가 미리 준비해야 할 자료는 무엇이 있는지, 우리 회사의 어떠한 점을 투자회사에 주장해야 할지, 기업가치는 얼마로 계산할지, 투자조건은 어떻게 할지 등 막상 투자를 받으려면 챙겨야 할 부분들이 많다. 이러한 부분을 잘 준비해서 대응하는 경우와 아닌 경우의 투자유치 확률도 당연히 다르게 될 것이다.

특별한 케이스를 제외하면 벤처캐피탈에서 투자를 받아본 적이 없는 경우가 대부분일 것이다. 처음에 투자를 어떻게 받는지가 매우 중요한데, 경험이 없을 때 가장 중요한 투자를 받아야 하는 경우가 생기기 때문에 준비를 철저히 하여야 한다.

최근에는 Pre-A, 시리즈A, 시리즈B, 시리즈C, Pre-IPO 등 투자가 체계화되어 있고, 시리즈별로 참여하는 기관투자자들도 어느 정도 나뉘어 있기 때문에 상장(IPO) 시점의 최대주주의 지분율, 목표 기업가치 등을 사전에 잘 계획하여 진행해야만 후속 투자와 상장(IPO)이 원활하게 이루어질 수 있다.

그렇기에 회사의 자금이 급한 초기 시점에 초기 투자를 잘못 받게 되면 후속 투자를 받기가 어렵거나 불가능해질 수 있다.

또한, 최대주주의 지분율이 너무 낮거나, 주요 주주 간에 지분율이 비등하여 경영권 분쟁이 가능한 구조, 재무적 투자자(FI)의 지분율이 경영진보다 높은 경우 등은 후속 투자를 어렵게 하는 요소이며, 무엇보다 향후 상장(IPO)이 불가능한 경우가 생길 수 있다.

따라서 투자를 받는 첫 시점에 향후 시리즈 투자를 받을 개략적인 계획이 수립되어야 회사와 투자자 모두가 성공할 수 있는 투자가 될 가능성이 높다.

투자유치가 필요한데 어디서 도움을 받아야 할지 모르겠다면 신용보증기금을 찾아가기 바란다. 신용보증기금에서는 Start-up NEST(스타트업 육성 플랫폼)를 운용하고 있는데 혁신스타트업이 본격적인 성장궤도에 진입할 때까지 보증, 보험, 투자, 컨설팅 등 금융·비금융서비스를 포함한 맞춤형 패키지를 제공하는 융·복합 육성지원 플랫폼이다.

또한 신용보증기금 투자유치 플랫폼인 U-CONNECT를 운영하고 있어 성장 잠재력이 있는 우수 스타트업과 역량 있는 100여 개의 벤처캐피탈과 액셀러레이터를 연결해줘서 투자유치를 할 수 있도록 돕고 있다.

투자유치과정

스타트업이 처음 창업되면 주로 가족, 친구, 지인들로부터 자금을 조달한다.

가장 이상적인 투자를 예를 들면 회사 설립 후 초기에 어느 정도 가능성을 인정받아 엔젤투자를 우선 받을 수 있다. 보통 기관투자자보다는 개인 등의 엔젤투자자로부터 투자를 받는 경우가 많기에 시리즈A 전의 투자라고 해서 Per-A투자라고 한다. 이후에 기관투자자로부터 처음 투자를 받으면 시리즈A, 이후 두 번째 기관투자자로부터 투자를 받으면 시리즈B 투자가 되는 것이다. 상장(IPO)이 되기까지 시리즈 A, B, C, D 총 4번의 투자를 받을 수도 있고, 시리즈 A 한 번만 받을 수도 있는 것으로 몇 번을 받든 정해진 것은 없다.

투자를 계속 받다 보면 어쩔 수 없이 경영진의 지분율이 낮아지게 된다. 자금이 많이 필요하면 지분율 희석을 감수하고 더 받아야 하고, 자금이 필요 없으면 조금만 받아서 희석을 최소화할 수도 있다. 그리고 회사의 영업이 너무 잘돼서 돈을 많이 벌고 있으면 여러 번의 투자를 받을 필요도 없다.

꼭 그래야만 하는 것은 아니지만 상장(IPO) 시점에 최대주주의 지분율이 적어도 30~40% 이상은 되는 것이 보다 이상적인 상황으로 여겨진다. 왜냐하면 상장(IPO) 심사를 담당하는 한국거래소에서는 최대주주의 책임경영을 요구하기 때문에 어느 정도 수준 이상의 지분율을 요구하기 때문이다.

투자유치 이후

투자를 받기 전에는 간, 쓸개 다 내줄 것처럼 하다가 외부투자를 받은 이후에 회사가 어느 정도 궤도에 오르면 돌변하는 경영자가 많이 있다. 기업가치를 잘못 계산했다고 하거나, 투자조건이 잘못됐으니 변경해 달라는 등 요구조건이 많아진다. 하지만 이는 무조건 득보다 실이 많다. 우리나라 투자업계는 매우 좁다. 투자 검토를 하면서 검토대상 기업 주주명부에 외부투자자가 있거나 혹은 대표이사가 과거에 영위한 업체에서 외부투자를 받은 적이 있는 경우에는 신규로 투자 검토하는 투자자는 과거 투자자에게 평판조회를 거의 의무적으로 하게 된다. 평판조회를 했는데 해당 대표가 투자자의 신의를 저버린 적이 있다는 답변을 얻는다면, 아무리 최고의 기술력과 사업기회를 가지고 있더라도 투자를 받기 어렵다.

결론적으로 투자를 받은 다음에 최대한 자금을 투명하게 사용하며 투자자의 이익을 위해 최선을 다해 기업 경영을 하면 된다. 그것이 투자자를 위하는 것 같지만 결국에 가장 큰 이익을 보는 것은 대표이사 자신이다. 이러한 경우라면 혹시 목표한 대로 잘 안 되더라도 다시 기회를 얻을 수 있다.

Pre Value와 Post Value

Pre Value는 투자 전의 기업가치를 뜻하고, Post Value는 투자 후의 기업가치를 뜻한다. 회사의 기업가치(밸류)는 투자 전, 투자 후를 명시해야 정확하고 논란의 여지가 없다.

투자 전(Pre Value) 1백억 원에 20억 원의 투자를 받기로 했다면 투자자가 얻은 지분은 16.7%(20억/120억)이다.

반면 투자 후(Post Value) 1백억 원에 20억 원의 투자를 받기로 했다면, 투자 전 밸류는 80억 원(1백억 원-20억 원)이고 투자자가 얻는 지분율은 20%(20억/1백억)이 된다.

70.
외부투자자금 유치 시 유의사항

주변 지인들로부터 자금을 조달하는 경우 별도의 투자계약서를 작성하지 않는 경우가 많지만 벤처캐피탈 등 제3자로부터 투자를 받는 경우 반드시 투자계약서를 작성하게 된다.

그런데 벤처캐피털 등 제3자로부터 투자를 받을 때에 체결되는 투자계약서 등은 일반적인 개인투자계약들에 비하여 투자자에게 상당히 유리한 경우가 많고, 일부의 경우에는 투자자에게 지나치게 강력한 권리를 부여하는 경우가 있다. 투자 경험이 많은 기관투자자들의 경우 그동안의 투자를 통해 축적된 경험을 바탕으로 계약서를 더욱 정교하게 만들고 있기 때문이다.

반면에 투자를 받는 회사들은 투자를 받거나 투자계약서를 체결한 경험이 부족하거나 없어서 어떠한 점이 문제 되는지를 잘 인지하지 못하고, 법률전문가의 도움을 제대로 받지 못하는 경우가 많으며, 거래상 지위의 차이 또는 자금 확보의 긴급성 등으로 인하여 중요 조항의 수정을 요구하기가 어려운 사정 등이 있어 투자계약서 내용이 회사에게 불리하게 되는 경우가 많다.

하지만 투자계약서 내용이 회사에게 불리하게 되어 있다고 하여 반드시 심각한 문제가 발생한다고 할 수는 없으며 오히려 큰 문제 없이 진행되는 경우도 많이 있다.

그러나 한번 불리한 계약을 체결해 놓으면 후속투자 유치 시에 더 유리하게 변경하기 어려울 뿐만 아니라 비정상적인 투자계약의 내용으로 인하여 다른 우량투자자의 추가 투자나 좋은 조건의 경영권 양도에 상당한 제약이 발생할 수 있으며, 특히 신뢰성이 있는 투자자가 아닌 주체로부터 투자를 받을 경우 상당히 심각한 문제 또는 분쟁이 발생하기도 하므로 조심하여야 한다.

계약상 지위 양도 조항

투자계약과 같이 인적 신뢰가 매우 중요한 계약에서는 투자 이후 회사 경영에 관한 중요 준수 사항들이 다수 포함되어 있어 상대방이 누구인지가 매우 중요하며, 계약 상대방이 변경되는 경우 회사의 법적 지위에 매우 중요한 영향을 미치게 되므로 계약상 지위 양도를 금지하는 경우가 일반적이며, 계약상 지위의 양도를 허용하는 경우에도 계열회사 등 매우 제한적인 경우에만 허용하는 경우가 많다.

하지만 회사가 투자자와 체결하는 투자계약서의 상당수는 투자자가 자신의 보유지분과 함께 계약상 지위도 자유롭게 양도하는 것을 제한 없이 허용하고 있다. 물론 투자자의 입장에서는 자신의 보유지분을 높은 가격에 매각하기 위해서는 매수인으로 하여금 자신과 동일한 지위를 이전해 주는 것이 매우 중요하므로, 계약상 지위를 자유롭게 이전하는 것을 원하게 될 것인데, 투자계약을 체결하는 회사가 계약상 지위 양도 조항의 중요성을 정확하게 인지하지 못하거나 투자자와 계약서 주요 조건에 관해 실질적인 협상을 할 입장이 되지 못하여 이와 같은 현상이 나타난다.

그러나 투자자로 하여금 투자계약서상 지위를 자유롭게 양도하도록 허용하는 경우 여러 가지 문제가 발생할 수 있는데, 일단 계약상 지위가 신뢰성이 낮은 투자자에게 양도되는 경우, 새로 양수받은 투자자가 사전동의사항을 합리적인 이유 없이 동의해 주지 않거나 하는 등의 다양한 방법으로 회사경영을 힘들게 할 수 있으며, 이와 관련하여 투자자가 회사에 부당한 요구를 하여 회사뿐만 아니라 다른 주주들에게도 피해를 줄 수 있다. 더욱이 그러한 투자자가 그 주식을 복수의 매수자에게 나누어 매각할 경우 아주 심각한 문제가 발생할 수 있다. 특히 투자자가 이사선임권이나 비교적 넓은 범위의 사전동의권을 가지고 있는 상황에서 만약 어느 투자자가 자신의 주식을 다수의 매수자들에게 나누어 매각한다면 다수의 매수인들이 모두 이사선임권과 회사경영에 대한 동의권을 보유하게 되며, 그 주주들이 다시 자신의 주식을 여러 매수자에게 나누어 매각한다면 더더욱 심각한 문제가 발생할 수 있다. 따라서 이와 같은 문제점을 예방하기 위해서는 회사의 동의 없이 투자계약상 지위를 양도받을 수 있는 당사자의 자격을 일정 범위 내로 제한(예를 들어 일정한 조건을 갖춘 기관투자자로 제한)하고 계약상 지위를 양도받는 자가 2인 이상이 될 수 없도록 하는 방안 등을 고려할 필요가 있다.

주요 경영사항에 대한 사전동의 조항

일부 회사가 체결하는 투자계약서에는 투자자가 보유하는 지분비율에 비하여 사전동의사항의 범위가 지나치게 넓고 아주 사소한 행위에 대해서까지 투자자의 사전서면동의를 받도록 하여 회사경영에 상당한 부담이 되고 있으며, 사전동의 의무를 위반할 경우 이해관계인 등에게 투자자의 주식을 높은 가격에 매수하도록 하거나 고액의 위약벌을 부과하는 경우도 많다. 적은 지분을 보유한 투자자가 아주 넓은 범위의 사전동의권을 보유할 경우 지배주주처럼 회사의 주요 경영사항을 좌지우지할 수 있고, 주주의 경우 이사와 달리 회사에 대한 충실의무를 부담하지 않기 때문에 회사의 이익이 아닌 자신의 이익을 위해 사전동의권을 행사할 수 있다.

특히 사전동의권을 보유한 투자자의 수가 많을 경우 의사결정에 시간이 오래 걸릴 뿐만 아니라 어느 한 당사자라도 반대를 하면 회사가 해당 행위를 할 수 없게 되고, 투자자와 회사와의 관계가 원만할 때에는 일부 사항에 대해 사전동의를 받지 않고 진행하는 것을 그대로 두다가 사이가 나빠지면 비로소 문제로 삼는 경우도 있으며, 동의권을 투자자의 부당한 요구를 관철시키는 도구로 사용하는 경우도 종종 발견된다. 이러한 문제점을 예방하기 위해서는 사전동의권을 부여하는 대상자를 일정 지분율 이상의 지분 보유자 또는 신뢰성 있는 기관투자자 등으로 제한하고, 사전동의권의 범위도 투자자의 지분율을 고려하여 투자자의 투자회수와 합리적인 관련성이 있는 사항으로 한정(관련성이 낮은 사항은 통지사항으로 규정)하는 등 동의권자와 동의 대상을 신중하게 정하고, 지분율이 일정 수준 이하로 떨어지는 경우 사전동의권의 전부 또는 일부가 상실되는 것으로 하며, 1~2회의 사소한 위반은 위약벌이나 Put Option의 행사대상에서 제외하도록 하는 것이 바람직하다.

이사선임권 등

투자자의 이사 등 선임권과 관련하여서는 특별히 분쟁이 빈번하지는 않으나, 투자자가 선임하는 이사 기타 임직원을 상근으로 하는 경우 회사에 상당한 부담이 될 수 있으므로 매우 신중하게 접근할 필요가 있다. 그리고 투자자가 선임하는 이사 기타 임직원의 대우 수준에 대해서도 미리 협의를 해놓는 것이 바람직하다. 최초의 투자자에게 이사선임권을 부여할 경우 나중에 투자하는 투자자들도 동일한 권리를 요구할 가능성이 높으며, 투자계약상 지위가 복수의 당사자에게 양도될 수 있는 경우 회사의 이사 숫자가 지나치게 많아질 수 있으므로, 어느 투자자에게 이사선임권을 부여할 경우에는 나중에 다른 투자자로부터 투자받을 가능성 등을 종합적으로 고려하여 의사결정을 하는 것이 바람직하다.

또한 사전동의 조항과 마찬가지로 지분율이 일정 수준 이하로 떨어지는 경우 이사선임권이 상실되도록 할 필요도 있다. 그리고 상근 이사선임권 및 상근 임직원 파견권의 경우 회사에 전혀 도움이 되지 않는 사람이 와서 회사업무에 지장만 초래하는 경우를 방지하기 위하여 선임 또는 파견되는 임직원의 자격을 제한하거나 회사가 합리적인 사유를 들어 반대할 수 있는 권한을 갖는 방안도 고려할 필요가 있다.

올바른 의사결정의 중요성

투자계약서 내용의 공정성은 상대적인 것으로서 계약 내용의 공정성이 계약의 체결 여부에 대한 절대적인 기준이 될 수는 없으며, 어디까지나 의사결정의 참고 수단에 불과하다는 점을 유의할 필요가 있다. 즉 회사가 중요 기술의 개발 등을 위해 자금이 반드시 필요하거나 재무적으로 매우 어려운 상황에 있음에도 불구하고 특정 투자자의 투자 이외에 다른 대안이 없는 경우 또는 당해 투자자의 투자를 받을 경우 회사의 신뢰도가 높아져 사업활동에 큰 도움이 되는 경우 등 특정 투자자로부터 투자를 받는 것이 사업적인 측면에서 회사에 큰 이익이 됨에도 불구하고, 투자계약 조건의 불리함만을 주장하며 과감한 결단을 내리지 못하는 것은 현명하지 못한 처사다.

투자계약서를 체결함에 있어서는 회사의 상황을 정확하게 파악하고, 투자자가 제시하는 조건이 향후 회사의 경영활동에 미칠 영향을 면밀히 분석한 후, 투자자가 덜 민감하게 생각하는 조건을 중심으로 회사의 리스크를 최소화하는 방식으로 접근하는 것이 바람직하며, 법률전문가의 도움을 받아 양 당사자의 요구사항을 모두 충족시킬 수 있는 대안을 적극적으로 제시하는 것이 바람직하다.

과도한 자금난을 알리지 않고 투자금을 무리하게 유치하면 사기일까?

투자자로부터 투자금을 유치 받은 후 수익이 발생하면 그러한 수익금을 약정에 따라 투자자에게 배분하기로 하는 투자계약을 맺을 때에는, 투자자들에게 해당 사업의 수익창출 가능성과 여러 장점들에 대해서 설명을 하는 것이 보통이다. 하지만 이미 다른 사업의 진행이나 회사운영, 채무 등과 관련된 문제로 과도하게 자금난에 빠진 곳에서 이러한 사실을 알리지 않고 투자금을 유치하였는데, 결국 자금난이 영향을 끼쳐 투자자들에게 손해를 끼친 경우에 투자를 유치한 자에게 사기죄가 성립할 수 있을지가 문제 될 수 있다.

투자자는 당연히 어떠한 수익을 기대하고 투자를 하는 경우가 대부분이기 때문에 투자계약을 할 때에는 일정한 수익을 지급하기로 약정을 한다. 이 중에서는 원금을 보장해 주기로 하는 내용의 약정을 하는 경우도 있다. 하지만 투자를 유치한 쪽에서 약정한 수익금을 지급하지 않았다고 해서 무조건 사기죄 등이 된다고 할 수는 없다. 사기가 인정되기 위해서는 '기망행위'라는 것이 존재하여야 하는데, 단순히 약정한 수익금 등을 지급하지 않은 것만으로는 기망행위가 인정되지 않고, 민사채무에 해당할 뿐이라고 판단될 가능성이 크다.

그런데 투자를 유치하는 쪽이 이미 재정적인 어려움이 크고 특별히 수익이 발생하여 투자자들에게 수익금을 지급할 가능성이 거의 없는 상태이거나, 투자를 받은 금액을 당초의 투자유치 목적과 달리 다른 부문의 어려움을 해결하기 위하여 사용할 수밖에 없었던 경우가 있을 수 있다. 이러한 상태에서 그러한 사실을 투자자들에게 고지하지 않고 무리하게 투자를 유치 받았다면 기망행위가 인정되어 사기죄가 성립할 수 있다.

이와 관련하여 눈여겨볼 만한 대법원 판례가 존재하는데, 투자자들로부터 카페 등을 운영하여 발생한 수익금을 배분하기로 하면서 수억 원의 투자를 받은 회사가 이미 10억대 이상의 채무를 부담하고 있었고, 다른 건물의 임대보증금 일부와 임대료 및 관리비를 상당 기간 지급 하지 못하고 있었으며, 다른 영업점 역시 적자 상태였지만, 이를 제대로 고지하지 않고 다른 카페를 열어 수익을 배분하겠다면서 투자를 받았다. 또한 유치한 투자금의 대부분을 다른 지점의 임대료나 다른 투자자들에 대한 수익금 지급, 다른 건물의 공사대금 등으로 사용하였음에도 이를 제대로 고지하지 않고 투자를 통해 영업을 하기로 한 카페의 임대료, 인테리어 공사비 등으로 사용할 것이라고 고지를 하는 등의 문제가 있었다. 이에 대하여 대법원은 투자유치사 측이 별다른 재산이 없이 투자금에만 의존하여 무리하게 사업을 확정하는 과정에서 피해자들에게 자신과 이 사건 회사의 자력, 운영실태, 투자금의 사용처 등을 고지하지 아니하거나 사실과 다르게 고지하였고, 그러한 사정을 알지 못한 피해자들은 자신들이 투자하는 자금이 이 사건 영업에 필요한 비용으로 사용될 것이라고 믿고, 돈을 투자하였다고 보인다고 하였다. 따라서 이 사건에서 약정한 사업 자체가 불가능한 것은 아니었고, 사업장에 초기 투자비용이 많이 소모되어 사업 초기부터 수익이 크게 발생하지 않을 수 있었던 점 등을 고려하더라도 이러한 행위는 사기죄에서의 기망행위에 해당하고 피해자들은 그로 인한 착오에 의하여 재산적 처분행위를 한 것이라고 인정하여 사기죄를 인정하였다(대법원 2014.2.27. 선고 2013도9669 판결).

71.
투자계약 체결

회사의 창업주들은 투자계약을 앞둔 상황에서 희망과 불안이 공존한다. 투자유치를 통해 기업가치를 상승시키는 한편 투자금을 확보하여 적극적으로 사업 진행을 할 수 있다는 희망이 있다. 반면에 투자유치의 필수 단계인 투자계약 체결 과정에서 상당수 불리한 조항들을 수용하고 과도한 의무를 부담하게 될 수밖에 없으며, 향후 분쟁 발생 가능성까지 고려한다면 불안이 생길 수밖에 없다. 그렇기 때문에 투자계약 체결 과정에서 신중한 접근이 필요하다.

투자계약의 당사자

모든 계약에 있어 기본이 되는 요건은 당사자이다. 당사자를 누구로 설정하느냐는 계약상 의무조항을 이행해야 하는 주체를 정하는 것이기도 하고 결국 향후 분쟁이 발생하는 경우 계약상 책임을 누가 부담할 것인지에 대한 부분이기 때문에 매우 중요하다. 일반적으로 투자계약의 경우, 투자자와 피투자회사가 기본 당사자가 된다. 그러나 추가적으로 회사의 대주주 및 주요 주주, 임원 등 이해관계인도 투자계약의 당사자가 될 수 있다. 그렇기 때문에 각 당사자 입장에서 어떤 권리와 의무를 갖게 되는지 충분히 분석하여 접근할 필요가 있다.

투자 형태

창업 초기 회사의 경우 투자자 입장에서 볼 때 성장성이 높은 반면, 투자 회수 가능성이 상대적으로 다른 규모의 회사에 비해 낮다고 생각할 수 있다. 이에 투자자는 처음부터 주주로 참여하는 보통주 투자보다는 투자금을 회수할 권리가 일정기간 보장되는 형태의 투자를 더욱 선호한다. 전환사채(CB, Convertible Bond) 투자나 상환전환우선주(RCPS, Redeemable Convertible Prefernce Shares)투자 방식을 투자자들이 더욱 선호하기 마련이다.

전환사채 투자란 처음에 사채 형식으로 발행하여 일정기간이 지난 후 전환권을 행사하였을 때 주식으로 전환할 수 있는 형식을 가리킨다. 사채 형식으로 존재하는 동안 투자금을 회수할 권리가 보장되기 때문에 주식 형태로 들어가는 것보다는 투자금 회수 가능성에서 안전하고 회사 입장에서는 주식으로 전환되기까지는 언제든 투자금을 돌려주어야 할 상황이기 때문에 자금운용에 있어 대비가 필요한 투자 형태이다.

상환전환우선주 투자의 경우 상환권과 전환권을 가진 우선주 형태의 투자를 가리킨다. 상환권이란 일반적인 채권과 같이 만기에 회사에 대해 투자금 상환을 요구할 수 있는 권리를 가리킨다. 전환권이란 일정한 기준에 따라 보통주를 전환할 수 있는 권리를 가리킨다. 우선주란 보통주와 비교할 때 일반 주주들보다 우선하여 배당받거나 잔여재산 분배를 우선적으로 받을 수 있는 권리가 있는 주식을 가리킨다. 이와 같이 상환권과 전환권이 보장된 우선주 형태의 투자를 상환전환우선주라 한다.

보통주식 투자를 하는 것에 비해 전환사채 투자나 상환전환우선주 투자는 투자자들에게 투자금 회수 기회를 기본적으로 보장하고 투자금을 되돌려주어야 하기 때문에 회사입장에서는 상대적으로 불리한 형식의 투자이다.

따라서 성장성과 사업성에 자신이 있는 회사들은 보통주 발행 형식의 투자를 투자자에게 요구하여 사업 진행 기간 동안 투자금 반환 가능성을 최소화하고 다른 주주들과 동등한 입장을 확보해 놓을 필요가 있다.

진술 및 보장의 중요성

투자계약 체결 과정에서 매우 중요한 부분으로 다뤄지는 것이 진술과 보장 항목이다. 진술과 보장이란 그야말로 투자자가 피투자회사에 대해 건강검진을 했지만 밝혀지지 않는 사항들이 있어 스스로 말할 수 있는 사항들에 대해 공유하도록 하고 그 사항들이 진실하다는 보장을 받는 것이다.

예를 들어 보험 가입 전 소비자들이 자신의 질병 등에 대해 보험사에 고지하지 않았을 때 보험 지급 사유가 발생해도 보험금을 지급받을 수 없는 상황과 유사하다고 이해하면 된다. 피투자회사가 진술 및 보장 항목에서 허위사실을 포함했을 때 투자금 반환은 물론 상당 금액을 손해배상 해야 할 의무까지 투자계약에 포함하기 때문에 매우 유의하여 검토하고 확정할 필요가 있다.

진술과 보장 각 항목을 확정하는 과정을 살펴보면 투자자는 투자에 대한 의사결정을 하기 전에 피투자회사에 대해 다양한 자료를 요청하게 된다. 계류 중인 소송이나 이에 준하는 분쟁에 관한 사항, 특허에 관한 권리, 부동산·동산·기계 등 재산에 관한 사항, 피투자회사가 이미 체결한 계약상 의무사항이나 우발채무에 관한 사항, 재무에 관한 사항, 피투자회사가 발행한 주식 사항, 주요 주주에 대한 사항, 인사 및 노무에 관한 사항 등 다양한 자료를 요청하고 확인한다.

그런데 이런 자료들을 제공받아도 허위사실 등이 포함되었을 때 제대로 된 투자 판단을 내릴 수 없기 때문에 투자자들은 투자계약에 제출받은 위 자료를 바탕으로 한 진술 및 보장 항목을 넣어 위와 같이 피투자회사에 대한 주요 사항들에 대해 안전보장을 받게 되는 것이다.

추후 진술 및 보장 항목에 있어 허위사실이 있었음이 밝혀지는 경우 투자자들은 이 자료를 제공한 피투자회사나 책임자에 대해 법적 책임을 묻고 투자금을 반환하는 절차를 진행하게 된다.

따라서 피투자회사 입장에서는 이러한 막중한 책임이 있을 수 있는 진술과 보장 항목을 최소화하는 것이 유리하다. 물론, 허위사실을 제공하여 투자자들을 기망하는 것은 금지되어야 하지만 너무 세세한 회사 관련 사실들을 투자계약에 포함하여 추후 투자금 반환 가능성을 높일 필요는 없다. 물론, 진술과 보장 항목은 투자자들이 대부분 먼저 제시하기에 피투자회사 입장에서 조정하는 것이 매우 어려운 것이 사실이다.

이해관계인의 주식처분 조건

마지막으로 피투자회사의 이해관계인이 주식의 일부 또는 전부를 처분하는 경우에 대비한 조항을 투자자들은 투자계약서에 포함하기를 원하고 요구한다. 특히 경영권을 가진 최대주주, 또는 투자 유치 이후 최대주주의 지위는 사라지지만 여전히 사업을 이끌어 가는 창업주의 주식 처분은 회사의 경영과 향방을 완전히 바꾸어 놓을 수 있기 때문에 투자자들은 이러한 이해관계인의 주식 처분 사항을 미리 통지하도록 하고, 투자자가 이를 우선하여 매수할 권리(right of refusal)를 확보하도록 하거나 이해관계인과 동일한 조건으로 처분에 참여할 수 있는 권리(동반매도참여권, tag-along)를 부여하도록 하는 등 다양한 권리를 요구한다.

또한 투자자 입장에서 기업가치를 일정 금액 이상으로 반영하여 주식을 매수하겠다는 제3자가 나타났을 때 이해관계인에게 보유주식의 전부 또는 일부를 해당 제3자에 처분할 것을 요구할 수 있는 권리(동반매도요구권, drag-along)를 가지도록 할 수도 있다.

피투자회사와 이해관계인의 입장에서는 당연히 이러한 권리들이 최소화되어야 자유롭게 주식을 처분할 수 있기 때문에 투자자의 위와 같은 요청에 신중히 대응할 필요가 있다. 특히 투자 회사가 제3자에게 이해관계인 주식의 일부 또는 전부를 매도할 수 있도록 강제하는 조항은 주식 매도 시기조차 조율할 수 없기 때문에 더욱 조심할 필요가 있다.

아울러 투자계약 체결 시 손해배상액의 예정, 위약벌 조항 등 각 당사자가 투자계약상 특정한 조항들을 위반하는 경우 상당 금액을 배상해야 하는 경우가 있다. 아무래도 투자자보다는 투자계약상 의무사항이 더욱 많은 피투자회사에 이러한 배상 조항이 더 많이 적용되기 마련이다. 앞서 우선매수권, 동반매도참여권, 동반매도요구권 등이 지켜지지 않았을 때는 물론 진술과 보장에 있어 허위사실이 포함된 것이 확인된 경우 등 다양한 상황에서 손해배상 또는 위약벌 조항이 적용될 수 있다. 이에 피투자회사의 입장에서는 위약금 설정이 너무 과도하지는 않은지, 합리적인 범위 내에서 설정되어 있는지 등에 대해 살펴볼 필요가 있다.

창업 초기 회사에 있어 투자유치는 곧 '밸류업'을 의미하는 동시에 대규모 투자금을 확보할 수 있는 기회다. 이에 투자유치는 창업 초기 회사에게 반드시 필요한 일이다.

그런데 투자유치를 위해 투자계약 체결은 반드시 거쳐야 하는 과정이기에 피할 수도 없고 당연한 과정으로 받아들여야 한다. 그러나 시간에 쫓겨 투자유치 종결에 대한 성급함에 투자계약 검토를 형식적으로 진행하는 창업 초기 회사들이 상당수 많다. 아무리 시간이 급하고 투자금이 간절해도 다양한 족쇄가 있는 투자계약은 추후 분쟁의 소지가 될 가능성이 농후하다. 이제 피투자회사의 입장에서, 이해관계인의 입장에서 가장 중요한 항목에 대해서는 협상을 통해 정리해야 추후 분쟁 가능성을 최소화하고 장기적인 관계를 유지할 수 있다.

주의하여야 할 투자계약 조항

먼저 주식인수 후 회사의 의무사항들에 대한 약정에 대해 주의 깊게 살필 필요가 있다.

투자계약에서는 회사에 많은 의무사항들이 제시될 수 있다. 투자한 자금을 특정한 용도로만 사용하기로 하는 내용, 회사가 가지고 있는 중요한 특허권, 지식재산권을 제3자에 넘기지 않겠다는 내용, 창업 초기 회사가 운영하고 있는 사업과 관련하여 새로운 회사를 설립하지 못하도록 금지하는 내용, 정관변경, 주주총회 안건이나 이사회 안건, 합병, 분할 등 회사의 중요한 사항에 대해 투자자의 동의를 받도록 하는 내용, 투자자 측 이사회 구성원 (기타비상무이사)의 선임 등 다양한 내용들이 제시된다.

또한 회사의 재무 상황 및 소송 상황 등 주요 사항을 먼저 보고하도록 정하는 경우도 대부분이다. 투자자 입장에서는 최대한 경영권을 가지고 있는 효과를 낼 수 있도록 의무사항을 설정하고자 할 것이고 회사의 입장에서는 경영 간섭을 최소화하면서 창업 초기 정신을 살릴 수 있는 경영독립성을 유지하고자 할 것이다.

이에 경영자 입장에서 절대 받아들일 수 없는 조항들을 분리하여 투자자와 협상하는 것이 필요하고 특히 '동의권' 항목으로 분류된 것이 있다면 '협의권' 항목으로 바꾸어 강제 수준을 낮출 필요가 있다. 물론 독단적인 경영을 하기 위해서가 아니라 투자자의 이익 극대화를 위한 독립경영의 일환이라고 설득하는 것이 중요하고 실제 신뢰관계 있는 경영을 해나가는 것이 중요하다. 투자는 한 차례로 끝나지 않기 때문이다.

회사의 투자계약 유치는 꿈을 현실로 만들어 주는 중요한 과정이다. 내 이익만을 극대화하는 협상이 아니라 투자자와 행복한 동행을 할 수 있도록 경영과정에서 그리고 투자금 회수 과정에서 분쟁을 최소화하는 현명한 협상이 반드시 필요하다.

제 5 장

직원

72. 중소기업 성과공유제

중소기업 성과공유제란?

중소기업 성과공유제란 중소기업의 사업주가 근로자의 임금수준 및 복지수준 향상을 위해 중소기업이 성과공유 유형에 해당하는 방법으로 성과를 공유하는 제도를 의미한다(중소기업인력지원특별법 제27조의 2).

도입 배경

중소기업 성과공유제가 도입된 가장 큰 이유는 청년들의 중소기업 취업 기피 현상 심화라고 할 수 있다. 현재 우리나라는 전체 사업장의 99%가 중소기업이며 전체 종사자 중 83%가 중소기업에 종사하고 있다. 2024년 2월에 통계청에서 발표한 2022년 12월 임금근로일자리 소득(보수) 결과에 따르면, 기업 규모별 평균소득은 대기업 5백91만 원, 중소기업 2백86만 원으로 대기업과 중소기업 근로자의 임금격차가 2배 이상으로 심각한 차이를 보이고 있다는 것을 알 수 있다. 이러한 이유로 청년들은 중소기업 취업을 기피하고 있으며 이로 인해 중소기업은 구인난을 겪고 있다. 이와 같은 일자리 불균형(미스매치)을 해소하기 위해 중소기업 성과공유제가 도입되었다.

시행 목적

중소기업 성과공유제를 시행한 목적은 중소기업-대기업 간의 임금격차 해소와 복지 증진을 도모하여 근로자와 중소기업의 성장을 이끌어 내고 최종적으로 경제성장에 이르고자 한다는 것이다. 중소기업은 성과공유제를 도입해 대기업과의 임금격차를 완화하여 좋은 일자리를 창출할 수 있다. 좋은 일자리는 곧 우수한 인력의 유입으로 이어져 근로자와 중소기업이 동시에 성장할 수 있으며 이를 통해 우리나라의 경제성장까지 도모할 수 있다.

성과공유 유형

성과공유의 유형은 임금상승과 복지증진의 두 가지 유형이 있다. 임금상승 유형은 성과급, 우리사주, 스톡옵션, 임금수준상승, 성과보상공제가 있다. 또한, 복지증진 유형에는 직무발명보상우수기업, 인적자원개발우수기업 등과 같은 다양한 인증기업과 복지기금이 있다.

성과공유기업이란?

성과공유기업이란 성과공유를 시행하거나 시행할 의지가 있는 중소기업을 의미한다. 성과공유기업은 성과공유도입기업과 미래성과공유기업으로 세분화할 수 있다.

성과공유도입기업은 성과공유를 이미 시행하고 있는 기업을 의미한다. 성과공유 도입기업으로 인증받기 위해서는 도입 증빙자료를 제출해야 하며,

두 가지 지정요건을 갖추어야 하는데 첫째, 상시 근로자 1인당 성과급을 제외한 연간 임금총액이 전년보다 감소하지 아니할 것, 둘째, 사업주가 성과공유를 위해 지급 또는 출연한 금액이 성과공유 대상 근로자 1인당 연간 35만 원 이상일 것이다.

미래성과공유기업은 현재는 성과공유 유형을 도입하고 있지는 않으나, 미래에 도입하기로 협약한 중소기업을 의미한다.

성과공유기업 우대혜택

중소기업이 성과공유기업으로 선정되면 아래의 중소벤처기업부 사업우대, 홍보, 세제의 다양한 혜택을 누릴 수 있다.

1. 중소벤처기업부 사업우대

1) 중소기업지원사업 선정 평가 시 '일자리평가' 항목에 최대 30점 반영
2) 인재육성형 중소기업 지정평가 시 점수 반영
3) 병역지정업체 선정평가 점수 반영

2. 홍보

1) 매년 선정 TV 등 대중매체를 통한 기업 홍보
2) 성과공유 모범기업 우수사례집 수록

3. 금융혜택

1) 중소벤처기업진흥공단의 정책자금 신청 자격 부여
2) 창업기업지원자금(일자리 창출 촉진 – 인재육성부문)

4. 세제

1) 기업: 경영성과급의 10%를 법인세(소득세)에서 공제
2) 근로자: 경영성과급 수령에 따른 근로소득세 증가분의 50% 세액공제

성과공유제 도입효과

중소기업연구원의 '중소기업-근로자 간 성과공유제 현황과 발전과제'에 따르면, 인력유지 용이성(51.9%), 근로자 및 기업의 생산성 증가(17.3%), 정부 인센티브(10.5%), 기업홍보 및 이미지 개선(8.6%), 우수인력 채용 용이(7.8%) 순으로 도입효과의 효과성이 나타났으며 중소기업 성과공유제 도입의 가장 효과적인 측면은 인력유지 측면인 것을 알 수 있다.

'중소기업 성과공유제'는 중소기업과 근로자가 함께 성장하며 이를 통해 경제성장을 이루어 낼 수 있다는 점에서 큰 의의를 지니고 있다. 또한, 중소기업의 구인난과 청년들의 구직난으로 인한 일자리 미스매치라는 심각한 문제를 해결할 수 있는 중요한 제도이다.

'중소기업 성과공유제'는 중소기업벤처진흥공단이 운영하는 중소기업인력지원사업 종합관리시스템(www.smes.go.kr)에서 신청할 수 있다.

73.
핵심인력 관리

중소기업에 있어 가장 어려운 문제 중의 하나는 인력관리이다.

그중에서도 핵심인력을 어떻게 영입하고 관리할 것인가 하는 것은 기업의 존망을 결정할 수도 있는 핵심 요소이다.

창업 초기의 중소기업은 대개 사장의 인맥으로 직원을 뽑아 시작한다.

초기에는 생존이 절대가치이기 때문에 조직 내부적으로 커다란 문제는 발생하지 않는다.

하지만 창업 초기의 어려움을 극복하고 회사가 어느 정도 성장하기 시작하면 직원별로 보상(연봉) 및 처우(직위 등)에 대하여 이견이 발생하고 이에 따라 내부 불화가 발생하여 조직이 와해되는 경우가 많이 있다.

특히 회사의 성장 과정에 따라 외부 인재를 영입하는 경우 기존 직원과 영입 직원 간의 갈등이 심각할 수 있다.

외부 인재를 영입하는 경우 대개 기존 직원들에 비해 좋은 조건을 제시하는 경우가 많이 있는데 이와 같은 경우 타 직원과의 형평성 문제를 특히 조심하여야 한다.

기존 직원들이 위화감을 느끼지 않도록 보상방안을 다각도로 구성할 필요가 있다.

핵심인력을 관리하는 방안에는 여러 가지가 있다.

첫째, 금전적 보상방안으로 연봉 외에 성과에 대한 인센티브 보상 등을 적절하게 운용할 필요가 있다.

둘째, 정신적 보상방안으로 해당 직원의 아이디어를 적극적으로 받아들인다든지, 적절한 권한을 부여하고 자기 계발기회를 충분히 제공하는 것 등이 있다.

셋째, 미래에 대한 보상이 있다. 회사의 성장에 따른 과실을 향유할 수 있게 하는 것으로 스톡옵션을 부여한다거나, 사장 개인의 주식을 무상으로 증여하는 것 등이 있다.

가장 중요한 핵심인력 관리 방안은 경영진과의 적절한 커뮤니케이션을 활성화하는 것이다. 중소기업에 있어서 의사소통단절은 심각한 문제를 야기할 가능성이 크다.

수시로 불만요인을 파악하여 적절한 대응을 하며, 각종 활동(회식. 체육행사 등)을 통하여 조직의 팀워크를 강화할 수 있도록 하는 경영진의 부단한 노력이 필요하다.

소규모 회사가 핵심인력을 확보하기 위하여 주식매수선택권을 부여하는 것보다 대주주 또는 대표이사의 주식을 무상으로 증여하는 경우가 많이 있다.

대주주 또는 대표이사의 입장에서는 무상으로 주식을 증여하는 것이 쉬운 결정이 아님에도 불구하고, 받는 사람 입장에서는 자기 돈이 들어가지 않은 경우에는 대주주 또는 대표이사의 결단을 과소평가하는 경향이 있다.

주식을 증여하고자 하는 경우 액면가라도 돈을 주고 사게 하여야 하며, 임직원이 돈이 없는 경우에는 상여금으로라도 처리하여 자기 돈이 지급되었다는 인식을 할 수 있도록 하여야 애착을 가질 수 있을 것이다.

또한 이런 경우에는 반드시 해당 직원이 일정기간 내에 퇴사하는 경우 대주주 또는 대표이사에게 주식을 반환하도록 하는 계약을 맺어두어야 한다 (증여계약은 반드시 명문의 계약서로 작성하고, 계약서에 조건을 명시하고 조건의 달성여부에 따라 계약 취소의 사유를 명기한다). 주식까지 증여해 가면서 확보한 핵심인력이 퇴사하는 것만으로도 타격이 큰데, 퇴사한 직원이 회사 주식을 계속 보유하고 있으면 주주총회의결권행사 여부, 신규 채용한 직원에게 제공할 수 있는 주식 수의 부족 등 여러 문제가 야기될 수 있다.

74.
주식매수선택권 부여

　회사에서 설립 또는 기술·경영의 혁신 등에 기여했거나 기여할 능력을 갖춘 사람에게 보상하는 방법은 다양하다. 하지만 중소기업은 대기업처럼 복잡하고 다양한 인센티브구조를 만들기 어렵고, 이익이 발생하지 않는 경우가 대부분이라 사이닝 보너스 등을 지급하며 좋은 인력을 채용하기도 어렵다.

　밤낮없이 고생하는 임직원에게 적절한 보상을 해주고 싶지만 늘 자금난에 허덕임에 따라 당장 금전적인 보상을 해주기 어려운 경우 도입할 수 있는 제도가 바로 주식매수선택권(스톡옵션)이다. 임직원에게 회사 주식을 가질 수 있는 권리를 부여함으로써 보상과 동기부여라는 두 마리 목표를 달성할 수 있다.

　주식매수선택권(스톡옵션)은 회사 주식을 바로 발행해서 주는 것이 아니라, 2년 이후 미리 정한 시점에 회사 주식을 새롭게 받을 수 있는 권리를 임직원에게 부여하는 제도다. 즉 주식매수선택권(스톡옵션)을 받은 임직원은 주식매수선택권(스톡옵션) 행사기간이 도래했을 때, 주식매수선택권(스톡옵션)을 행사해 신주를 받을지 아니면 포기할지를 결정할 수 있다.

　중소기업은 늘 인력난에 시달린다. 대기업에서 이미 충분한 연봉을 받고 있는 우수한 인재를 채용하고 싶은데, 중소기업이 대기업의 연봉과 복지수준을 맞춰 채용하기란 현실적으로 쉽지 않다. 이때 회사의 현재 기업가치보다 낮은 금액을 행사가격으로 정하여 주식매수선택권(스톡옵션)을 부여함으로써, 실질적인 급여 또는 복지의 대체 수단으로 활용할 수도 있다.

주식매수선택권 부여한도

1. 일반회사의 경우

일반회사인 경우에는 상법의 규정에 따라 발행주식총수의 100분의 10이다(상법 제340조의 2 제3항).

2. 벤처기업으로 등록한 중소기업(상장등록법인 제외)

벤처기업으로 등록한 중소기업의 경우에는 벤처기업육성에 관한 특별조치법에 따라 발행주식총수의 100분의 50이다(벤처기업육성에 관한 특별법 제16조의 3 제3항).

한편, 정관상의 주식매수선택권 부여한도의 100분의 20 이내에 해당하는 주식을 당해 벤처기업의 임직원 이외의 자에게 부여하는 경우는 주주총회의 특별결의로 주식매수선택권을 부여받을 자의성명(명칭)과 주식매수선택권의 행사로 내줄 주식의 종류와 수를 당해 벤처기업의 이사회에서 정하게 할 수 있다. 이 경우 주식매수선택권을 부여한 후 처음으로 소집되는 주주총회의 승인을 받아야 한다.

3. 주권상장법인 또는 코스닥상장법인

상장법인은 발행주식총수의 100분의 20의 범위에서 대통령령으로 정하는 한도까지 주식매수선택권을 부여할 수 있고(상법 제542조의 3 제2항), 여기서 대통령이 정하는 한도란 현재 발행주식총수의 100분의 15에 해당하는 주식 수를 말한다(상법시행령 제30조 제3항).

주식매수선택권 행사가격

1. 일반회사, 상장회사

종전 증권거래법시행령 제84조의 6 제4항에 규정되어 있던 상장법인의 스톡옵션 행사가격 산정방식에 관한 규정은 폐지되었고, 이에 따라 상장법인과 비상장법인이 공히 상법 제340조의 2 제4항에 따라 스톡옵션의 행사가격을 산정하여야 한다.

즉, 주식매수선택권을 행사할 주식의 1주당 행사가액은 다음 각호의 가액 이상이어야 한다.

1) 새로이 주식을 발행하여 교부하는 경우에는 다음 각목의 가격 중 높은 금액
① 주식매수선택권의 부여일을 기준으로 한 주식의 실질가액
② 당해 주식의 권면액
2) 자기주식을 양도하는 경우에는 주식 매수선택권 부여일을 기준으로 한 주식의 실질가액 이상이어야 한다.

여기서 행사가격의 기준이 되는 실질가액이 무엇을 뜻하는지에 관하여 상법에 명문규정은 없으나 주식의 순자산가치(순자산액/발행주식총수 = 주당순자산가치)와 수익력(순손익가치)을 반영한 평가액을 뜻하는 것으로 이해

해야 한다.

3) 차액보상방식으로 부여하여 행사가격과 주식의 실질가액의 차액을 현금으로 지급하거나 차액분에 해당하는 자기주식을 교부하는 경우 주식의 실질가액은 주식매수선택권을 행사한 시점에서의 실질가액으로 평가하여야 한다.

2. 벤처기업으로 등록한 중소기업(상장등록법인 제외)

벤처기업육성에 관한 특별조치법상 주식매수선택권의 행사가격(행사가격을 조정하는 경우에도 같다)은 1) 신주발행형의 경우에는 주식매수선택권의 부여일을 기준으로 「상속세 및 증여세법시행령」 제54조의 규정을 준용하여 평가한 당해 주식의 시가와 당해 주식의 권면액 중 높은 금액 이상이어야 하며, 2) 자기주식 교부형의 경우 주식매수선택권의 부여일을 기준으로 「상속세 및 증여세법 시행령」 제54조의 규정을 준용하여 평가한 당해 주식의 시가 이상이어야 하며, 3) 한편, 차액보상방식으로 부여한 경우에는 주식매수선택권의 행사일을 기준으로 「상속세 및 증여세법시행령」 제54조의 규정을 준용하여 평가한 당해 주식의 시가로 한다.

주식매수선택권 행사요건 - 재직기간

주식매수선택권을 부여할 경우 최소 재직기간(근무기간)이 있다. 그 취지는 그동안 회사의 발전에 기여하라는 뜻인데 최소 2년으로 하고 있고, 개별회사별로 정관에 최소 재직기간을 규정하고 있다. 예를 들면 "주식매수선택권 부여일로부터 3년 이상 재직하면 행사할 수 있고, 부여일로부터 5년 이내에 행사하여야 한다."는 식이다.

위와 같은 최소 재직기간을 채우지 못하고 퇴사하는 경우 주식매수선택권을 행사하지 못하는데 비상장회사와 상장회사가 약간의 차이가 있다. 비상장회사는 부여일(주주총회결의일)로부터 무조건 최소 2년 이상 재직하여야 한다. 본인의 귀책사유가 아닌 사유로 퇴직하더라도 마찬가지다(상법 제340조의 4 제1항). 그러나 상장회사의 경우 본인이 사망하거나 기타 본인의 책임이 아닌 사유로 퇴직한 경우 2년을 채우지 못하더라도 행사할 수 있다(상법 시행령 제30조 제5항).

비상장사 스톡옵션 행사 2년 이상 재직해야 가능

대법원 3부(주심 안대희 대법관)는 비상장회사인 S사에서 퇴직한 허 모 씨가 "스톡옵션 계약에 따라 주당 6백원에 1만5천 주를 달라."며 회사를 상대로 낸 소송에서 원고 승소로 판결한 원심을 깨고 사건을 서울중앙지법으로 돌려보냈다고 2011년 4월 5일 밝혔다. 재판부는 "상법상 상장회사에는 사망, 정년이나 본인 책임이 아닌 사유로 퇴임했을 때 2년의 재직기간을 채우지 못하더라도 스톡옵션을 행사할 수 있는 예외 규정이 있지만 비상장회사에는 그런 규정이 없다."며 "회사와 임원 간 계약에 따라 재직기간 규정을 완화해 스톡옵션을 행사할 수 있다고 본 원심은 잘못됐다."고 판단했다(대법원 2011.3.24. 선고 2010다85027 판결).

【판시사항】

[1] 상법 제340조의4 제1항에서 주식매수선택권 행사요건으로 정한 '2년 이상 재임 또는 재직' 요건을 본인의 귀책사유가 아닌 사유로 퇴임·퇴직하는 경우에도 갖추어야 하는지 여부(적극)

[2] 주식매수선택권을 부여받은 비상장법인 임직원들이 자신들의 귀책사유가 아닌 사유로 비자발적으로 퇴임·퇴직한 경우 상법 제340조의4 제1항의 최소 재임(재직) 요건에 관계없이 주식매수선택권을 행사할 수 있는지가 문제 된 사안에서, 최소 재임(재직) 요건을 충족하지 못하는 한 위 조항에 따른 주식매수선택권을 행사할 수 없다고 한 사례.

75.
창업 초기 회사의 직원 관리

　창업 초기 회사 사장들의 제일 큰 고민 중의 하나는 직원 관리일 것이다. 회사가 유지, 성장하려면 사업이 확장되어 나가야 하고 그를 위해 좋은 사람이 필요하다. 그런데 미래가 불확실하고 규모가 초소형인 창업 초기 회사의 입장에서 좋은 사람들을 찾고 오랜 기간 함께하기란 쉽지 않다. 또 막상 인력이 확대되었을 때에 체계적인 관리를 해 나가기도 어렵다.

　근로기준법과 근로관계 법령은 기업의 다양한 의무를 규정하고 있다. 상시근로자수에 따라 적용되는 의무가 다른데 기업을 운영하는 사장은 이러한 의무사항을 반드시 체득할 필요가 있다. 특히 창업 초기 회사는 대부분 인사 업무 전담 직원이 없으므로 문제 발생 시 사장이 직접 챙기지 않으면 노동청 진정 등으로 이어져 더 큰 제재나 비용 부담으로 이어질 가능성이 높기 때문에 미리 챙겨볼 필요가 있다.

　상시근로자 수를 기준으로 부여된 기업의 근로자에 대한 의무를 정리해 보면 아래와 같이 정리해 볼 수 있다.

상시근로자수에 따른 기업의 노무 분야 의무 체크리스트

1. 5명 미만
근로계약서, 임금대장 작성, 한 달 전 해고예고, 퇴직금 지급, 최저임금 적용, 직장 내 성희롱 예방 교육, 출산전후휴가 및 배우자 출산휴가 부여, 육아휴직 및 육아기 근로시간 단축 부여

2. 5명 이상~10명 미만

5명 미만 사업장 의무 이행, 해고사유와 시기 서면 통지, 1주 12시간 연장근로 제한, 연장·야간·휴일 근로가산수당 적용, 연차 유급휴가 부여, 생리휴가 부여, 휴업 수당 적용, 직장 내 괴롭힘 예방, 기간제 및 단시간 근로자 차별 처우 금지

3. 10명 이상~ 30명 미만

10명 미만 사업장 의무 이행, 취업규칙 작성·신고

4. 30명 이상~50명 미만

30명 미만 사업장 의무 이행, 노사협의회 운영

5. 50명 이상~100명 미만

50명 미만 사업장 의무 이행, 장애인 의무 고용

6. 100명 이상

100명 미만 사업장 의무 이행, 장애인 의무고용 미준수에 따른 부담금

7. 여성근로자 300명 이상 또는 상시근로자 500명 이상
300명 미만 의무 이행, 직장어린이집 설치 의무

창업 초기 회사는 최소 인원으로 구성되기 때문에 조직 문화가 매우 개방적이고 자유롭다. 이런 상황에서 근로 관련 법령을 맞춰 운영해 나가는 것은 매우 어렵다.

매출이 안정적이지 못하여 하루하루 피를 말리는 것과 같은 상황에서 근로 관련 법령을 모두 숙지하기도 어렵고, 해당 법령을 모두 지키는 것이 현실적으로 쉽지 않은 것도 사실이다. 그러다 보면 노동청으로부터 제재를 받게 될 수도 있고, 근로자와 별도의 합의를 하다가 더욱 큰 비용이 나가기도 한다.

그럼에도 체계적 노무관리는 법으로부터 시작하는 것이 가장 쉽고 효율적이다.

변호사 또는 노무사 수준으로 관련 법령을 모두 알고 적용해야 한다는 이야기가 아니다. 상시근로자수 기준에 따라 다르게 주어진 기업의 의무를 최소한도로 알고 적용한다면 훨씬 안정적인 운영을 해나갈 수 있다.

기본적으로 4인 이하 창업 초기 회사의 경우는 근로기준법의 적용대상이 아니지만, 최소한의 규정을 적용하고 있다. 우선 1명이라도 직원을 채용하였다면, 근로계약서를 작성하고 교부해야 한다. 또한 매달 1회 이상 최 임금 이상의 급여를 일정한 기일에 지급해야 하고, 해당 직원이 1년 이상 근무한 후 퇴사했을 경우 퇴직금도 지급할 의무가 있다. 이와 함께 해당 직원의 급여를 지급하면서 4대 보험을 적용해야 하고 이를 바탕으로 임금대장도 작성해야 한다.

상시 근로자가 5명 이상이 될 때 기업의 근로자에 대한 의무는 본격적으로 확대된다. 특별한 사유 없이 임의로 근로자를 징계 또는 해고할 수 없으며, 만약 정당한 사유가 있어 해고하려는 경우 30일 전에 해고예고를 하거나 해고예고 수당을 지급해야 한다. 또한 연차 휴가와 생리휴가를 부여해야 하며, 연장, 야간, 휴일근로에 따른 가산수당을 반드시 지급해야 한다. 또한 1주 40시간의 법정 근로시간제가 적용되며 1주 12시간의 연장근로시간을 초과할 수 없다. 예를 들어, 근로기준법에서 정한 법정기준근로시간(1주 40시간, 1일 8시간, 1주 40시간 초과하지 않더라도 1일 8시간 초과하는 경우, 1일 8시간 초과하지 않더라고 1주 40시간 초과하는 경우도 해당)을 초과하는 연장근로를 하였을 때, 야근 근로(오후 10시부터 다음 날 오전 6시까지 사이의 근로)를 했을 때, 법정 휴일 및 약정휴일에 일하는 휴일근로를 했을 때 기업은 통상임금의 50%를 가산수당으로 지급해야 한다. 만약, 연장 근로, 야간 근로, 휴일 근로가 중복되는 경우 중복하여 가산된다.

하지만 4인 이하 사업장의 경우 해고 사유가 반드시 필요하지 않고, 해고예고를 할 필요가 없으며, 연차, 생리휴가를 부여할 의무가 주어지지 않는다. 또한 연장, 야간, 휴일 근로 등에 따른 가산수당을 지급할 필요가 없다. 근로시간확대가 상대적으로 자유로운 것이다.

특히 창업 초기 회사에서 발생하는 노무 사건 중 가장 빈도가 높은 것은 부당해고 사건이다. 아무래도 최소한의 인원으로 사업을 운영하는 과정에서 채용하는 인력이기 때문에 조직문화와 맞지 않거나 일정한 성과가 나지 않는 경우 해당 직원과의 근로관계 종료를 고민할 수밖에 없다. 이 때 퇴직을 권고하거나 어쩔 수 없이 해고의 과정을 거치게 된다. 특히 5명 이상의 직원을 채용하여 기업을 운영하는 회사의 대표들은 해고의 제한 규정을 적용받기 때문에 더욱 신중한 접근이 필요하다.

이러한 고민을 사전에 방지하기 위해 정규직과 계약직 형태를 구분하여 채용을 진행할 필요가 있다. 정규직은 근로계약 기간의 정함이 없는 근로자이고, 계약직은 근로계약 기간의 정함이 있는(이른 바 '기간제 근로자') 근로자를 가리킨다. 정규직으로 채용하는 경우 근로관계 종료를 위하여 근로자의 귀책사유 또는 회사의 경영상 필요(어려운 경영 사정)가 반드시 요구된다. 그러나, 계약직으로 채용하는 경우 근로계약 기간의 만료로 근로계약을 종료할 수 있다.

물론, 채용의 형태도 인재 채용에 중요한 영향을 미치기 때문에 사업이 성장하여 채용이 확대되는 경우 계약직보다 정규직을 채용함으로써 안정적 고용을 제공하는 것이 더욱 바람직할 수 있지만 창업 초기 회사의 경우 경영 환경을 고려할 때 채용에 있어 상대적으로 유연한 적용이 필요하기 때문에 위와 같은 채용 형태의 차이를 고려할 필요가 있다. 그리고 계약직으로 채용한다면 근로계약서에 반드시 계약기간을 정확히 기재하여 한다.

창업 초기 회사의 경영은 매일매일이 생존을 위한 전쟁이다. 전투 현장에서 내부 분쟁이 일어나는 것을 사전에 방지하려면 최소한의 노무 분야 법률을 숙지하고 적용해 나가는 것이 추후 더 큰 출혈을 막는 길이 될 것이다.

76.
직원 채용 시 주의사항

직원 채용 시 부담하는 비용

직원을 채용하는 경우 회사가 부담하는 비용은 직원에게 직접 지급하는 연봉뿐만이 아니다.

법적으로 부담해야 하는 고정비용뿐만 아니라 근무 중 발생하는 각종 변동비용(식대, 사무실 유지비용, 복리후생비용 등)이 포함된다.

대략 연봉의 1.5배를 계상하여야 할 것인데, 해당 직원을 채용할 때 이 직원이 연봉의 1.5배 이상을 회사에 벌어줄 수 있을지 심사숙고 해봐야 할 것이다.

직원 채용 시 부담하는 고정비용(2025년 기준)

항목	적용대상	부담주체 회사	부담주체 근로자	비 고
건강보험	전 직원	3.545%	3.545%	
장기요양보험	전 직원	건강보험료 ×12.95% = 0.459%	건강보험료 ×12.95% = 0.459%	08년 7월 신설
국민연금	전 직원	4.50%	4.50%	
고용보험	전 직원	0.90%	0.90%	사업주의 고용안정 및 직업능력 개발부담금율은 기업규모에 따라 0.25%~0.85%
산재보험	사업장	전 업종 평균 1.47%	–	업종별 보험료율 고용노동부 고시
임금채권 부담금	전 직원	0.06%		
퇴직금	전 직원	8.34%		

직원 채용 시 전 직장 평판 조회 주의 필요

채용담당자가 입사지원자를 파악하기 위해 전 직장의 인사담당자 또는 동료직원에게 대인관계, 퇴사사유, 업무능력, 인성 등 전반적인 내용을 확인하곤 하는데 자칫하면 형사처벌을 받을 수 있으므로 주의가 필요하다.

연령, 주소 등 개인에 대한 객관적인 정보는 물론 '특정인에 대한 조직구성원으로서의 전반적인 의견, 평가' 등 제3자에 의해 만들어진 주관적인 정보도 개인정보의 범위에 포함된다. 특히, 기업의 인사담당자는 업무 자체가 조직구성원들의 개인정보를 관리하는 업무이므로 법에서 말하는 '개인정보처리자'로서 법에서 보호하는 개인정보보호 규정을 숙지해야 한다.

1. **입사지원회사의 채용담당자가 기존 재직회사의 인사부서에 평판 조회를 하는 경우**

 개인정보보호법상 개인정보처리자(기존 재직회사 인사담당)를 통해 입사지원자의 개인정보를 제공받는 것은 '정보 주체의 동의를 받지 않은 사정을 알고 개인정보를 제공받은 자'에 해당되어 5년 이하의 징역 또는 5천만 원 이하의 벌금에 처해진다(개인정보보호법 제71조 제1호).

2. **입사지원회사의 채용담당자가 입사지원자의 기존 재직회사 상사·동료에 평판 조회를 하는 경우**

 입사지원자와 함께 일했던 상사와 동료는 개인정보보호법에서 말하는 개인정보처리자로 볼 수 없으므로 개인정보보호법에 규정된 형사처벌이 되는 행위는 아니다. 다만, 입사지원회사의 채용담당자는 입사지원자의 동의를 받지 않고 개인정보를 수집한 것이므로 과태료 부과 대상에 해당될 수 있다.

77.
부당 인사발령

　회사에서는 업무의 효율성 증대, 생산력 향상, 조직개편, 인사교류, 경영위험 분산, 계열회사 간 기술이전 등 여러 이유로 회사 내 인사발령(인사이동)을 통해 인력을 재배치하고 있다.

　사용자는 기본적으로 근로자의 채용, 배치, 이동, 승진, 휴직, 해고 등 지위 변동이나 처우에 관계되는 결정 권한을 가지고 있으므로 근로자에게 전직이나 전보 등의 인사발령을 내릴 수 있다. 특히 근로계약서에 "회사는 사업 운영상 필요 시 직원의 근무지 또는 업무 내용을 변경할 수 있다."라는 내용이 들어가 있다면 원칙적으로 권한 행사가 허용된다.

　그런데 상당한 재량권이 인정됨에도 불구하고 자칫 잘못하면 부당인사발령 판정을 받게 될 수 있다. 부당인사발령 판정을 받게 되는 경우 근로자가 입은 금전적 피해에 대한 보상을 해줘야 하고, 원직으로 복직시켜 줘야 하므로 회사로선 금전적 손실에 더해 회사 근무 분위기 악화라는 최악의 결과를 맞이할 수 있다.

　최근 자신의 권리를 적극적으로 찾으려는 근로자가 늘어났기 때문에 우리 회사에도 언제든지 생길 수 있는 일이므로 사용자는 인사권을 행사하기 이전에 무조건 부당인사발령 구제신청이 들어온다고 생각하면서 대응할 준비를 하여야 한다.

　특히 회사를 운영하다 보면 직원들과의 불화나 지시불이행 등의 이유로 갑작스런 인사발령을 하는 경우가 있는데, 이는 부당인사발령으로 인정될 여지가 많으므로 지양하여야 한다. 그런 일이 있을 때 감정적으로 대응하지 말고 정기인사발령이나 다른 직원들을 인사발령 낼때 같이 인사발령하도록 하고, 현저히 눈에 보이도록 직위를 강등하거나 급여감소를 하는 것을 피해서 빌미를 주지 말아야 한다.

만약 직원에게 전직이나 전보 처분을 내렸는데 구제신청이 들어왔다면 가장 먼저 해야 할 일은 정당성이 성립되기 위한 요소를 충족했는지 점검하고, 이를 뒷받침할 증거자료를 모으는 것이다.

대법원판결에 따르면 부당인사발령 구제신청에 대해 업무상의 필요성이 있었는지, 근로자에게 발생한 생활상의 불이익은 어느 정도인지, 당사자와 충분한 협의를 거쳤는지를 종합적으로 고려하여 부당인사발령 여부를 판단하고 있다.

근로장소 및 근무내용 특정 여부

이러한 인사발령은 회사에서 자유롭게 지시가 가능할까? 아니다.

그렇다면 인사발령을 하기 위해서는 무조건 근로자의 동의를 받아야 하는가? 그것 또한 아니다.

인사발령은 근로계약서에 근로자의 근무 장소와 내용이 특정되어 있는지에 따라 근로자의 동의 유무가 달라지게 된다.

근로계약서에 근무장소와 내용이 특정되어 있으면 인사발령 시 근로자의 동의를 요건으로 하고, 특정되어 있지 않다면 근로자의 동의를 요건으로 하지는 않지만 인사발령의 정당한 이유가 있어야 한다.

만약 근로계약서나 취업규칙에 "업무상 필요에 따라 근무장소나 근무내용을 변경할 수 있다."라는 조항이 없고, 근로계약서에 장소와 내용이 명확히 적시되어 있으면 근로조건의 중대한 변경에 해당되어 인사발령 시 근로자의 동의를 받아야 한다. 그러나 근로계약서에 장소나 내용이 포괄적으로 적시되어 있거나 업무상 필요에 따라 변경할 수 있음이 명시되어 있는 경우에는 근로자의 동의를 요건으로 하지는 않고, 인사발령 권한은 회사의 고유한 인사권 행사로서 다음과 같은 정당한 이유가 있어야 한다.

인사발령(인사이동)의 정당한 이유

1. 업무상 필요성

업무상 필요성은 노동력의 적정 배치, 업무의 능률 증진, 근로자의 능력 개발, 근무의욕의 고양, 업무 운영의 활성화, 기술 혁신이나 기업 재편에 따른 인력 조정, 직장 질서의 유지·회복과 근로자 사이의 인화 등 다양한 이유가 있다.

2. 근로자의 생활상 불이익

근로자의 생활상 불이익은 직무내용의 변경으로 인한 업무수행상의 어려움, 근무 장소 변경으로 인한 출퇴근 어려움, 기존 직무 수행으로 인해 근로자가 받고 있는 특수한 이익이 있는 경우 그 특수 이익의 상실 등을 기준으로 판단한다.

3. 근로자와 협의절차를 거쳤는지

　근로자 본인과 성실한 협의절차를 거쳤는지 여부는 정당한 인사권 행사인지 여부를 판단하는 하나의 요소라 할 수는 있으나, 그 절차를 거치지 않았다는 사정만으로 전보처분이 권리남용에 해당해 당연히 무효가 되는 것은 아니다.

　노동위원회와 법원은 인사권 행사에 대한 재량권을 폭넓게 인정해 주고 있으므로 업무상 필요성만 입증할 수 있다면 정당한 발령이라는 판단이 나올 확률이 높다. 즉, 구제신청이 들어왔다면 위의 판단 기준에 따랐음을 서면으로 작성해서 대응하면 된다. 이때는 말로만 주장하는 게 아닌 적절한 증거를 함께 첨부하여야 한다.
　좋은 직원을 채용하는 일도 쉽지 않지만, 이미 뽑은 근로자를 잘 관리하는 것도 참 어려운 일이다. 평소에 근로계약서를 제대로 작성하고 인사발령 시 근로자와 적절히 협의절차를 거쳐(최소한 협의하는 척이라도 하고) 인사발령을 한다면 부당인사발령 구제신청과 같은 노동분쟁을 어느 정도 예방할 수 있을 것이다.
　판례는 단체협약에 사용자가 인사처분을 함에 있어서 신중을 기할 수 있도록 노동조합의 의견을 제시할 수 있는 기회를 주어야 한다고 규정된 경우에는 그 절차를 거치지 아니하였더라도 인사처분의 효력에는 영향이 없다고 보나, 노동조합의 사전 동의나 승낙을 얻어야 한다거나 노동조합과 인사처분에 관한 논의를 하여 의견의 합치를 보아 인사처분을 하도록 규정된 경우에는 협의조항과 달리 그 절차를 거치지 아니한 인사처분은 원칙적으로 무효로 본다(대법 2005두8788, 2007.9.6.).

> 근로자에 대한 전직이나 전보 처분은 근로자가 제공하여야 할 근로의 종류·내용·장소 등에 변경을 가져온다는 점에서 근로자에게 불이익한 처분이 될 수도 있으나, 원칙적으로 인사권자인 사용자의 권한에 속하므로 업무상 필요한 범위 안에서는 상당한 재량을 인정하여야 하고, 그것이 근로자에 대하여 정당한 이유 없이 해고·휴직·정직·감봉 기타 징벌을 하지 못하도록 하는 근로기준법 제23조 제1항에 위반되거나 권리남용에 해당하는 등 특별한 사정이 없는 한 무효라고는 할 수 없고, 전직 처분 등이 정당한 인사권의 범위 내에 속하는지의 여부는 당해 전직 처분 등의 업무상의 필요성과 전직에 따른 근로자의 생활상의 불이익을 비교·교량하고, 근로자가 속하는 노동조합(노동조합이 없으면 근로자 본인)과의 협의 등 그 전직 처분을 하는 과정에서 신의칙상 요구되는 절차를 거쳤는지 여부를 종합적으로 고려하여 결정하여야 한다(대법원 1991.7.12 선고 91다12752 판결, 대법원 2009.4.23 선고 2007두20157 판결 등 참조).

78.
근로자 퇴직급여제도

1961년 근로기준법 개정으로 퇴직금제도가 도입된 이후 법정 강제 제도로서 상시근로자 5인 이상 사업장까지 그 적용범위가 꾸준히 확대되었으나 상시 4인 이하 사업장은 그간 퇴직급여제도의 사각지대로 남아 있었다.

확대추이: 1961년 30인 이상(강제적용) → 1975년 16인 이상 → 1987년 10인 이상 → 1989년 5인 이상

2005년 1월 근로자퇴직급여보장법 제정 시 노사 간 논의를 거쳐 늦어도 2010년 말까지 상시 4인 이하 사업장에 대한 퇴직급여제도(퇴직금 또는 퇴직연금)를 시행하도록 명시하였으며, 이에 따라 2010년 12월 1일부터 4인 이하의 근로자를 사용하는 사업장에 대해서도 퇴직급여제도(퇴직금 또는 퇴직연금)가 전면 시행되었다. 다만, 퇴직급여제도 확대 적용에 따른 4인 이하 영세사업장의 충격을 완화하기 위하여 2012.12.1~2012.12.31의 기간에 대하여는 법에서 정하는 급여 및 부담금 수준의 100분의 50을 적용하고 2013년 1월 1일 이후부터는 100분의 100을 적용하기로 하였다(근로자퇴직급여보장법 부칙 제8조).

제도별 개요 및 특징

1. 퇴직금제도

근로자의 퇴직 시에 사용자가 계속근로기간 1년에 대하여 30일분 이상의

평균임금을 퇴직금으로 지급하는 제도(사외적립의무 없음)

2. 확정급여형퇴직연금(Defined Benefit)
사용자가 일정한 부담금을 금융기관에 적립·운용하여 퇴직 시에 퇴직금과 동일한 수준(계속근로기간 x 30일분 평균임금 이상)의 연금 또는 일시금을 지급하는 제도

3. 확정기여형퇴직연금(Defined Contribution)
사용자가 매년 연간 임금총액의 12분의 1(약 8.34%)를 근로자 개별 계좌에 불입하면 이를 근로자가 운용하다가 퇴직 시 연금 또는 일시금으로 수령하는 제도

대부분의 중소기업의 경우 현금이 부족해서 서류상으로만 퇴직급여충당금을 설정하고 있으며, 중소기업 사장들은 퇴직연금을 도입하고 싶어도 운영자금의 부족 및 고정적으로 지출되는 자금에 대한 부담으로 인하여 못하고 있는 실정이다.

하지만 퇴직연금으로 납입한 부담금에 대해서는 전액 비용으로 인정되고 부채에서 제외되기 때문에 회사의 재무건전성 비율이 개선되는 효과를 얻을 수 있다(퇴직급여충당금의 경우 일부만 비용으로 인정되며 퇴직급여충당부채는 비유동부채로 계상되고 있음). 또한 퇴직금 비용을 매년 예상해 정기적으로 퇴직연금 부담금을 납입하므로 갑작스러운 퇴직금 수요에 대응할 수 있게 되어 자금관리가 용이한 장점이 있다.

대출금 지급이자는 전액 비용으로 인정되고, 대부분의 회사의 경우 매년 물가상승률 이상으로 급여를 인상하므로 대출을 받아 퇴직연금을 납입하더라도 지급이자를 급여인상에 따른 퇴직금 부담액 증가와 비교하면 기업의 입장에서 볼 때 비용이 크게 증가하지는 않는다.

중소기업의 입장에서는 종업원에 대한 퇴직급여충당금은 어차피 경영자가 언젠가는 부담해야 하는 채무이다. 따라서 퇴직연금으로 전환할 수 있다면 부담을 줄이는 효과가 있으므로 퇴직연금제도 도입을 적극 추진해야 할 것이다.

2024년 5월 말에 발표한 고용노동부 자료를 보면 2023년도 382.4조 원의 퇴직연금 적립금액 중 53.7%에 달하는 205.3조 원이 DB형으로 운용되고 있으며, 26.5%(101.4조 원)는 DC형이었고, 나머지 19.8%는 IRP였다.

DC형 퇴직연금을 도입한 기업은 계속해서 늘어나고 있다. DB형은 회사에 운용 책임이 있고, 노동자가 퇴직할 때 큰 비용이 발생한다. 운용 수익이 마이너스라도 노동자에겐 정해진 퇴직금을 지급해야 하기 때문이다. DC형은 그렇지 않다. 매년 한 달 치 월급만 노동자에게 이체하면 끝이다. 운용 결과를 신경 쓸 일도 없다.

퇴직연금 자산관리와 기업의 부담 완화를 위해서는 DC로의 전환이 시급하다.

지금처럼 임금상승률이 높고 저금리 기조가 이어지는 경우 사용자의 입장에서는 DC형으로의 전환을 유도하여 회사의 퇴직부채 리스크를 줄이는 것이 보다 유리할 것이다.

퇴직급여제도별 비교

구분	퇴직금	퇴직연금	
		확정급여형(DB형)	확정기여형(DC형)
적립방법 및 수준	사내적립	예상퇴직부채의 90% 이상 사외적립	근로자 연간 임금총액의 12분의 1 이상 사외적립
적립금 운용주체		사용자	근로자
장점		현 퇴직금과 유사 - 직원의 제도 이해도 높음 근로자는 자산운용실적에 상관없이 퇴직금이 확정	회사 퇴직부채리스크 감소 (매년 퇴직금 정산 효과) 퇴직금 100% 사외 예치로 근로자 수급권 강화
단점		퇴직금 중도인출 불가 근속연수 및 임금인상에 따라 퇴직부채 지속 증가	근로자 본인의 운용실적에 따라 퇴직금 변동 퇴직금 중도인출 제한 (인출 사유가 법률에 한정)
중간정산	가능		담보대출(50%)과 중도인출(100%) 가능
이직 시 통산	불가능	가능 (개인퇴직계좌 활용, 과세이연 혜택)	
급여수준	30일분 평균임금 X 계속근로기간	적립금 운용결과에 따라 변동	
지급형태	일시금	연금 또는 일시금 중 선택	

    퇴직연금제도를 도입하기 위해서는 퇴직연금사업자 선정, 퇴직연금규약 작성, 근로자대표의 동의 등의 절차를 거쳐야 하는데, 중소기업의 경우 이러한 작업을 하기 어려워 퇴직연금제도 도입률이 낮다.

    중소기업퇴직연금기금제도는 30명 이하 기업의 퇴직연금 도입을 촉진하기 위하여 22년 4월부터 시행된 제도로서 중소기업의 사업주와 근로자가 납입한 부담금으로 공동의 기금을 조성·운영하여 근로자에게 퇴직급여를 지급하는 국내 유일의 퇴직연금기금제도이다.

사업주는 근로복지공단에서 제공하는 표준계약서를 통해 중소기업퇴직연금기금제도를 퇴직급여제도로 설정할 수 있다.

상시근로자 수 30명 이하인 사업장에서 근무하는 최저임금의 130% 미만인 근로자에 대한 사업주 부담금을 지원하며, 지원 수준은 사업주 연 부담금의 10%로 근로자 1인당 3년간 연 최대 26만 8천 원, 사업장당 연 최대 30인까지 지원한다.

또한, 투자 운용을 기금제도 운용위원회에서 직접 관리해 주기 때문에 안심하고 맡길 수 있는 장점이 있는 제도이다.

근로복지공단에서 운영하는 중소기업퇴직연금기금제도 푸른씨앗(pension.comwel.or.kr)에서 신청하면 된다.

79.
인사·노무관리 공통 법정의무사항

인사·노무관리에 있어 업종에 상관없이 지켜야 하는 일반적인 법정의무사항에는 다음과 같은 것이 있다.

구분	대상 개요	관계 기관	위반 제재
최저임금 지급	전 사업장 (최저임금법 제6조)	관할지방고용노동청	3년 이하 징역 또는 2천만 원 이하 벌금 (최저임금법 제28조)
취업규칙 작성 신고	상시 근로자 10인 이상 고용 사업장 (근로기준법 제93조)	관할지방고용노동청	5백만 원 이하 과태료 (근로기준법 제116조)
노사협의회 구성 및 운영	상시 근로자 30인 이상 고용 사업장 (근로자참여및협력증진에관한법률 제4조)	관할지방고용노동청	1천만 원 이하의 벌금 (근로자참여및협력증진에관한법률 제30조)
장애인 고용	상시 근로자 50인 이상 고용업체 - 장애인 상시 근로자 의무고용율: 3.1% (장애인고용촉진및직업재활법 제28조)	관할지방고용노동청 장애인고용촉진공단	상시 100명 이상 고용업체는 고용 미달 인원에 대하여 법정부담액을 장애인고용부담금으로 납부(장애인고용촉진및직업재활법 제33조)
안전보건관리 담당자의 선임	상시 근로자 20명 이상 50명 미만 사업장 (산업안전보건법 제19조)	관할지방고용노동청	5백만 원 이하의 과태료 (산업안전보건법 제175조)
보훈대상자 고용	상시 20명 이상 고용 사업장(단, 제조업체는 200명 이상) - 업종별 3%~8% (국가유공자 등 예우 및 지원에 관한 법률 제33조의 2)	관할지방보훈청	고용 명령 미이행 시 1천만 원 이하 과태료 (국가유공자 등 예우 및 지원에 관한 법률 제86조)

구분	대상 개요	관계 기관	위반 제재
직장어린이집 설치	상시근로자 500명 이상 또는 여성상시근로자 300명 이상 사업장	지방보육정책위원회	1년에 2회, 매회 1억 원 범위 이행강제금 부과 (영유아보육법 제44조의3)

직장 내 근로자에게 필수적으로 교육하여야 하는 법정의무교육 사항에는 다음과 같은 것이 있다.

구 분	대상 개요	관계 기관	위반 제재
성희롱 예방 교육	사업주 및 근로자 대상으로 직장 내 성희롱 예방교육 연 1회 이상 실시(남녀고용평등과 일·가정양립지원에 관한법률 제13조 및 시행령 제3조)	관할지방고용노동청	5백만 원 이하의 과태료 (남녀고용평등과 일·가정양립지원에 관한법률 제39조)
장애인 인식 개선 교육	사업주 및 근로자 대상으로 연 1회, 1시간 이상 (장애인고용촉진 및 직업재활법제5조의 2, 시행령 제5조의 2)	관할지방고용노동청	3백만 원 이하의 과태료 (장애인고용촉진 및 직업재활법 제86조)
개인정보보호 교육	개인정보취급자 대상으로 연 1회이상 권장 (개인정보보호법 제28조)	개인정보보호위원회	교육에 대한 과태료 규정은 없으나 개인정보 미동의 및 동의범위 외 사용 시 5년 이하의 징역 또는 5천만 원 이하의 벌금 (개인정보보호법 제71조)

퇴직연금 교육	퇴직연금제도에 가입한 근로자 대상으로 연 1회 이상 (근로자퇴직급여보장법 제 32조, 시행령 제32조)	관할지방고용노동청	1천만 원 이하의 과태료 (근로자퇴직급여보장법 제 48조)
산업안전보건 교육	해당 사업의 근로자 대상으로 정기적 교육 (산업안전보건법 제29조, 제31조, 시행규칙 제26조)	관할지방고용노동청	5백만 원 이하의 과태료 (산업안전보건법 제175조)
직장 내 괴롭힘 금지 교육	근로기준법 제76조의2 (직장 내 괴롭힘의 금지)	관할지방고용노동청	교육이 의무사항은 아니나 서로가 존중하는 건강한 직장을 만들기 위하여 더욱 관심을 기울여야 함(사용자(친족 포함)가 직장 내 괴롭힘을 한 경우 1천만 원 이하의 과태료 (근로기준법 제116조))

80.
임직원의 자금횡령

중소기업의 경우 직원 수가 적어 경리업무를 대개 1~2명이 수행하고 있다.

대부분의 중소기업 사장들은 각종 업무에 바빠 자금관리를 담당 임직원에게 일임하는 경우가 많다.

일부 회사의 경우에는 직원이 자금을 인출할 필요가 있을 때 은행 예금청구서를 결재철에 첨부하여 인출 품의를 올리면 사장이 보관하고 있는 인감으로 직접 청구서에 날인하여 주고 직원으로 하여금 처리하게 하기도 한다.

하지만 첨단 과학이 발달함에 따라 위·변조기술이 발달하여 상기와 같은 방식에 의지하기에는 문제 발생 소지가 있다.

일부 회사들의 경우 자금담당 임직원들의 자금 횡령으로 인하여 커다란 손해를 보거나, 회사가 존폐의 기로에 서게 되는 경우가 발생하고 있다.

그렇다고 사장이 직접 처리하거나 믿을 수 있는 친인척을 채용하기에는 부담이 크다.

임직원에 의하여 회사 자금의 횡령이 발생하는 경우에는 대개의 경우 수습하기 어려운 정도의 문제가 발생할 수가 있으므로 보다 많은 주의가 필요하다.

매주 자금 상황을 체크하고, 통장 잔액을 직접 확인해 보는 것이 필요할 것이다.

인터넷으로 자금을 인출하는 경우에는 통장에 표시된 금액과 실제 예금잔액 간에 차액이 발생할 수 있으므로 유의하여야 한다.

회사 통장에 많은 금액이 입금되어 있는 경우에는 당장 사용하여야 할 자금만 남겨두고 인출하여 별도 통장을 만들어 사장이 직접 보관하는 것도 좋은 방법이다.

은행들이 인터넷뱅킹을 이용할 때 임직원이 계좌이체를 하거나 현금인출을 하고자 하는 경우 사전에 승인권자(사장, 임원 등)에게 승인을 받도록 하여 승인권자가 승인하지 않은 계좌로 이체되거나 승인한 금액 이상으로 현금인출을 하지 못하도록 하는 서비스를 제공하고 있는데 임직원의 자금횡령을 막을 수 있는 유용한 수단이 될 것으로 보인다.

일부 임직원의 경우에는 본인의 다급한 자금사정으로 회사 자금을 일시 인출하여 사용하고 추후에 반환하는 경우가 있는데, 이와 같은 경우 "횡령한 재물을 사후에 반환하거나 변상, 보전하는 의사가 있는 경우 불법영득의사가 인정된다."(대법원 2006.11.10. 선고 2004도5167 판결)고 하여 횡령죄가 성립되므로 주의하도록 하여야 한다.

임직원이 회사의 공금을 횡령하여 손실이 발생한 경우 횡령액의 회수를 위하여 동 임직원과 그 보증인에 대하여 민사 및 형사상 모든 법적조치를 취하였음에도 회수할 수 없는 경우에는 대손충당금으로 소득금액계산상 손금에 산입할 수 있다.

금융감독원이 제공한 중소기업을 위한 회계부정방지 체크포인트 7가지를 소개하면 다음과 같다.

1. 자금 담당자와 회계 담당자는 반드시 분리

경영자는 오류 또는 부정을 방지하기 위해 1명에게 모든 일을 시키는 대신에 업무를 여러 명에게 적절히 배분할 필요가 있다.

특히 자금 담당자와 회계담당자는 반드시 분리해 각각 다른 사람이 담당하도록 하는 것이 중요하다.

자금담당자와 회계담당자의 분리, 거래의 실행과 기록의 분리 등 적절한 업무분장을 통해 내부통제를 보다 철저히 하는 것이 회계부정을 방지할 수 있는 기본이다.

2. 현금과 통장잔고는 사전 예고 없이 불시에 점검

내부통제 관점에서 정기적인 점검 등 횡령 방지절차도 중요하지만 사전 예고 없이 불시에 이루어지는 현금실사 및 통장잔고 확인도 반드시 필요하다.

사전 예고된 현금실사만으로는 담당자에게 자료를 조작할 수 있는 충분한 시간을 제공할 수 있어 횡령이나 회계부정을 발견하기 어려울 수 있다.

담당자 휴가 시 관련 업무에 대한 불시 점검, 강제적인 휴가명령, 비정기적 불시 현금실사 및 통장잔고 확인 등으로 횡령여부를 파악할 수 있을 뿐만 아니라 담당자의 불순한 동기도 사전에 차단할 수 있다.

3. 휴면계좌 등 사용하지 않는 계좌는 즉시 해지

용도가 불분명하거나 사용하지 않는 휴면계좌는 내부관리대상에서 누락되기 쉬워 내부 횡령 등 부정행위에 이용될 수 있다.

사용하지 않는 휴면계좌는 즉시 해지하는 것이 바람직하다.

만약 휴면계좌를 해지하지 않은 경우 외부감사를 받을 때 횡령사실을 은폐하기 위해 하나의 매출채권 회수계좌에서 수표 출금 후 동 수표를 다른 휴면계좌에 입금하고 수표 실물을 보유한 것처럼 감사인을 속여 현금을 이중으로 장부에 반영할 수도 있다.

4. 현금을 출금할 때는 관리자의 승인

거래처 등에 계좌이체 시 사전에 등록된 계좌에 한해 관리자의 승인을 득한 후에만 계좌이체가 가능하도록 통제할 필요가 있다.

사전에 등록된 계좌 이외의 계좌로 송금하는 경우 계좌를 등록한 후에 송금하거나 관리자의 승인을 받은 후에 송금하도록 하고 사후에라도 계좌를 반드시 등록하도록 해야 한다.

회사의 계좌에서 일정액 이상의 현금을 출금(또는 계좌이체)하는 경우 대표이사 또는 담당임원(CFO)의 휴대폰에 동 내용을 문자 발송하도록 조치하는 것도 좋은 방법이다.

5. 통장, 법인카드, 인감, 유가증권 등은 각각 별도로 보관

유가증권, 법인카드, 인감, 통장, 계좌 비밀번호 등은 각각 다른 담당자가 관리·보관하도록 할 필요가 있다.

특히 인감, 통장 등 중요 물품 사용 시 관리자의 승인을 받도록 해야 한다.

6. 같은 업무를 너무 오래 하지 않도록 업무 변경 필요

직원들의 업무를 자주 바꿔 1명이 특정업무를 너무 오랫동안 담당하지 않도록 하는 것도 중요하다.

특히 자금이나 회계담당자는 전문적인 지식이 필요하다는 이유로 일단 해당 업무에 배치되면 장기간 근무하는 경우가 많은데 이런 경우에는 더욱 주의를 기울여야 할 것이다.

7. 외부감사를 통해 회사의 재무상태를 점검

외부감사를 통해 회사의 재무상태를 점검할 수 있으므로 감사의견뿐만 아니라 외부감사인이 수행한 절차 등에 대해서도 경영진이 관심을 가질 필요가 있다.

외부감사를 통해 현금실사, 재고실사, 채권채무조회 등 회사 자산의 실재성, 부외부채 존재여부 등에 대한 확인이 가능하다.

또한 외부감사인을 정기적으로 교체함으로써 새로운 시각을 통해 회사의 문제점을 파악해야 한다.

법인세법 기본통칙 19의 2-19의 2…6[사용인이 횡령한 금액의 대손처리] (2009.11.10. 조번개정)

사용인이 법인의 공금을 횡령한 경우로서 동 사용인과 그 보증인에 대하여 횡령액의 회수를 위하여 법에 의한 제반절차를 취하였음에도 무재산 등으로 회수할 수 없는 경우에는 동 횡령액을 대손처리 할 수 있다. 이 경우 대손처리 한 금액에 대하여는 사용인에 대한 근로소득으로 보지 아니한다 (1988.3.1. 신설).

81.
임직원의 겸직금지

　공무원(국가공무원법 제64조 등)과 공공기관(공공기관의 운영에 관한 법률 제37조 등)의 임직원에 대하여는 업무 공정성을 위해 영리목적의 겸직이 금지되어 있으나 일반 사기업의 근로자에 대하여는 법규상 겸직금지에 관련한 별도의 규정이 없다.

　이에 따라 대부분의 기업에서는 취업규칙에 겸직금지조항을 두어 재직 중 다른 사업장에 취업하거나 영리활동을 하지 못하도록 규정하고 있다. 그러나 근로자의 겸직은 근로자 개인능력에 따른 사생활의 영역에 속하며, 근로자는 헌법상 직업선택의 자유를 가진다. 따라서 회사의 겸직금지의무 위반을 근거로 한 징계권 행사는 상당한 제한을 받게 된다.

　내수 경기 침체와 세계 경제의 불확실성 증가로 직업의 안정성이 위협받게 됨에 따라 근로자들이 부업을 하는 경우가 많이 있다.

　근로자들의 부업은 고용불안에 대한 대비책이라 하겠지만, 근로자를 고용하고 있는 회사(사용자) 입장에서는 근로자의 업무 집중도 및 생산성 하락, 손실발생과 회사의 복무질서 혼란초래를 우려하지 않을 수 없다.

　하지만 이러한 근로자의 부업을 이유로 징계처분이 가능한지의 여부는 근로계약상 성실의무에 위반되지 않는 한 근로자의 사생활의 범주에 속한다 할 것이므로 징계사유에 해당된다고 하기에는 어려울 것이다. 판례(서울행정법원 2001.2.15. 2000구22399, 서울행정법원 2001.7.24. 2001구7465 등)도 근로자가 다른 사업을 겸직하는 것은 근로자의 개인능력에 따른 사생활의 범주에 속하므로 기업질서나 노무제공에 지장이 없는 한 전면적, 포괄적으로 금지하는 것은 부당하며 또한 근로자가 겸업을 통해 사용자에 대한 성실의무나 충실의무에 반함으로써 사회통념상 더 이상 근로계약관계를 유지할 수 없다고 볼 수 있는 경우에만 징계해고(면직)사유에 해당된다고 판시하고 있다.

회사가 취업규칙상 겸직의무위반을 근거로 징계를 하는 경우 겸직사실 그 자체만 근거로 할 것이 아니라 겸직기간, 겸직으로 인해 초래된 회사업무 지장의 정도, 근태불량 등 다른 취업규칙상 의무위반 등을 고려, 회사내부질서 문란의 우려가 있거나 노무제공상 지장이 초래되었는지를 판단할 필요가 있다.

따라서 징계를 하기 위하여는 지각, 조퇴횟수, 직무태만, 품위손상 등에 대한 확인서, 시말서, 계고장 등을 구비하고 징계절차를 준수하여 부당해고에 해당되지 않도록 하는 노력이 필요하다.

회사 다니면서 경쟁사 차리면…

기존 고객 뺏으면 불법… 새 고객과 거래 땐 합법

직원이 회사를 다니면서 회사와 같은 업종으로 경쟁사를 차려 영업을 했다면 불법일까, 합법일까?

법원의 판단은 "자신이 몸담고 있는 회사의 기존 고객을 뺏으면 불법이지만, 새로운 고객과 거래했다면 합법"이다. 소속사가 현실적인 손해를 봤는지 여부가 유·무죄를 가르는 잣대라는 의미다.

서울북부지법 제2형사부(재판장 최종두)는 업무상 배임죄로 검찰에 기소된 광고업자 원 모 씨(39)와 이 모 씨(42)의 항소심에서 일부 무죄 취지로 원심을 파기하고 각각 징역 8월에 집행유예 2년을 선고했다고 10일 밝혔다.

재판부는 "피고인들이 소속사의 직원으로 근무하면서 신뢰를 저버리고 손해를 가한 것이어서 죄질이 좋지 않다."면서도 "소속사와 거래할 개연성이 없던 기업들과 거래한 것에 대해서도 원심이 유죄를 선고한 것은 위법"이라고 판시했다.

이번 판결은 검찰이 상고하지 않아 확정됐다. 그러나 이번 판결은 대법원 확정판결이 아니어서 유사한 사례에 대해 법원이 다른 판결을 낼 가능성도 배제할 수는 없다.

서울의 한 지방법원 판사는 "소속사의 거래처를 뺏지 않았어도 거래처 인맥과 영업 노하우 등을 이용했다면 유죄가 나올 가능성이 있다."고 말했다.

82.
임직원 퇴사 시 분쟁방지

중소기업은 대부분 소규모라 임원이 아닌 직원들에게까지 회사 영업비밀이 공유되기 쉽다. 또한 회사 정보나 자료에 대한 시스템상 비밀조치 등을 마련하기도 쉽지 않아서, 퇴사하는 직원이 회사 정보를 모두 소지하고 나가기도 한다.

중소기업에서 내부 정보를 알고 있는 임직원이 동종 업종으로 이직하는 것을 제한하거나, 영업비밀을 보호하기 위해서는 어떻게 해야 할까?

이 경우에 필요한 것은 '계약서'다. 물론 계약서를 임직원이 회사에 입사할 때, 아니면 재임 또는 재직하는 중에, 늦으면 퇴임 또는 퇴직하는 시점에 작성하는 것도 가능하다. 다만, 일반적으로 이미 회사를 그만두겠다고 생각하는 임직원과 사이에서, 회사를 퇴사한 이후 동종업계 이직을 금지하거나, 영업비밀을 보호하라는 취지의 계약을 체결하기란 쉽지 않다.

따라서 가장 좋은 시기는 임직원이 회사에 입사할 때이며, 이때 입사서류로 함께 받아두면 좋다. 특히 영업비밀의 경우에는 퇴사 이후 뿐만 아니라 회사 재직 중에도 문제가 될 수 있기 때문에 입사 시점에 받는 것이 좋다.

계약서를 작성할 때는 먼저 영업비밀에 대해 정의해야 한다. 중소기업의 입장에서는 영업비밀의 범위를 넓힐수록 보호되는 범위도 넓어진다. 따라서 회사가 보유한 기술과 영업에 대한 노하우, 생산 제품에 대한 공정, 도면, 설계방법, 실험결과, 샘플, 스펙, 데이터, 공식 등도 포함돼야 하고, 거래처 및 거래명세서 등도 포함되게 작성해야 한다. 또한 고객을 어떻게 유치하고, 관리하는지에 대한 정보(마케팅 방법, 영업 수단, 고객 정보 등)가 포함되도록 기재해야 한다.

이때, 비밀유지 의무기간도 함께 규정한다. 중소기업 입장에서는 무한정 길어지는 것이 유리할 수 있지만, 실질적으로 비밀로 보호할 실익이 있는 기간을 규정하는 것이 좋다. 실무적으로는 보통 퇴사 후 1~3년 정도 비밀유지 의무를 부담하도록 규정하고 있다.

두 번째로는, 퇴사 시에 업무와 관련된 자료를 반환하도록 기재해야 한다. 중소기업이라면 사원급 직원도 회사의 중요한 영업비밀에 접근이 가능한 경우가 많고, 실제 회사 개인 노트북뿐 아니라 외장하드, 클라우드 등에 회사의 중요한 정보나 자료가 저장되어 있는 경우가 많다.

따라서 퇴사할 때 개인이 보유한 회사의 비밀 정보와 서류를 반환하도록 기재해야 한다. 또한 퇴사 시점에 개인 노트북 등에서 회사업무와 관련된 자료를 삭제하거나 반환하는지에 대하여 확인하는 절차도 필요하다. 필요하다면 퇴사 시점에 인수인계에 최선을 다해야 한다는 내용(단, 실제 근로기준법상 강제 근로의 금지에 따라 근로를 강제하기는 어려움)을 추가하는 것도 좋다.

세 번째로는, 경업금지에 관한 내용이다. 회사의 중요한 기술, 영업에 관여하는 임직원이 퇴사해 경쟁업체에 재임 또는 재직하게 된 경우 회사의 영업에 타격을 받기 쉽다. 따라서 주요한 인력이라면 퇴사 후 일정기간 동안은 회사가 영위하는 사업과 동일하거나, 경쟁관계에 있는 사업을 개시하거나, 경쟁관계에 있는 회사에 재임, 재직, 자문 등을 제공하는 것을 금지할 필요가 있다.

다만 이 경우 퇴사하는 임직원의 입장에서는 헌법상 보장된 권리인 직업선택의 자유가 침해될 수 있고, 직업선택의 자유가 침해되었다는 이유로 경업금지 약정이 무효라는 취지의 판례도 쉽게 찾아볼 수 있다.

판례에서는 경업금지 약정이 무효인지 여부를 판단할 때, 아래와 같은 여러 가지 사정을 종합적으로 고려하여 판단하고 있다. 경업금지 약정을 체결하는 임직원이 회사의 중요한 인력으로 경쟁업종에 종사함에 따라 회사가 침해받는 이익의 정도를 고려한다. 또한 제한하는 경업 약정 기간이 어느 정도인지와 지역을 특정하여 제한하는지, 아니면 지역을 제한하지 않고 모든 지역에 대한 제한인지도 고려하고, 경업금지 약정의 대가로 일정한 금전적인 이익을 제공하였는지 여부 등도 함께 고려하여 경업금지 약정이 무효인지를 판단하고 있다.

즉, 판례는 개별 사안마다 구체적인 사정을 검토하여 경업금지 약정이 직업선택의 자유 등을 침해하여 무효라고 판단하는 경우도 있고, 또 보호법익이 있기 때문에 유효라고 판단하는 경우도 있어 일률적으로 기준을 제시하기는 어렵다. 실제 경업금지 약정을 체결할 때마다 여러가지 사정을 검토해 무효로 판단될 수 있는 가능성을 줄이는 방향으로 계약서를 작성해야 한다.

마지막으로는, 계약을 위반했을 때 적용할 제재 사항에 대해 규정해야 한다. 우선 비밀유지 또는 경업금지에 대한 대가로 일정한 현금이나 주식 등 경제적 가치가 있는 이익을 제공했다면 이를 반환하도록 규정해야 한다. 또한 회사에 손해가 발생했다면 이를 입증하여 배상받을 수 있도록 규정할 수 있다. 다만, 비밀유지 의무 위반이나 경업금지 약정 위반의 경우 실제 회사에 손해가 발생했다는 점과 정확한 손해액의 입증에 어려움이 있을 수 있기 때문에, 손해배상예정액을 미리 규정하는 것이 중소기업 입장에서는 소송 진행 시에 입증에 따른 부담을 줄일 수 있다.

또한 이 부분에 대해 강하게 제재하고자 할 경우 일정 금액이나 회사에 재임 또는 재직할 당시의 연봉을 기준으로 N배 등을 위약벌로 배상하도록 규정할 수도 있다.

하급심 판례이기는 하지만, '3년간 경쟁업체 취업을 제한하면서 위반 시 1일 1백만 원으로 산정된 손해를 지급하도록 경업금지 약정을 체결한 사례'에서 손해배상금액이 과다하다고 판단하여 경업금지 기간은 1년으로 손해배상액은 1일 10만 원으로 감액하라는 취지의 판결이 선고된 예도 있으니 적절한 금액으로 책정하여야 할 것이다.

성장세의 중소기업들은 인사문제에 대한 애로사항을 많이 겪고 있다. 마음에 드는 직원을 채용하기가 어렵고, 또 그런 직원을 채용했더라도 이 직원이 몇 달 후에 퇴사한다고 해서 어려움을 겪기도 한다. 오랜 기간 회사의 성장을 함께 도모하는 직원도 있지만, 중소기업 특성상 손바뀜이 잦을 수밖에 없고, 이에 대해 함께하던 임직원이 퇴사했을 때 회사의 영업을 보호할 수 있는 수단이 영업비밀 보호 및 경업금지 약정이다.

직원이 퇴사하겠다고 통지했다면 계약을 체결하기에는 이미 늦은 경우가 많다. 임직원의 입사 시점에 받아야 할 서류로 '영업비밀 보호 및 경업금지 약정서'를 규정하여 회사의 영업비밀을 보호하고, 경쟁업체 취업을 제한함으로써 회사의 영업에 타격이 발생하지 않도록 하여야 할 것이다.

83.
산업재해

　산업재해(산재)란 근로자가 임금을 목적으로 사업주에게 고용되어 일하던 도중에 부상, 사망하거나(사고성 재해), 일정한 일을 오랫동안 하면서 그 일에 따르는 유해한 작업환경이나 작업자세로 인해 서서히 발생하는 질병(직업병)으로서, 4일 이상의 요양을 요하는 경우를 말한다. 사고성 재해는 '업무상 재해', 직업병은 '업무상 질병'이라는 용어를 사용한다.

산재보상보험제도

　산재보상보험제도는 근로자와 사업주의 과실 유무와는 무관하게 업무상의 사유로 재해(사고, 질병, 사망 등)가 발생하면 근로복지공단이 보상하여 주는 사회보상 제도이다.

　산재보상은 근로자의 권리로서 근로자가 일을 하다 다치거나 병들면 치료와 보상을 받을 수 있다. 산재를 당한 근로자가 병원에서 충분한 치료를 받고, 근로복지공단과 회사로부터 각종 보상과 필요한 절차에 협조를 받는 것은 법에 보장된 근로자의 권리이다. 산재보상에 대한 모든 것은 산재보상보험법에 규정되어 있다.

　고용노동부 산하 기관인 근로복지공단이 사업주로부터 산재보험료를 걷어 산재보험을 운영한다. 근로자를 1인 이상 고용한 사업주들은 근로복지공단에 보험료를 납부하여야 한다(산업재해보상보험법 제6조).

산재보상보험법에 따른 산재보상은 근로자가 일하다가 작업으로 인해 발생한 것이라면 모두 해당된다. 회사의 관리 소홀이나 근로자의 실수가 있어도 책임을 묻지 않는다. 이것을 '무과실 책임주의'라고 한다. 설사 근로자의 실수로 재해가 일어났다 해도 업무 때문에 일어난 재해는 모두 보상을 받을 수 있다. 재해가 누구의 잘못으로 일어났는지는 따지지 않는다.

다만 근로자의 고의·자해행위나 범죄행위 또는 그것이 원인이 되어 발생한 부상·질병·장해 또는 사망은 업무상의 재해로 보지 아니한다(산업재해보상보험법 제37조 제2항).

특히 중·소기업 사업주에 대한 특례가 있어 300명 미만의 근로자를 사용하는 중·소기업 사업주는 공단의 승인을 받아 자기 또는 유족을 보험급여를 받을 수 있는 자로 하여 보험에 가입할 수 있다(산업재해보상보험법 제124조 제1항).

산업재해 대응방안

1. 산업재해보상보험 가입

산업재해보상보험은 상시 근로자를 1인 이상 사용하고 있는 사업장이 의무적용사업장이 된다. 따라서 상시 근로자 수가 1인 이상 된 경우에는 관할 근로복지공단에 보험관계성립신고를 하고, 보험료 신고 및 납부를 성실히 이행하여야 한다. 보험관계 성립신고 및 보험료 납부를 태만히 한 기간 중 산재 사고가 발생한다면 사업주가 산재보험이 지급하는 보험급여의 일부를 부담하게 되거나 연체금 및 가산금이 징수될 수 있다(고용보험 및 산업재해보상보험의 보험료징수 등에 관한 법률 제26조 제1항).

2. 사고 발생 시 처치

사업장에서 근무 중에 사고가 발생하여 직원이 다쳤다면, 다친 부위 및 상황에 맞는 응급처치 후 구급차 등을 이용하여 가까운 병원에 후송하게 하여 치료하도록 한다.

사장이 최대한 빠르게 병원에 찾아가 근로자의 안정을 도모하고, 치료에 적극 협조하여 근로자와의 원만한 관계를 유지할 수 있도록 하며, 혹시 발생할 수 있는 근로자와의 분쟁을 예방하여야 한다.

다만, 발생 원인 등이 불분명한 경우 사고의 원인을 정확히 파악하고 목격자를 확보하도록 한다.

3. 전문가의 도움

작업장 내에서 발생한 사고의 경우 특별한 경우를 제외하고는 업무상 재해로 인정받지만, 작업장 밖에서 발생한 사고의 경우에는 업무상 재해로 불승인 처리될 가능성이 있으므로 공인노무사, 변호사 등 전문가와 상담하여 추후 발생할 수 있는 상황에 대해 미리 대비하여야 한다.

4. 산재보험 지급 신청

산재사고가 발생한 경우, 사업주가 산재보험 처리하기를 꺼려 근로자와 분쟁이 발생하는 경우가 많이 있다.

하지만 산재신청은 근로자가 하게 되어 있는 것을 편의상 회사가 해주는 것이므로 회사가 신청을 안 해주는 경우 근로자가 직접 공단에 신청을 하면 되므로 불필요하게 근로자와 실랑이를 할 필요가 없다.

5. 사고에 대한 보상

산재보상의 경우 사업주의 과실여부와 상관없이 발생한 손해에 대해 보상하고 있는데 반해, 민사보상은 민법의 과실책임원칙에 입각하여 본인과실여부 및 회사과실을 따져 사업주로서의 과실부분에 해당하는 손해를 보상한다.

산업재해가 발생한 경우 어떤 방법으로 보상을 받을 것인가는 재해를 당한 근로자의 선택사항으로 볼 수 있지만, 피재근로자가 산재보험 수급권자로서 동일한 사유로 민법 기타 법령에 의하여 산재보험법의 보험급여에 상당한 금품을 받은 때에는 대통령령이 정하는 방법에 따라 환산한 금액의 한도 안에서 산재보험을 보상하지 아니한다(산업재해보상보험법 제80조 제3항).

즉, 동일 건에 대하여 산재보상과 민법 등에 의한 손해배상을 이중으로 받을 수 없다.

산재보험에 미가입된 경우

산재보험에 미가입된 상태에서 산재사고가 발생한 재해의 경우 산재보험과 별도로 합의하는 경우가 있는데, 미가입된 경우라도 상시근로자 1인 이상이 된 당연적용 사업장의 경우 사업주가 보험관계 성립신고를 하였는지 여부와 관계없이 산재보험이 적용되는 날 이후에 발생한 산재보험의 경우 산재보험 혜택을 받을 수 있으므로 산재보험으로 처리할 수 있다.

다만, 사업주가 보험 가입 신고를 태만히 한 기간 중의 재해에 대해서는 지급 결정된 보험급여 금액의 100분의 50에 해당하는 금액에 대하여 근로복지공단이 사업주에게 징수할 수 있지만, 민법 또는 근로기준법상 보상금에 비하면 그 비용을 줄일 수 있을 것이다(고용보험 및 산업재해보상보험의 보험료 징수 등에 관한 법률시행령 제34조 제1항).

> **대법원 1999.5.14 98두3877 보험급여액 징수결정처분취소**
>
> 【판시사항】
> 산업재해보상보험법 제72조 제1항 제1호 소정의 '보험가입신고를 태만히 한 기간 중에 발생한 재해'의 의미
>
> 【판결요지】
> 산업재해보상보험법 제72조 제1항 제1호 소정의 '보험가입신고를 태만히 한 기간 중에 발생한 재해'라 함은 같은법시행령 제78조 제1항의 문언과 같이 '보험가입신고를 하여야 할 기한이 만료되는 날의 다음 날부터 보험가입신고를 한 날을 포함시킨 기간 중에 발생한 재해'를 의미한다 할 것인바, 그 까닭은 신고일에 발생한 재해에 있어서의 신고와 재해발생의 시간적 선후의 입증상의 분쟁을 피할 수 있게 하고 또한 사업주가 신고를 태만히 해 오다가 신고를 하게 되면 신고와 재해 발생의 선후를 막론하고 일률적으로 불이익을 줌으로써 신고의무이행을 독려하려는 것이 그 규정의 취지라고 풀이해야 할 것이기 때문이다.

84. 임금체불

재직근로자의 임금체불 시

사업주는 근로자의 임금을 매월 1회 이상 일정한 기일을 정하여 정기적으로 지급하여야 하며, 이를 위반하는 경우 3년 이하의 징역 또는 3천만 원 이하의 벌금형에 해당하는 처벌을 받게 된다(근로기준법 제43조, 제109조).

퇴직근로자의 체불임금을 지불하지 못하는 경우

사업주는 근로자가 퇴직한 경우, 당사자 사이의 합의가 없는 한 14일 이내에 임금 등 기타 일체의 금품을 지급해야 하며, 이를 위반하는 경우 3년 이하의 징역 또는 3천만 원 이하의 벌금형에 해당하는 처벌을 받게 된다(근로기준법 제36조, 제109조).

근로자가 지방노동관서에 진정을 제기한 이후에도 체불임금을 지급하지 못한 경우 근로감독관은 사법처리(검찰송치)하며, 근로자는 형사사건과는 별도로 민사소송을 제기할 수 있다.

이때 민사소송의 당사자는 회사가 되며 대표이사의 개인재산에 대하여는 횡령에 의한 재산형성이 입증되지 않는 경우 소송의 당사자가 되지 않는다.

임금체불 사업자 명단 공개 및 불이익 제공

고용노동부는 임금 등을 체불한 사업주에 대한 처벌이 대부분 소액의 벌금형에 그치고 명예나 신용에 대한 제재가 없어 임금 등의 체불에 대한 사업주의 책임이나 죄의식 부족으로 임금체불이 근절되지 않고 있음에 따라 임금체불을 예방하는 동시에 체불임금의 신속한 청산을 유도하기 위하여 근로기준법을 개정하여 다음과 같은 내용을 시행하고 있다(근로기준법 제43조의 2, 제43조의 3).

1. 체불사업자 명단 공개

임금 등의 체불사실이 확인된 사업주 중 일정 요건(악의적·상습적으로 임금·퇴직금을 주지 않거나 상당한 액수의 임금을 체불하는 등)에 해당하는 체불사업자 명단을 인터넷이나 관보에 공개

2. 임금 등 체불자료의 제공

체불사업주가 대출이나 신용평가 등에서 불이익을 볼 수 있도록 체불사업자의 인적사항 등에 관한 자료를 신용정보집중기관에 제공

3. 입찰참가자격 제한

정부입찰 참가자격 제한

2025년 10월 23일부터 '임금체불 근절법' 시행… "최대 3배 배상"

이른바 '상습 임금체불 근절법'으로 불리는 근로기준법 개정안이 2025년 10월 23일부터 시행된다.

이 법률이 시행되면 고용노동부 장관은 매년 상습적으로 임금을 체불한 사업주를 지정하고 이들의 체불자료를 종합신용정보집중기관에 제공하게 된다. 이에 따라 각 금융기관은 대출 신청이나 연장, 이자율 산정 등 금융거래 심사에서 체불 사업주의 정보를 활용하게 된다(근로기준법 제43조의 3).

매년 상습적으로 임금을 체불한 사업주들은 국가나 자치단체, 공공기관에서 지원하는 보조금이나 지원금 신청에서 제한을 받으며, 국가 등이 발주하는 공사에 참여가 제한되거나 감점 등의 불이익을 받게 된다(근로기준법 제43조의 4).

또한 임금체불로 명단 공개된 사업주가 체불임금을 청산하지 않은 채 도피할 수 없도록 출국금지 될 수 있다(근로기준법 제43조의 7).

현재 퇴직자에게만 적용되는 체불임금에 대한 지연이자(100분의 20)는 재직근로자에게도 확대 적용 된다(근로기준법 제37조).

상습적인 임금체불 등으로 손해를 입은 근로자가 법원에 3배 이내 금액의 손해배상을 청구할 수 있는 '징벌적 손해배상제도'도 도입되었다(근로기준법 제43조의 8).

85.
해고

'해고'란 '퇴직'의 경우와 달리 유효하게 존속하여 온 근로계약을 사용자가 일방적으로 해약(해제)하는 것을 말한다.

이와 같이 사용자가 일방적으로 해약하기 때문에 근로계약에 의하여 제공되는 노동의 대가로서의 임금으로 생활을 유지하여 온 근로자에게는 일방적인 마감을 의미하게 되고 그 해약권의 행사는 근로자의 생활에 큰 영향을 주게 되므로 해고에 대하여는 노동법상 여러 가지로 제한되어 근로자의 보호를 도모하고 있다.

우리나라 민법에서는 "고용기간의 약정이 없는 때에는 당사자는 언제든지 계약해지의 통고를 할 수 있다."(민법 제660조)로 되어 있고 또한 기간을 정하였을 때도 "고용기간의 약정이 있는 경우에도 부득이한 사유가 있는 때에는 각 당사자는 계약을 해지할 수 있다."(민법 제661조)로 되어 있으나 민법의 특별법인 근로기준법에는 정당한 사유가 있는 경우로 제한하고 있다.

해고의 유효요건

해고가 유효하기 위해서는 다음의 요건이 충족되어야 한다.

유효한 해고 = [취업규칙 해당사유] + [취업규칙·단체협약 해당절차의 이행] + [근로기준법상의 해고예고절차의 이행] + [법률상의 해고금지에 해당

하지 않음] + [해고의 정당한 이유]

1. 취업규칙이나 단체협약의 해고사유에 해당할 것

해고란 사용자의 근로자에 대한 종업원으로서의 지위를 일방적으로 박탈하는 의사표시이며 근로자 생활에 주는 영향이 매우 크기 때문에 취업규칙의 필요적 기재사항으로 되어 있다. 따라서 상시 10인 이상의 근로자를 사용하는 사업장에서는 반드시 취업규칙을 작성할 의무가 있으며 그 규칙에 '퇴직에 관한 사항'을 정하여야 한다(근로기준법 제93조).

또 이와 같은 취업규칙이나 단체협약이 없는 경우 또는 있어도 해고의 예정에 대한 규정이 없는 경우에도 '부득이한 사유'가 있으면 당연히 해고할 수가 있으나 취업규칙에 의하여 해고권의 행사를 스스로 제한하고 있으므로 취업규칙에 해당하지 않는 해고는 무효로 본다.

2. 취업규칙이나 단체협약에 해고절차가 있으면 엄수하여야 한다

해고는 일방적인 근로계약의 해약으로써 근로자에 중대한 불이익을 주는 것이므로 그 절차에 대하여도 취업규칙이나 단체협약에 규정이 있으면 반드시 이에 따라야 한다.

특히 중요한 것은 "조합원의 해고에 대하여 노동조합과 협의한다."는 취지의 협약이 단체협약에 있는 경우가 있다. 이와 같은 협약이 있는 경우에는 이에 따라 협의하고 성의를 다하여야 한다.

다만, 노조의 동의가 없으면 절대로 해고할 수 없다는 것이 아니고 협의를 다 하였으나 합의를 보지 못하는 경우에도 일방적으로 회사가 실시할 수 있는 것은 인사권이 회사에 있으므로 당연히 인정되어야 한다.

3. 30일 전에 예고하거나 해고예고수당을 지급하여야 한다

근로기준법 제26조는 "사용자는 근로자를 해고하고자 할 때에는 적어도 30일 전에 그 예고를 하여야 하고, 30일 전에 예고를 하지 아니한 때에는 30일분 이상의 통상임금을 지급하여야 한다. 다만 근로자가 계속 근로한 기간이 3개월 미만인 경우, 천재지변 기타 부득이한 사유로 사업계속이 불가능한 경우 또는 근로자의 고의로 사업에 막대한 지장을 초래하거나 재산상 손해를 끼친 경우로서 고용노동부령이 정하는 사유에 해당하는 경우에는 그러하지 아니하다."고 규정하고 있다.

4. 법률상의 해고금지에 해당하지 않을 것

법률상 예외적으로 해고가 금지되는 경우가 있다.

1) 부당노동행위가 되는 해고의 금지

근로자가 노동조합에 가입 또는 가입하려고 하였거나 노동조합을 조직하려고 하였거나 기타 노동조합의 업무를 위한 정당한 행위를 한 것을 이유로 그 근로자를 해고하는 것은 부당노동행위로써 금지되고 있다(노동조합 및 노동관계조정법 제81조).

2) 업무상의 부상질병에 의한 휴업, 산전·후 휴직 중과 그 후 30일의 해고금지

근로기준법 제23조에 "사용자는 근로자가 업무상 부상 또는 질병의 요양을 위하여 휴업한 기간과 그 후 30일 동안 또는 산전(産前)·산후(産後)의 여성이 이 법에 따라 휴업한 기간과 그 후 30일 동안은 해고하지 못한다."고 규정하고 있으며, 다만, "사용자가 제84조에 따라 일시보상을 하였을 경우 또는 사업을 계속할 수 없게 된 경우에는 그러하지 아니하다."고 하여 해고를 제한하고 있다.

3) 남녀의 성별, 국적, 신앙 등을 이유로 하는 해고의 금지

근로자의 성별, 국적, 신앙, 사회적 신분을 이유로 근로조건에 대한 차별적 처우를 못 하도록 규정하고 있다(근로기준법 제6조).

정리해고

불황 등의 경영상의 사유로 과잉인원의 감소, 경영규모의 축소, 부문의 폐쇄 등으로 인원정리의 필요가 생기는 경우에 하는 소위 '정리해고'에 대하여는 해고의 유효요건을 충족하여야 한다.

근로기준법 제24조 제1항은 "사용자가 경영상 이유에 의하여 근로자를 해고하려면 긴박한 경영상의 필요가 있어야 한다. 이 경우 경영 악화를 방지하기 위한 사업의 양도·인수·합병은 긴박한 경영상의 필요가 있는 것으로 본다." 제2항은 "사용자는 해고를 피하기 위한 노력을 다하여야 하며, 합리적이고 공정한 해고의 기준을 정하고 이에 따라 그 대상자를 선정하여야 한다. 이 경우 남녀의 성을 이유로 차별하여서는 아니 된다." 제3항은 "사용자는 해고를 피하기 위한 방법과 해고의 기준 등에 관하여 그 사업 또는 사업장에 근로자의 과반수로 조직된 노동조합이 있는 경우에는 그 노동조합(근로자의 과반수로 조직된 노동조합이 없는 경우에는 근로자의 과반수를 대표하는 자를 말

한다. 이하 '근로자대표'라 한다)에 해고를 하려는 날의 50일 전까지 통보하고 성실하게 협의하여야 한다." 제4항은 "사용자는 대통령령으로 정하는 일정한 규모 이상의 인원을 해고하려면 대통령령으로 정하는 바에 따라 고용노동부장관에게 신고하여야 한다."라고 규정하여 경영상 해고의 요건으로 ① 긴박한 경영상의 필요 ② 해고회피노력 ③ 합리적이고 공정한 기준 ④ 근로자대표와의 협의 ⑤ 고용노동부장관에 신고 등을 요구하고 있다.

부당해고

부당해고란 사업주가 근로자를 정당하지 아니한 사유로 해고하는 것을 말한다.

말 그대로 정당한 사유나 절차 없이 사용자 마음대로 하는 해고를 말하며, 부당해고를 당한 근로자는 관할 지방노동관서에 진정하거나 노동위원회에 구제신청을 할 수 있고 민사소송으로 해고무효확인청구의 소를 제기할 수도 있다(근로기준법 제28조).

이때 해당 해고에 대한 정당한 사유인지의 입증책임은 사용자에게 있다.

개정 전 근로기준법에서는 사용자의 부당해고 등을 형사처벌 할 수 있었으나, 정당한 해고에 대해서까지 제약할 소지가 있고 형사처벌조항을 삭제한다고 하더라도 '이행강제금' 제도를 통해 사용자의 부당해고 등으로부터 근로자를 보호할 수 있다는 취지에 따라 부당해고에 대한 형사처벌조항을 삭제하였다.

그렇다고 해서 모든 경우에 부당해고가 형사처벌과 완전히 무관한 것은 아니다.

예를 들어, 근로자가 부당해고 구제신청을 통해 노동위원회에서 승소하고, 구제명령을 받았음에도 불구하고 회사가 이를 이행하지 않을 경우 문제가 된다.

구제명령에는 보통 근로자의 원직 복직 및 해고 기간 동안의 임금 지급이 포함되는데, 이를 이행하지 않으면 회사는 이행강제금을 부과받게 된다. 노동위원회는 구제명령(구제명령을 내용으로 하는 재심판정을 포함한다)을 받은 후 이행기한까지 구제명령을 이행하지 아니한 사용자에게 3천만 원 이하의 이행강제금을 부과한다(근로기준법 제33조 제1항). 노동위원회는 최초의 구제명령을 한 날을 기준으로 매년 2회의 범위에서 구제명령이 이행될 때까지 반복하여 3천만 원 이하의 이행강제금을 부과·징수할 수 있다. 이 경우 이행강제금은 2년을 초과하여 부과·징수하지 못한다(근로기준법 제33조 제5항).

회사가 지방노동위원회에서 패소한 뒤 중앙노동위원회에 재심을 제기하지 않거나 구제명령이 확정된 이후에도 이를 이행하지 않으면, 근로기준법 제111조에 따라 1년 이하의 징역 또는 1천만 원 이하의 벌금 처벌을 받을 수 있다.

또한 법률상의 해고금지사항에 해당되는 경우에는 개별 법률에 의하여 처벌받을 수 있다.

1) 부당노동행위가 되는 해고의 금지를 위반한 경우 - 2년 이하의 징역 또는 2천만 원 이하의 벌금(노동조합 및 노동관계조정법 제90조)
2) 업무상의 부상질병에 의한 휴업, 산전·후 휴직 중과 그 후 30일의 해고금지를 위반한 경우 - 3년 이하의 징역 또는 3천만 원 이하의 벌금

(남녀고용평등법 제37조 제2항)

3) 남녀의 성별, 국적, 신앙 등을 이유로 하는 해고의 금지를 위반한 경우 - 5백만 원 이하의 벌금(근로기준법 제114조)

4) 직장 내 괴롭힘 발생 사실을 신고한 근로자 및 피해근로자 등에게 해고나 그 밖의 불리한 처우를 하여서는 아니 된다는 근로기준법 제76조의 3 제6항을 위반한 경우 - 3년 이하의 징역 또는 3천만 원 이하의 벌금(근로기준법 제109조)

정리해고 이후 신규 채용? 해고 근로자 재취업 의사부터 확인해야

근로기준법은 제25조에서 "경영상 사유로 근로자를 해고한 사용자는 해고일로부터 3년 이내에 해고된 근로자가 해고 당시 담당했던 업무를 할 근로자를 채용할 경우, 해고 근로자가 원하면 그 근로자를 우선 고용해야 한다."고 규정하고 있다.

자신의 잘못 없이 경영상 이유로 해고된 근로자에게 이전 직장으로 복귀할 수 있는 기회를 보장해 주자는 취지로, 사용자에게 해고 근로자를 우선적으로 재고용할 의무를 부여한 것이므로 사용자는 3년 이내에 해고된 근로자가 해고 당시 담당했던 업무를 할 근로자를 채용할 경우 해고된 근로자에게 개별적으로 연락해 재고용될 의사가 있는지 확인해야 한다.

86.
노사협의회

노사협의회란 근로자와 사용자가 참여와 협력을 통하여 근로자의 복지증진과 기업의 건전한 발전을 도모함을 목적으로 구성하는 '협의기구'로서 노사가 생산성 향상 방안 등을 토의하는 과정에서 정보를 공유하게 되어 자연스럽게 경영의 투명성이 높아지고 노사 간의 신뢰가 구축될 수 있다. 노사협의회는 노사 공동이익의 극대화를 목적으로 하는 데 비해 노조와의 단체교섭은 노사대립을 전제한다는 점에서 서로 목적을 달리하므로 노사협의회가 있다 하더라도 노동조합 및 노동관계조정법상 인정되고 있는 노조의 역할과 기능은 전혀 제약받지 않는다.

노사협의회 설치

노사협의회는 근로조건의 결정권이 있는 상시 30인 이상의 근로자를 사용하는 사업 또는 사업장 단위로 설치하여야 하며, 30인 미만 사업장이라도 당사자 간 합의로 노사자율에 의해 설치 가능하다(근로자 참여 및 협력 증진에 관한 법률 제4조).

노사협의회 설치일로부터 15일 이내에 노사협의회 조직과 운영에 관한 규정(이하 "협의회규정")을 제정하고 관할 지방노동관서에 제출하여야 하며, 협의회 규정 변경 시에도 동일하게 제출하여야 하고 미제출 시에는 2백만 원 이하의 과태료에 처하게 된다.

노사협의회의 설치를 정당한 사유 없이 거부하거나 방해할 경우 1천만원 이하의 벌금에 처하게 된다.

노사협의회의 구성

1. 위원구성

노사협의회는 근로자 측과 사용자 측을 대표하는 동수의 위원으로, 각 3인 이상, 10인 이내로 구성한다.

사용자위원은 당해 사업 또는 사업장의 대표자와 그 대표자가 위촉하는 자로 한다.

근로자위원은 근로자의 과반수로 조직된 노조가 있는 경우에는 노조대표자와 노조가 위촉하는 자로 하며, 근로자 과반수로 조직된 노조가 없는 경우에는 전체근로자의 직접·비밀·무기명투표로 선출한다.

2. 의장 및 간사

노사협의회의 의장은 위원 중에서 '호선(의결사항 아님)'하며, 근로자위원과 사용자위원 각 1인을 공동의장으로 할 수 있다.

노사협의회의 간사는 근로자위원과 사용자위원 중에서 각각 호선하여 선출하고, 회의준비와 사후처리를 담당한다.

3. 노사협의회 위원 임기 및 신분보장

노사협의회 위원 임기는 3년이며, 협의회 출석에 소요되는 시간에 대하여는 근로한 것으로 본다.

사용자는 협의회 위원으로서의 직무수행과 관련하여 근로자에게 불이익한 처분을 할 수 없으며, 근로자 위원 선출에 개입하거나 방해하여서도 아니 된다.

노사협의회 운영

회의는 3개월마다 정기적으로 개최하여야 하며, 위반 시에는 2백만 원 이하의 벌금에 처하게 된다.

회의소집은 의장이 하고, 소집통보는 회의개최 7일 전에 회의일시·장소·의제 등을 각 위원에게 통보해야 한다.

회의는 근로자위원과 사용자위원의 각 과반수의 출석으로 개최하고, 출석위원 3분의 2 이상의 찬성으로 의결된다.

노사협의회의 임무

1. 협의사항

'협의'라 함은 의견을 교환하고, 상대방의 입장을 이해하고 설득하는 과정으로 협의사항은 근로자복지 증진 및 생산성 향상을 도모하는 취지에서 근로자들의 참여를 지원하고 보장하는 것이다.

협의사항은 반드시 의결하여야 하는 것은 아니나 상호 협의하여 의결이 가능하다.

의결하는 경우 의결사항에 대한 성실이행 의무가 발생하며, 정당한 이유 없이 이행하지 아니할 경우 1천만 원 이하의 벌금에 처하게 된다(근로자 참여 및 협력 증진에 관한 법률 제20조).

1) 생산성 향상과 성과 배분
2) 근로자의 채용·배치 및 교육훈련
3) 근로자의 고충처리
4) 안전, 보건, 그 밖의 작업환경 개선과 근로자의 건강증진
5) 인사·노무관리의 제도 개선
6) 경영상 또는 기술상의 사정으로 인한 인력의 배치전환·재훈련·해고 등 고용조정의 일반원칙
7) 작업과 휴게 시간의 운용
8) 임금의 지불방법·체계·구조 등의 제도 개선
9) 신기계·기술의 도입 또는 작업 공정의 개선
10) 작업 수칙의 제정 또는 개정
11) 종업원지주제(從業員持株制)와 그 밖에 근로자의 재산형성에 관한 지원
12) 직무 발명 등과 관련하여 해당 근로자에 대한 보상에 관한 사항
13) 근로자의 복지증진
14) 사업장 내 근로자 감시 설비의 설치
15) 여성근로자의 모성보호 및 일과 가정생활의 양립을 지원하기 위한 사항
16) 「남녀고용평등과 일·가정 양립 지원에 관한 법률」 제2조 제2호에 따

른 직장 내 성희롱 및 고객 등에 의한 성희롱 예방에 관한 사항
17) 그 밖의 노사협조에 관한 사항

2. 협의사항 관련 중요 내용 검토

1) 노사협의회 '협의사항'을 꼭 '합의'해야 하는지?

근로자 참여 및 협력증진에 관한 법률(이하 '근참법') 제20조에서 정한 협의사항은 노사가 성실히 협의하는 것으로 충분하며, 반드시 노사합의 또는 결정에 이르러야 함을 강제하고 있지는 않는다. 따라서 '인사·노무관리의 제도개선'에 관한 사항을 노사협의회에 상정하여 성실히 협의하였다면, 그에 대한 의결 또는 합의 유무와 상관없이 법에서 요구하는 협의의무를 이행했다고 볼 수 있다(2001.7.9. 노사 68010-235).

2) 특정인물의 채용 및 특정인의 특정 직무에의 배치 등이 노사협의회 협의사항에 해당하는지?

근로자 참여 및 협력 증진에 관한 법률 제20조 협의사항 중 '근로자의 채용·배치 및 교육훈련'에 대한 규정은 업무에 필요한 근로자의 능력과 경력, 특정 직무에 배치해야 할 근로자의 능력과 경력, 직무의 효과적 수행을 위해 필요한 교육훈련 등에 대하여 노사협의회에서 협의해야 할 사항을 규정한 것으로, 어떤 특정 인물을 채용한다거나 특정인을 특정 직무에 배치해야 하는 것까지를 의미하는 것은 아니다(2004.4.20. 노사협력복지과-770).

3) '기타 노사협조에 관한 사항'에 포함되는 내용?

근로자 참여 및 협력 증진에 관한 법률 제20조에는 '기타 노사협조에 관한 사항'을 규정하고 있는바, 이는 본조에 적시된 사항들 외에도 필요한 사

항을 노사 간 협의할 수 있음을 규정한 것으로 그 범위는 사안에 따라 개별·구체적으로 판단해야 할 것이나, 근로자 참여 및 협력 증진에 관한 법률의 목적과 취지에 부합하는 범위 내에서 노사 간 협의할 수 있다고 할 수 있다. 따라서 택시회사 운전자들의 처우개선 및 근로조건 향상을 위해 노사 간 자율적으로 협의 또는 합의에 따라 결정·사용토록 하고 있는 부가가치세 경감액 사용 관련 사항이 노동조합의 단체교섭 대상인지는 별론으로 하더라도 노사협의회에서 협의하는 것은 근로자 참여 및 협력 증진에 관한 법률의 목적과 취지에 부합하는 것으로, 노사협의회 협의사항에 포함되지 않는다고 볼 이유는 없다(2004.6.30. 노사협력복지과-1428).

4) 협의사항이 합의되지 않음을 이유로 쟁의행위를 할 수 있는지?

근로자 참여 및 협력 증진에 관한 법률상 협의사항의 구체적인 협의범위는 노사에 의해 자율적으로 결정되어진다 할 것이나 근로자 참여 및 협력 증진에 관한 법률상 협의회의 협의는 합의를 전제하지 않으며, 합의되지 않음을 이유로 한 쟁의행위가 허용되지 않는다는 점에서 쟁의행위가 인정되는 노동조합의 임금협상과는 차이가 존재한다(2003.8.2. 협력 68210-303).

5) 직장 동아리 구성에 관한 사항을 노사협의회 협의안건으로 채택할 수 있는지?

사업장 내 동아리 활동의 노사협의회 안건 채택 여부는 효율적인 노사협의회 운영을 위하여 양측 간사 간에 사전에 충분한 검토와 논의를 거쳐 결정하는 것이 바람직하다. 다만, 사업장 내의 동아리 활동이 근로자의 공동체 의식을 함양하고 직장생활의 질과 만족도를 높이는 효과를 수반한다면 이는 노사협의회 운영의 목적과 취지에 부합하는 것으로 판단되므로, 동안건이 노사협의회에서 의결 또는 합의가 될 수 있는지 여부는 별론으로 하고, 노사협의회 안건으로 채택하여 협의하는 것에는 무리가 없을 것이다 (2001.8.1. 노사 68010-271).

6) 노사협의회에서 근로조건 변경을 합의할 수 있는지?

근로자와 사용자 쌍방이 이해와 협조를 통하여 노사 공동의 이익을 증진함으로써 산업평화를 도모할 것을 목적으로 하는 노사협의제도의 취지에 비추어 볼 때, 노사협의회에서의 협의는 노동조합과 사용자 간에 이루어지는 단체교섭과는 그 목적 및 성격을 달리한다 할 것이므로 이미 단체협약으로 정하여 기시행되고 있는 근로조건을 노사협의회에서 변경할 수는 없는 것이며, 다만 기존 단체협약에 문제가 있어 노사협의회에서 합의하고 그 결과를 노동조합법 및 규약이 정하는 적법한 절차에 따라 노사 당사자가 문서로 서명 또는 날인하여 기존 단체협약에 변경을 가하는 것이 명백할 경우 변경 협약으로서 인정될 수는 있을 것이다(1995.3.4. 노사68120-51).

3. 의결사항

의결사항은 단순한 의견교환이나 협의가 아니라 노사가 공동으로 결정하여야 할 사항을 정하는 것으로 근로자의 교육훈련 및 능력개발의 기본계획 수립 등이 있다.

의결된 사항에 대하여는 신속하게 근로자들에게 공지(사내방송·사보게재·게시 기타 적절한 방법)하고, 노사 모두 성실하게 이행하여야 하며, 정당한 이유 없이 이행하지 아니할 경우 1천만 원 이하의 벌금에 처하게 된다.

의결사항은 단순한 의견교환이 아닌 노사대표가 대등한 자격으로 공동결정을 통해 시행된다(근로자 참여 및 협력 증진에 관한 법률 제21조).

1) 근로자의 교육훈련 및 능력개발 기본계획의 수립
2) 복지시설의 설치와 관리
3) 사내근로복지기금의 설치
4) 고충처리위원회에서 의결되지 아니한 사항
5) 각종 노사공동위원회의 설치

4. 보고사항

노사협의회의 보고사항은 근로자위원과 사용자위원이 각각 보고·설명할 수 있는 사항으로 협의·의결할 의무는 없으나, 노사 간 신뢰를 구축하기 위해서는 투명경영의 일환으로 재정·경제상황 등에 대한 보고·설명이 필요하다.

사용자가 보고사항에 대한 보고의무를 이행하지 아니할 경우 근로자위원은 사용자 측에 관련자료의 제출을 요구할 수 있고, 사용자가 정당한 사유 없이 이에 불응할 경우 5백만 원 이하의 벌금에 처하게 된다.

보고사항은 근로자위원과 사용자위원이 각각 보고·설명할 수 있는 사항으로 협의·의결할 의무는 없다(근로자 참여 및 협력 증진에 관한 법률 제22조).

1) 경영계획 전반 및 실적에 관한 사항
2) 분기별 생산계획과 실적에 관한 사항
3) 인력계획에 관한 사항
4) 기업의 경제적·재정적 상황

고충처리

근로조건의 결정권 유무와 상관없이 상시 30인 이상의 근로자를 사용하는 모든 사업 또는 사업장에는 고충처리위원을 두어야 하며 위반 시에는 2백만 원 이하의 벌금에 처하게 된다.

고충처리위원은 노사를 대표하는 3인 이내의 위원으로 한다(노사 각각을 대표하는 3인 이내가 아님).

고충처리위원은 고충사항 접수 시 지체 없이 이를 처리, 10일 이내에 조치사항 기타 처리결과를 당해 근로자에게 통보하여야 한다.

노사협의회와 단체교섭의 차이

구분	노사협의회	단체교섭
목적	생산성 향상과 근로자 복지 증진 등 미래지향적 노사공동의 이익 증진	근로조건의 유지·개선
대표성	전체 근로자를 대표	노조 조합원을 대표
배경	노조의 조직 여부와 관계없음 쟁의행위를 수반하지 않음	노조가 있음을 전제로 함 교섭 결렬 시 쟁의행위 가능
당사자	근로자위원과 사용자위원	노동조합과 사용자(사용자단체)
과정	사용자의 기업경영상황 보고 안건에 대한 노사 간 협의·의결	단체교섭을 통해 단체협약 체결

단체교섭 시에 노동조합과 회사 측 교섭위원의 수에 대해서는 별다른 제한이 없으므로 반드시 노사가 동수로 참여할 필요는 없으나, 노사협의회는 각종 의결사항에 대한 의결정족수가 규정되어 있으므로 반드시 노사가 동수로 선임되어야 한다.

87.
부당노동행위

부당노동행위란 근로자의 노동3권 행사를 방해하는 사용자의 행위를 의미한다. 헌법 제33조에 따라 기본권으로 노동3권이 근로자와 노동조합에 보장되는데, 사용자는 사회경제적으로 우월한 지위를 이용하여 부당한 압박이나 처우를 할 가능성이 있다. 대표적으로 노동조합의 가입을 방해하거나, 노동쟁의행위를 방해하는 것이 부당노동행위에 해당한다. 따라서 노동3권을 적극적으로 보장하고 현실적으로 실현하기 위해 노동조합 및 노동관계조정법에서 부당노동행위에 대한 구제제도와 처벌제도를 두고 있다.

부당노동행위의 주체

부당노동행위의 주체는 사용자에 한정된다. 따라서 근로자나 노동조합은 부당노동행위의 주체가 될 수 없다. 사용자란 사업주, 사업의 경영담당자 그리고 근로자에 관한 사항에 대하여 사업주를 위하여 행동하는 자(관리자)를 의미한다.

1. 사업주

근로계약의 당사자를 의미한다. 일반적인 경우에는 회사가 여기에 해당한다. 예를 들어 ㈜삼성전자의 직원에게 사업주는 '㈜삼성전자'가 된다. 개인이 운영하는 자영업에 고용된 아르바이트생의 경우 자영업자 본인이 사업주가 된다. 협의의 사용자라고 한다면 이 사업주만을 한정한다.

2. 사업의 경영담당자

회사의 대표이사 등 경영진을 의미한다. 기본적으로 회사가 부당노동행위를 지시하기는 어렵다. 회사는 관념적 개념에 불과하기 때문이다. 따라서 부당노동행위는 사람에 의해서 이루어질 수밖에 없는데, 회사의 의사결정기관인 경영진이 부당노동행위의 책임을 지게 되는 것이다.

3. 관리자

법조문에는 '근로자에 관한 사항에 대하여 사업주를 위하여 행동하는 자'를 뜻한다. 대부분 회사의 인사과장, 인사부장 등 중간관리직이 여기에 해당한다. 경영진이 근로자의 노조활동에 직접 침해할 수도 있지만, 현실적인 경우 대부분 중간관리직인 인사과장(부장) 선에서 근로자의 권익이 많이 다투어진다. 따라서 관리자에게도 부당노동행위의 책임을 지게 하는 것이다.

대법원은 노동3권의 보장을 위하여 부당노동행위의 주체가 되는 사용자 개념을 확장하고 있다. 대법원에 따르면 단순 고용주가 아니라 근로자의 근로조건에 실질적인 영향력 내지 지배력을 가지는 자도 사용주의 개념에 포함된다. 근로자의 근로조건이란 고용보장, 임금, 휴식 등을 말하며, 대표적인 예시가 원청업체와 하청업체에서의 원청업체이다. 원청업체가 사내 하청업체 소속 근로자들의 기본적인 노동조건 등에 관하여 고용사업주인 사내 하청업체의 권한과 책임을 일정 부분 담당하고 있다고 볼 정도로 실질적·구체적으로 지배·결정할 수 있는 지위에 있고 사내 하청업체의 사업폐지를 유도하고 그로 인하여 사내 하청업체 노동조합의 활동을 위축시키거나 침해하는 지배·개입행위를 하였다면, 원청업체가 부당노동행위 구제명령의 대상인 사용자에 해당한다고 판결하였다(대법원 2010.3.25. 선고 2007두8881 판결).

부당행위의 객체

근로자와 노동조합이 부당노동행위의 객체가 된다. 노동3권의 보장을 위하여 법으로 보장되는 노조뿐만 아니라 법외의 노조도 포함된다고 보는 시각도 있으나, 아직 명확한 판례는 없다.

부당노동행위의 유형

노동조합 및 노동관계조정법에서는 부당노동행위의 유형으로 제81조 제1항 제1호부터 제5호까지 5가지를 규정하고 있다. 그러나 제1호와 제5호는 불이익취급이라는 측면에서 동일하기 때문에 총 4개의 유형으로 구분된다.

1. 사용자의 불이익취급

근로자가 노동조합을 조직·가입하거나 조합활동을 할 때(제1호), 그리고 쟁의행위 참가 및 부당노동행위를 신고·증언·증거제출 등(제5호)을 했다고 하여 그 근로자에 대한 불이익한 처분을 해서는 안 된다. 불이익취급이 성립하려면 근로자가 노동조합 가입·조직 등 정당한 단결활동 등을 할 것, 사용자의 불이익처분이 있을 것, 사용자의 불이익처분이 정당한 단결활동을 근거로 할 것을 요구한다.

1) 정당한 단결활동

근로자가 정당한 단결활동을 할 때, 이에 대한 불이익취급은 부당노동행위가 된다. 여기서 정당한 단결활동을 조문상 크게 4가지로 나누면, 노동조합의 조직 및 가입, 정당한 조합활동, 정당한 쟁의행위, 부당노동행위 신고·증언·증거제출로 나눌 수 있다.

2) 불이익처분

위의 원인에 따라 불이익처분을 해서는 안 된다. 불이익처분이란 조문상으로는 '그 근로자를 해고하거나 그 근로자에게 불이익을 주는 행위'를 의미한다. 해고는 대표적인 불이익처분이다.

2. 반조합계약

어느 노조에 가입하지 않을 것을 고용조건으로 하거나, 특정 노조에만 가입할 것을 고용조건으로 하는 경우에는 부당노동행위가 된다.

1) 어느 노조에 가입하지 않을 것을 고용조건으로 하는 경우

단결방해의 반조합계약이라고 한다. 노조 전체의 가입을 방해하는 경우는 물론 일부 노조에 대해서 가입금지를 설정하는 것을 모두 포함한다. 반드시 근로계약서에 있을 필요는 없고, 서약서나 각서 등의 형태로도 이루어진다.

2) 특정 노조에만 가입할 것을 고용조건으로 하는 경우

단결강제의 반조합계약이라고 한다. 당연히 이 조항의 존재 의의는 어용노조의 설립을 방지하기 위함이다. 어용노조와 일반노조가 있을 때 어용노조에만 가입하도록 강제한다면 근로자의 단결권이 저해된다. 다만, 유니온 숍 제도에 의하여 노동조합이 당해 사업장에 종사하는 근로자의 3분의 2 이상을 대표하는 경우에는 예외적으로 허용된다. 이 경우에도 노조의 탈퇴를 이유로 불이익처분을 할 수 없다.

3. 단체교섭거부

단체협약을 제정하기 위한 단체교섭 자체를 거부하거나, 이에 해태하는 행위를 하는 경우 부당노동행위에 해당한다. 단체교섭 자체에 참여하지 않는 경우는 물론, 단체교섭에 참여하더라도 성실하게 교섭에 임하지 않아 단체교섭을 저해하는 행위도 부당노동행위에 해당한다.

다만, 단체교섭을 거부하더라도 정당한 이유가 있다면 부당노동행위에 해당하지 않는다. 이때, 정당한 이유에 대해서는 단체교섭의 주체, 대상, 방법이 적법한지에 따라 달라진다(97누8076판결). 정당한 이유로 단체교섭을 거부할 수 있는 경우의 대표적인 예시로는 노조가 아님에도 단체교섭을 요구하는 경우, 교섭창구 단일화를 하지 않은 채 단체교섭을 요구하는 경우, 임의적 교섭대상을 단체교섭 대상으로 하는 경우, 기타 불합리한 방법으로 단체교섭을 요구하는 경우가 있다.

4. 지배개입 및 운영비 원조

지배개입이란 사용자가 노동조합의 조직·운영을 지배하거나 이를 위해 개입하는 행위를 의미하며, 운영비 원조란 근로시간 면제제도의 범위를 초과한 급여 지급이나 노동조합의 운영비를 지원하는 행위를 의미한다. 이러한 지배개입과 운영비 원조는 일반노조를 어용노조로 만들어 노동조합의 자주성과 조직력을 저해하기 때문에 금지된다.

1) 지배개입

지배개입은 노동조합의 조직 또는 운영을 지배하거나 이를 개입하는 행위를 의미하는데, 여기서 '노동조합의 조직 또는 운영'이란 노동조합의 전반적인 활동을 의미한다. 노동조합의 설립은 물론, 내부적 활동 및 단체교섭과 쟁의행위 등 모든 영역에서 적용된다. '지배와 개입'은 노동조합의 의사결정에 영향을 미치는 것을 의미한다. 굳이 구분하자면 지배는 노동조합의 의사결정을 온전히 장악하는 것이고, 개입은 일부에 간섭하는 것을 의미하지만 둘 다 부당노동행위에 해당하므로 구분의 실익은 없다. 부당노동행위는 위험범에 해당하기 때문에, 반드시 지배개입의 결과가 발생할 필요는 없다(96누2057판결).

지배개입에는 단순 지배개입의 행위만 있어서는 안 되고, 지배개입의 의사 역시 충족되어야 한다. 예를 들어 노동조합이 없는 사업장에서 사용자가 노동조합의 조직정황을 모른 채 단순히 성과부족으로 근로자를 전근시키는 경우, 이렇게 반조합적 행위에 대한 인식이 없음에도 부당노동행위로 형사처벌을 하게 된다면 본 죄가 고의범이라는 점에 위배된 것이다. 따라서 적어도 지배개입의 의사가 있어야 한다. 다만, 판례는 적극적·구체적인 의도나 동기까지는 필요하지 않고, 반조합적 행위에 대한 인식만으로도 지배개입의 의사가 충족된다고 본다(2014두11137판결).

2) 운영비 원조

노동조합의 운영비를 지원하거나 근로시간 면제자에게 규정을 초과하여 지급한 경우를 의미한다. 운영비 원조는 사용자가 노동조합을 매수하는 경우라고 보아 부당노동행위에 해당한다. 예외적인 사유가 많은데, 나열하면 다음과 같다.

1) 노동조합 전임자의 근로시간 면제제도 한도 내의 급여 지급: 원래 노동조합 전임자에 대한 급여 지급은 절대적으로 금지되었다. 그러나 2021년 노동조합법 개정으로 인해 근로시간 면제 한도 내에서 임금을 지급할 수 있게 되었으며, 이 범위 내에서의 임금지급은 부당노동행위에 해당하지 않는다. 그렇다면 이 급여가 얼마인가? 라는 것은 법조문에 딱히 정해놓은 것은 없고, 근로시간 면제한도만을 정해놓고 있다. 구체적인 시간당 급여는 노사간의 합의를 통해서 결정하는데 보통 일반 근로자의 임금과 같다.
2) 후생자금 등의 기부
3) 노동조합 사무소의 제공
4) 자주성 침해 없는 운영비의 원조

구제제도와 처벌제도

헌법이 노동3권을 보장하고 있다 하더라도 사용자가 근로자와 노조의 노동3권의 행사를 방해한다면 단체교섭을 중심으로 하는 노사자치가 훼손된 것이므로 이를 부당노동행위라는 이름으로 금지하고, 위반 시에 노동위원회가 행정적인 구제절차와 처벌을 정하고 있다. 이러한 행정적인 구제절차 외에 형사상 처벌도 함께 존재한다.

1. 구제제도

구제제도를 크게 요약하면 다음과 같다.

1) 구제신청

근로자 또는 노동조합이 지방노동위원회에 신청한다. 신청기간은 부당노동행위가 발생한 날로부터 3개월 이내이다.

2) 조사와 심문

구제신청을 한 경우 지방노동위원회는 필요한 조사를 하고 관련 당사자를 심문한다. 보통은 사용자가 심문대상자이다. 심문 중에 증인을 신청하거나 증인이 직권으로 선정될 수도 있다. 일반적으로 조사와 심문 절차는 하루 안에 빨리 끝난다.

3) 구제명령의 발동 또는 기각

지방노동위원회가 신고된 내용이 부당노동행위라고 판단하면 구제명령을 발동하고, 그렇지 않다면 구제명령을 기각한다. 명문상의 규정은 없지만 신청의 이익이 없는 경우 각하될 수 있다. 보통은 여기까지가 일반적인 경우이나, 당사자 중 한쪽이 불복하는 경우 아래의 절차를 추가로 거친다.

4) 재심신청 및 결정

위의 결정에 불복이 있는 경우, 10일 이내에 중앙노동위원회에 불복을 신청한다. 구제명령의 발동결정의 경우 사용자가 불복을 신청하며, 구제명령의 기각결정의 경우 노동조합 측이 불복을 신청한다.

5) 행정소송

위 재심판정에 대하여 관계당사자는 재심판정서가 송달된 뒤로부터 15일 이내에 행정소송을 제기할 수 있다. 이러한 형태의 사건명은 '부당해고구제재심판정취소의 소'가 된다. 재심판정의 위법성 여부를 판단하는 시점은 변론종결 시가 아니라 재심판정의 처분 시이다.

2. 형사처벌제도

부당노동행위(제81조)를 행한 사용자는 2년 이하의 징역 또는 2천만 원 이하의 벌금의 형사처벌의 대상이 된다.

부당노동행위의 피해자는 지방검찰청에 고소를 진행할 수도 있으나, 보통은 지방 노동청에 고소장을 제출한다. 위의 구제명령과 동시에 진행될 수 있으며, 보통은 행정처분인 구제명령이 더 빨리 끝나는 편이나 조사(수사)의 범위는 고소를 통하는 방법이 더 넓다.

구제명령의 결과가 먼저 나오기 때문에 구제명령의 인용·기각결정에 따라 기소 유무가 달라진다고 생각할 수 있으나, 원칙적으로 검사의 기소권은 독립되어 있기 때문에 구제명령의 인용결정과 관계없이 기소를 진행할 수 있다. 그러나 현실적으로 구제명령이 기각되면 불기소처분이 나오는 경우가 거의 대부분이다.

형사처벌의 대상은 법인이 아니라 자연인인 대표이사 또는 관리자(인사과장, 부장)가 된다. 법인은 노동조합 및 노동관계조정법 제90조에 의한 처벌대상이 아니기 때문에 양벌규정(제94조)에 의해 2천만 원 이하의 벌금만 받는다. 다만, 이때에도 법인이 상당한 주의와 감독을 게을리하지 않았음을 증명한 경우에는 양벌책임에서 벗어날 수 있다.

3. 민사상 구제

노동조합법에는 없으나, 민법의 불법행위에 의해 사용자에 대해 손해배상을 청구할 수 있다.

자료 참조

- 국가법령정보센터(http://www.law.go.kr)
- 대법원 종합법률정보(http://glaw.scourt.go.kr)
- 국세청(http://www.nts.go.kr)
- 국세청 홈택스(http://www.hometax.go.kr)
- 중소벤처기업부(http://www.sss.go.kr)
- 기업마당(http://www.bizinfo.go.kr)
- 중소기업중앙회(http://www.kbiz.or.kr)
- 중소기업중앙회 노란우산공제(http://www.8899.or.kr)
- 중소기업진흥공단(http://www.hp.sbc.or.kr)
- 특허청(http://www.kipo.go.kr)
- 한국발명진흥회(http://www.kipa.org)
- 고용노동부(http://www.moel.go.kr)
- 중앙노동위원회(http://www.nlrc.go.kr)
- 전국경제인연합회 중소기업협력센터(http://www.fkilsc.or.kr)
- 가업승계지원센터(http://www.successbiz.or.kr)
- 기술자료임치센터(http://www.kescrow.or.kr)
- 고용노동부 고용복지플러스센터(http://www.workplus.go.kr)
- 중소기업 기술보호 울타리(http://www.ultari.or.kr)
- 기업금융나들목(http://www.smefn.or.kr)
- 기타 인터넷 자료 참조